Kari Gercke
Angelabenteuer in Lappland

Kari Gercke

Angelabenteuer in Lappland

Auf Großlachs & Co. am Teno

für **Kaitsu** meinen unvergesslichen Angelkameraden und Freund, der auch vom Himmel aus auf mich acht gibt und mich weiterhin begleitet.

ISBN 978-3-937507-28-6

Gestaltung: Antje Zerressen, Pada ri GmbH, Essen
Fotos: Kari Gercke, soweit nicht anders angegeben
Printed in Germany

Inhalt

Vorwort

Seit ich denken kann zieht es mich unwiderstehlich in den hohen Norden – nach Lappland, in das richtige Lappland nördlich des Polarkreises, wo die Natur einem alltagsgestressten Menschen noch Ruhe und Erholung bietet. Noch findet man menschenleere Wildnis und eine reiche Fauna und Flora, aber wie lange noch?

Dass ich wohl für alle Zeiten in dieses faszinierende Land Suomi verliebt sein werde, das liegt sicher auch an meinen familiären Wurzeln: ist meine Mutter doch Finnin und mein Vater Deutscher. Sie lernten sich kennen und lieben und mein Lebensweg nahm seinen Lauf ...

Meine ersten Kindheitserinnerungen führen nach Finnland, genauer gesagt nach Lappland, wie sollte es auch anders sein. Lappland ist die Heimat meiner Mutter, die auch sámisches Blut in ihren Adern hat. Seltsamerweise fehlt mir jedwede Erinnerung an meine ersten Lebensjahre in Deutschland, wo ich geboren bin, mitten im Kohlenpott in Duisburg. Aber ich erinnere mich ganz genau an meine ersten Eindrücke in Finnland – ich muss so drei oder vier Jahre alt gewesen sein: an einen Hund, einen Finnspitz mit Namen Turre, an ein großes Haus, in dem meine Großeltern wohnten, an eine Wiese mit vielen bunten Blumen und an das Allerwichtigste, an einen Fluss, der so klares und so sauberes Wasser führte, dass man davon trinken konnte. Ich kann mich nur sehr dunkel daran erinnern, dass ich als kleiner Steppke am Ufer des Ounasjoki immer Steine in den Fluss warf und – so erzählte man mir später – die Angler nachahmte, indem ich einen langen Ast in den Händen hielt, zwar ohne Schnur und Haken, aber ich hielt doch meine erste Angel in der Hand und war furchtbar stolz!

So fing alles an und nun sitze ich hier und schreibe ein Buch. Keinen Roman, vielleicht kommt der noch, irgendwann, wer weiß, vielmehr möchte ich mit diesem Buch die Leserinnen und Leser an meinen Erfahrungen und meinen Erlebnissen im hohen Norden Finnlands teilhaben lassen. Angelerfahrungen mit dem König der Fische, dem Atlantischen Lachs, und den Edelfischen der Region Utsjoki. Ich möchte Sie mitnehmen in die überwältigende Natur der arktischen Regionen in unmittelbarer Nähe des Eismeeres. Ich möchte Sie teilhaben lassen an unvergesslichen Angelabenteuern während der hellen Mittsommernächte und an den aufregenden Momenten, wenn ein großer Lachs am anderen Ende der Schnur kämpft. Ich möchte Ihnen die traditionelle Art und Weise des Bootsfischens am Teno vorstellen, einem der letzten großen Lachsflüsse in Europa, ja der Welt, wo man noch Lachse bis an die 30 kg mit der Angelrute vom Boot oder vom Ufer aus fangen kann. Ich möchte Ihnen den Fischreichtum der Tundraregion rund um Utsjoki vorstellen, den man als Mitteleuropäer nur begreifen kann, wenn man ihn selbst einmal gesehen hat. Ich möchte meine tief empfundene Faszination für diesen Winkel der Erde veranschaulichen, meine Dankbarkeit in Wort und Bild präsentieren, für das Glück, an diesem Ort Unvergessliches erlebt zu haben – in jeder Beziehung. Das Buch also bietet zum einen grundlegende Informationen und Erfahrungswissen im Hinblick auf das (Lachs-)Angeln in Lappland, zum anderen in erzählerischem Ton Stimmungsberichte und -bilder über persönliche Erlebnisse, die meine Passion für das Angeln und Fischen im hohen Norden anschaulich machen – und die vielleicht auf den Leser ansteckend wirken.

An dieser Stelle möchte ich Dank sagen an alle, die es mir ermöglicht haben, dieses Werk zu realisieren. Stellvertretend sei es mir gestattet, einige namentlich besonders zu erwähnen:

Erkki Örn – ohne ihn würde ich Utsjoki noch auf der Landkarte suchen.
Esa Karpoff – ohne ihn hätte ich nie die Geheimnisse des Schleppfischens auf Lachs verstanden.
Leo »Leksa« Juntunen – ohne sein Wissen und seine Erfahrung wäre dieses Buch nie möglich geworden.
Hannu Räisänen – ohne sein Bildmaterial würde ich mit fast leeren Händen dastehen.
Harri »Kala-Harri« Matikainen – ohne seine Beratung und Unterstützung wäre mir das Schreiben nicht so leicht gefallen.
Petteri und Johan Niiles Valle – ohne ihre typisch lappländische Gastfreundschaft hätte ich meine samischen Wurzeln bis heute nicht verstanden.
Ein herzliches Dankeschön auch an *Minna Saastamoinen* für ihre technische Unterstützung sowie *Panu Orell* für die freundliche Genehmigung der Übersetzung und Nutzung seiner Artikel.
Ich möchte mich auch bei den erfahrenen, einheimischen Lachsfischern bedanken, die mich in ihre Boote einluden. So lernte ich die unterschiedlichen Taktiken und Strategien kennen, wie man vom Boot aus den »König der Fische« überlisten kann.

Ein Dankeschön geht an: *Jame Helander, Ismo Tiittanen, Reijo Husu, Vesa Läns-man, Pietu Länsman, Tero Ronkainen, Petteri Bogdanoff, Tomi Härkönen, Sammol Lukkari und Jouni.*

Zu Dank verpflichtet bin ich auch einem begnadeten Lachsfischer und Fliegenbinder aus Finnland, der mich in die mysteriöse Welt der Lachsfliegen einführte: *Toni Kakkuri* verdanke ich meine ersten Lachse mit der Zweihandrute – alle gefangen mit Tonis Fliegen.

Ein großes Dankeschön gilt meiner Mutter, die mich mit Weisheit und unerschütterlicher Motivation antrieb.

Kari Gercke,
im Frühjahr 2012

Lappland

Lappland umfasst ein weites Gebiet nördlich des Polarkreises, das sich über vier souveräne Staaten hinzieht – Norwegen, Schweden, Finnland und Russland. Dieses riesige Gebiet erstreckt sich über nahezu 397.000 qm. Die finnische Provinz Lappland umfasst ein Gebiet von 99.000 qm, davon sind ca. 93.000 qm Land und 5.950 qm Binnengewässer. Lappland umfasst damit ungefähr 29,3% der staatlichen Fläche von Finnland. Der nördlichste Punkt Suomis liegt in Nuorgam (70° 5'30"), östlich von Utsjoki. Ab hier zieht sich die norwegisch-finnische Grenze nach Süden, bis sie auf der Ostseite des Inarisees auf die russische Grenze trifft. Finnisch-Lappland hat etwas über 200.000 Einwohner. Die Hauptstadt Rovaniemi liegt am Polarkreis, ein Verwaltungs-, Geschäfts-und Kulturzentrum mit ca. 38.000 Einwohnern.

Nur im schwedischen und norwegischen Teil findet man Hochgebirge, ansonsten weist das ebene Gebiet Höhenzüge auf und Tundra mit Zwergbirken, Zirbelkiefern sowie Heide- und Sumpflandschaften. Im Winter herrscht ein strenges Klima, und mit bis zu -40 °C werden Mensch und Tier auf eine harte Probe gestellt. Bis zu acht Monate im Jahr liegt Lappland unter einer Schneedecke. In Utsjoki bleibt der Schnee in der Regel um Ende Oktober liegen und schmilzt erst wieder Mitte Mai. Die höchste, jemals gemessene Schneehöhe in Finnland wurde am 19.04.1997 mit 190 cm in Kilpisjärvi festgestellt und die kälteste, jemals gemessene Temperatur von -51,5°C wurde am 28.01.1999 in Kittilä/Pokka registriert. In manchen Fjällregionen kann sich an geschützten Stellen so viel Schnee ansammeln, dass er den ganzen Sommer nicht schmilzt. Die Tag- und Nachtphasen im Winter, mit einer Durchschnittstemperatur unter 0 °C, können im Norden von Lappland über 200 betragen.

Die Sommer sind kurz, aber entschädigen durch helle Mittsommernächte. In diesen Breiten geht die Sonne mehrere Monate nicht unter, in scharfem Kontrast zum Winter, in dem die arktischen Regionen mehrere Monate in Dunkelheit getaucht sind. Im Sommer werden Durchschnittstemperaturen über 10 °C nur in 45-95 Tag- und Nachtphasen erreicht. Dabei ist der Juli mit Durchschnittstemperaturen von 8-12 °C der wärmste Monat. Es treten aber auch immer wieder Phasen auf, in denen die Temperaturen tagsüber durchaus bis an die 30 °Celsius-Marke klettern können und bei einer Hochdrucklage tagelanger, wolkenloser Himmel herrscht. Aber auch im Sommer ist besonders im Einflussbereich des arktischen Ozeans mit gravierenden Wetterstürzen zu rechnen.

Lapplands Tierwelt hat einiges zu bieten: z.B. Polarfüchse, Lemminge, Alpenschneehühner, Schneeeulen und Rauhfußbussarde. Auch Raubtiere trifft man an, wie z.B. Braunbär, Wolf und Vielfraß, um nur einige Arten zu nennen. Nicht zu vergessen sind hier natürlich die umherstreifenden, halbwilden Rentiere, die ja als »Symboltiere« Lapplands gelten können. Auch Elche gibt es, die in früheren Zeiten in der Teno/Utsjoki Region sehr selten waren, aber sich so vermehrt haben, dass eine kontrollierte Jagd notwendig geworden ist.

Der Fischreichtum Lapplands ist legendär – Salmoniden aller Art tummeln sich in den Gewässern, wobei der Atlantische Lachs die wohl begehrteste Beute der Angler darstellt, der in großer Zahl noch in die Flüsse Tornionjoki, Näätämöjoki und Tenojoki aufsteigt.

Trotz allem Reichtum an Fauna und Flora bleibt nur zu hoffen, dass auch kommende Generationen in den Genuss kommen, diese einzigartigen Refugien der arktischen Regionen noch halbwegs intakt zu Gesicht zu bekommen. Noch ist der Mensch nicht dauerhaft in die letzten Winkel der Wildnis vorgedrungen, aber wie lange noch können die unbewohnten Gegenden Lapplands dem Expansionsdrang des Menschen und der fortschreitenden Industrialisierung standhalten? Auch die Gefahr der globalen Erwärmung wirft ihren Schatten auf eine ungewisse Zukunft ...

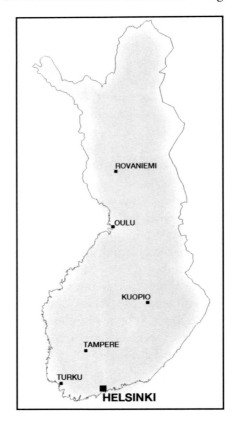

Entfernungen

Helsinki-Rovaniemi	832 km
Helsinki-Ivalo	1.121 km
Helsinki-Utsjoki	1.267 km
Rovaniemi-Oulu	222 km
Rovaniemi-Ivalo	288 km
Rovaniemi-Sodankylä	128 km
Rovaniemi-Nuorgam	495 km

Finnisch-Lappland

Der Teno

Der Teno ist ein insgesamt 360 km langer, subarktischer Wildlachsfluss in Lappland. Etwa 250 km verläuft er als Grenzfluss zwischen Norwegen und Finnland von Süden nach Norden und mündet in den Tanafjord des Eismeeres. Der Inarijoki (Anarjohka) und der Kietsimäjoki, die in der Fjällregion des Anarjohka-Nationalparkes entspringen, sind die wichtigsten Quellzuflüsse des Teno, der erst mit der Aufnahme des Karasjoki bei Karigasniemi als eigentlicher Teno Richtung Eismeer fließt. Erst unterhalb von Karigasniemi entfaltet der Teno seinen Charakter als mächtiger Großlachsfluss. Ruhig dahinfließende Pools wechseln mit Stromschnellenabschnitten, und an einigen Stellen kann die Breite des Stromes einen halben Kilometer betragen. Auf der gesamten Länge des Teno behindern keine Wehre, Staustufen oder Wasserfälle den ungehinderten Laichaufstieg der Atlantischen Lachse. Wie auf der norwegischen, so führen auch auf der finnischen Uferseite gut ausgebaute Straßen den weitgereisten Touristen durch das sehenswerte Tenotal bis zu den Fjorden des Eismeeres in Norwegen. Das Tenotal ist bekannt für seine landschaftlich eher herbe, gleichwohl harmonisch wirkende arktische Schönheit. Die sanft abgerundeten Berge links und rechts weisen eine tundraähnliche Vegetation auf und bis in den Frühsommer noch leuchtende Schneefelder.

Das Tenoflusssystem umfasst für laichwandernde Lachse ungefähr 1.100 km Aufstiegsmöglichkeiten. Im Laufe der Jahrhunderte haben sich in diesen Gewässern unterschiedliche Populationen gebildet, die mit Beginn der eisfreien Zeit zu ihren Laichgebieten wandern. Der Teno ist Nordeuropas größter Wildlachsfluss, in dem sich der Atlantische Lachs noch auf natürliche Art und Weise vermehrt. Bis zum heutigen Tage wird der Teno nicht künstlich mit Zuchtlachsen besetzt und ist deshalb von Genmanipulationen verschont geblieben. Der Tenolachs ist aber denoch großen Gefahren ausgesetzt.

In den norwegischen Fjorden werden Lachse in Farmen gezüchtet und mittlerweile sind viele Zuchtlachse aus solchen Anlagen entkommen. Dadurch erhöht sich die Gefahr, dass Zuchtlachse auch in den Teno aufsteigen und ihr Erbgut sich mit den Genen der Wildlachse vermischt. Eine noch größere Gefahr würde die Einschleppung des Parasiten Gyrodactylus salaris darstellen. Dieser Parasit führte zur Vernichtung zahlloser Lachsbestände in Norwegen und könnte auch dem uralten Stamm des Teno-Lachses gefährlich werden.

Die jährliche Fangquote richtet sich nach einem natürlichen Zyklus der zum Meer und zu den Laichgründen wandernden Lachse. Dieser Zyklus umfasst jeweils einen Zeitraum von ungefähr sieben Jahren, in dem sich die Fangstatistik nach oben oder unten bewegen kann. Das Fanggewicht schwankt in der Regel jedes Jahr zwischen 80 und 250 t auf norwegischer und auf finnischer Seite. Nach vorsichtigen Schätzungen werden rund 60% der wandernden Lachse an den Meeresküsten und in den Fjorden Norwegens gefangen.

Tenolachse durchpflügen weite Gebiete des Atlantiks, hauptsächlich nördlich der Färöer-Inseln und um Grönlands Ostküste.

Petri Heil am Tenojoki!

Fotos: Hannu Räisänen

Der Teno beherbergt in seinem Oberlauf und in vielen Nebenflüssen auch andere Fischarten – wie die Meerforelle (Salmo trutta trutta), den Arktischen Wandersaibling (Salvelinus alpinus), die See- und Bachforelle (Salmo trutta m. fario). Die arktische Äsche (Thymallus thymallus) ist zahlreich im gesamten Flusssystem vertreten und wächst zu stattlichen Exemplaren heran. Regelmäßig werden beim Lachsschleppfischen Äschen jenseits der 2 kg-Klasse gefangen. Man kann die Äsche auch beim Fliegenfischen vom Ufer gezielt befischen und wird reichlich belohnt.

Die nur wenige tausend Einwohner umfassende nördlichste Gemeinde Finnlands ist Utsjoki. Sie ist in der Lachsfangsaison für tausende Angeltouristen der erste Anlaufpunkt. Dort kann man einkaufen, sich mit dem Nötigsten versorgen und Angellizenzen erwerben. Lizenzen können auch bei den zahlreichen Angeltouristikunternehmen erworben werden, die am gesamten Flusssystem ihre Dienste anbieten. Auch an Unterkunftsmöglichkeiten mangelt es nicht. Der weitgereiste Angeltourist kann wählen zwischen wintertauglichen, höchsten Komfort bietenden Blockhütten, urigen Fischerkoten oder Campingplätzen.

Die einheimische Bevölkerung ist sehr gastfreundlich und versucht, jedem Gast den Aufenthalt so angenehm wie möglich zu gestalten. Viele Lachsfangunternehmen bieten Exkursionen an und insbesondere die Erfahrung einheimischer Bootsführer (Ruderer) sollte der Tenoneuling unbedingt nutzen, um den Fluss kennenzulernen und die verschiedenen Angeltechniken des Schleppfischens zu erlernen.

Für den ortsunkundigen Fliegenfischer gilt das gleiche wie für den Bootsangler: Erfahrene ortskundige Guides kennen auch Orte, die während der Hochsaison nicht übervölkert sind, wie z.B. am Oberlauf des Teno.

Der Teno und die Tundragewässer der Bergwelt rings um Utsjoki bieten für Angler aus aller Welt traumhafte Möglichkeiten, Salmoniden aller Art in einzigartigen Landschaften zu befischen.

Historisches

Jahrhundertelang kannte und schätzte den Teno nur die einheimische Ur-Bevölkerung. Die Samen waren eifrige Jäger und Fischer und fanden am Teno in früheren Zeiten paradiesische Zustände vor. Sie fischten hauptsächlich mit Netzen. Angeln mit Rute und Ködern waren in diesen Zeiten gänzlich unbekannt. Anfang des 19. Jahrhunderts gab es in der Fachliteratur nur Andeutungen über das Tenotal und seine immense Population an großwüchsigen Lachsen. Die ersten Kontinentaleuropäer, die sich für den Teno interessierten, waren englische Herren adligen Geschlechtes. Nachdem die Engländer schon viele norwegische Lachsflüsse »in Besitz« genommen hatten, verbreiteten sich unter ihnen Gerüchte über einen gewaltigen Lachsfluss mit unglaublichen Beständen. Im Jahre 1838 haben nachweislich die ersten englischen Lachsfischer die Ufer des Teno erreicht. In den 50er Jahren des 19. Jahrhunderts erschienen erste schriftliche Erzählungen von abenteuerlichen Reisen zum Teno. Die Engländer waren so begeistert von den fischereilichen Möglichkeiten, dass dies in ihrem Mutterland nicht ungehört blieb. Die Kunde erreichte höchste Adelskreise, und so machten sich diese »Gentlemen«-Lachsfischer auf die beschwerliche Reise zum mächtigen Teno.

Die Engländer freundeten sich oft mit den dort ansässigen Samen an und machten die einheimische Bevölkerung mit der traditionellen Art des englischen Fliegenfischens vertraut. Die Samen waren erstaunt über die Fängigkeit dieser Methode, denn diese Art auf Lachs zu fischen war ihnen fremd. So kam das Fliegenfischen zum Teno. Früh erkannten die englischen Herren, dass die langen Holzboote der Einheimischen sich hervorragend für langleiniges Schleppfischen mit der Fliege eigneten. Die Samen waren wahre Meister im Beherrschen ihrer Kanus und dieses machten sich die Engländer zu Eigen. Im Vergleich zur heutigen Zeit waren die Fischzüge der ersten Pioniere am Teno geradezu unglaublich. Es kam nicht selten vor, dass ein einzelner Fischer an die 500 kg Lachs an einem Tag fing. Es gab keine Beschränkungen, kein professionelles Netzfischen in den Eismeerfjorden und der Fluss war voll von flussaufwärts ziehenden, großen Lachsen.

Es dauerte noch etliche Jahrzehnte, bis auch die finnischen Lachsangler den Weg zum Teno fanden. Erst 1899 erschien ein Artikel über den Teno in einer finnischen Jagd- und Angelzeitschrift. Anfang der 1930er Jahre reisten die ersten Lachsangler zum Teno. Meist waren dies Kaufleute. Die Anreise war lang und beschwerlich. Es gab keine befestigten Straßen entlang des Flusses und das wichtigste Verkehrsmittel war das Boot. Die ersten Außenbordmotoren kamen erst nach dem II. Weltkrieg zum Einsatz. Unmittelbar nach Ende des Krieges wurde es am Teno lebhafter. Deutsche Soldaten bauten während des Krieges eine Straßenverbindung von Kaamanen nach Karigasniemi, und so wurde die Anreise wesentlich leichter. Viele mächtige Flüsse des Landes wurden ihrer Lachsstämme beraubt, da immer mehr Kraftwerke und Staudämme entstanden, die für Finnland in der Nachkriegszeit im Zuge forcierter Industrialisierung als notwendig erachtet wurden. Urplötzlich war der Teno fast der einzig verbliebene Lachsfluss in Finnland.

In den 1950er Jahren nahm die Zahl der Angeltouristen weiter zu, so dass man sich allmählich Gedanken machte, Reglementierungen für die Fischerei zu veranlassen. Es entstand die Norwegisch-Finnische Grenzkommission, die noch heute entsprechende Bestimmungen festlegt. Anfang der 1950er Jahre zählte man ungefähr 150 registrierte Angellizenzinhaber, davon sechs Ausländer. Im Jahre 1953 wurden schon ca. 1.000 Lizenzen verkauft, davon an die 40 an Ausländer. Heutzutage besuchen bis zu 10.000 Angeltouristen den Teno zur Lachssaison. Meistens kommen die Touristen für 1-2 Wochen und dies hauptsächlich zur Mittsommerzeit.

Natürlich sind die paradiesischen Zustände aus früheren Jahrhunderten längst Vergangenheit, aber den Tenolachs gibt es immer noch.

Im Jahr 1975 wurde mit ca. 250 t die höchste jemals registrierte Fangmenge dokumentiert. Seither beträgt das durchschnittliche saisonale Fanggewicht am Teno um die 130 t (Norwegen und Finnland). Im Jahr 2010 wurden insgesamt »nur« ca. 87 t registriert, davon entfielen ca. 47 t auf die finnische Fangmenge. Nach finnischen Angaben besuchten nahezu 8.000 Angeltouristen die Tenoregion.

Mehr Schutz für die »Rückkehrer«

Der folgende Text stammt im Original von meinem Angelkumpel Panu Orell.

Der Tenolachs ist bis zum heutigen Tage von Genmanipulationen verschont geblieben. In den zurückliegenden Jahren machte man sich jedoch große Sorgen: Würde der Teno mit seinem jahrhundertealten Wildlachsstamm in Gefahr geraten können, seinen Ruf als bester Lachsfluss Europas, wenn nicht der Welt, zu verlieren? Die in den norwegischen Fjorden angelegten Lachszuchtkäfige bereiteten Einheimischen und auch engagierten Lachsfischern in ganz Europa schlaflose Nächte. Waren doch tausende von Zuchtlachsen aus ihren Käfigen entkommen und man befürchtete schlimmste Auswirkungen auf die gen-reinen Lachspopulationen des Teno. Zum Glück haben sich bis zum heutigen Tage die Befürchtungen nicht bewahrheitet. Gebannt ist die Gefahr nicht!

Auch die immer noch reale Gefährdung durch den Lachsparasiten Gyrodactylus salaris treibt den Lachsfangunternehmern im Tal des Tenojoki den Schweiß auf die Stirn. Sollte dieser Parasit, der hunderte von norwegischen Lachsflüssen befallen hat, auch das Tenoflusssystem okkupieren, dann wäre dies das Ende der Geschichte des großwüchsigen Tenolachses. Mit katastrophalen Folgen für die einheimische Bevölkerung entlang des gesamten Tenotales. Im Gegensatz zum Atlantischen Lachs der Ostsee sind der Tenolachs und auch die gesamten Lachsbestände des Atlantiks nicht resistent gegenüber dem Gyrodactylus-Parasiten. Aus diesem Grund wird auch am Teno immer mehr Wert auf die Desinfektion der Angelgeräte gelegt.

Im Unterschied zu den pazifischen Lachsarten kann der Atlantische Lachs (Salmo salar) seine Laichwanderung überleben und ein weiteres Mal zum Laichen in seinen Geburtsfluss aufsteigen. Nach wissenschaftlichen Erkenntnissen ist der Tenolachs sogar fähig bis zu sechs Mal(!) zum Laichen aufzusteigen; dies sind aber extreme Ausnahmen. Die im Herbst abgelaichten und den Winter im Fluss überlebenden Exemplare (Kelts) wandern im folgenden Frühjahr zurück zum Eismeer und erholen sich in der Regel ein volles Jahr im offenen Gewässer, um dann wieder im Sommer in ihren Fluss zurückzukehren. Nachweislich sind im Teno Lachse gefangen worden, die bis zu vier Mal das Kunststück schafften, zu ihren Laichgründen aufzusteigen.

Diejenigen Lachse, die mehrmals in der Lage waren, ihren Laichplatz zu ereichen, sind in der Regel der Traum jedes Lachsfischers. Ein zum ersten Mal aufsteigender Lachs von ca. 10 kg Gewicht mag beim zweiten Mal schon an die 15 kg wiegen. Am Teno können Wiederaufsteiger weiblichen oder männlichen Geschlechts sein, aber die weiblichen Lachse (Rogner) überstehen das Laichgeschäft wesentlich besser als die männlichen Lachse (Milchner). Der Anteil der Wiederaufsteiger an der gesamten Lachspopulation des Teno variiert seit dem Jahr 2000 zwischen 4-20%. Bezogen auf das Gewicht geht der Anteil sogar bis an die 30%.

Im Vergleich zu den Milchern ist die überwiegende Anzahl an Wiederaufsteigern großen Rognern vorbehalten. Die Wild- und Fischbiologische Forschungsstation am Teno vermeldete für die gesammelten Daten der Jahre 1972-2006, dass von den über 110 cm großen Rognern Wiederaufsteiger über 60% (267 Stück) ausmachten. Bestes Beispiel ist das Jahr 2007, in dem 75% der großen Rogner Rückkehrer waren. Diese großen Rogner, die sehr selten über 20 kg an Gewicht vorweisen, erhalten die Population des Tenolaches am Leben und sind die wichtigsten Stützen im Lebenszyklus des wilden Tenolachses. Große Rogner wären ohne die Wiederaufsteiger viel seltener anzutreffen. Aus diesem Grund ist das Überleben und der Schutz der Kelts von höchster Priorität. Kelts sind am Teno ganzjährig geschützt! Der Lachsfischer trägt im Frühsommer hohe Verantwortung, diese zum Meer zurückkehrenden »Überwinterer« mit größter Sorgfalt wieder in den Fluss zurückzusetzen. Mit viel Glück fängt der Lachsfischer im folgenden Jahr gerade einen dieser Rückkehrer und dieser Fisch wird ein kapitaler sein ...

»Catch and Release« wird auch am Teno praktiziert. Ein verantwortungsbewusster Lachsfischer – im Bild Esa Karpoff – setzt Ende August dunkel gefärbte und laichlastentragende Rogner behutsam zurück.

Foto: Harri Matikainen

Der Teno mit seinen Nebenflüssen

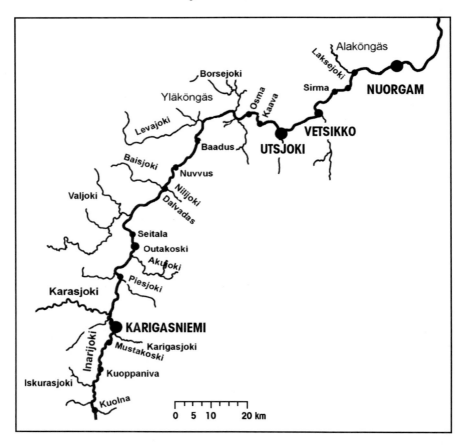

Ein Pfundskerl ...

Die landschaftliche Schönheit des Tenotals ist besonders während der Sommermonate eine Reise wert. An manchen Stellen hat man die Möglichkeit, die auch im Hochsommer schneebedeckten Fjälls auf der norwegischen Uferseite zu bewundern.

Im mittleren Bereich der 6 km langen Alaköngäs-Stromschnellen findet man hervorragende Stellen, um mit Zweihandrute oder Spinnrute aufsteigende Lachse an die Köder zu bekommen.

Mein erster Lachs

Es gibt Augenblicke im Leben, die man nicht vergessen kann und will. Beim passionierten Angler gehört dazu sicherlich der Augenblick des ersten selbstgefangenen Lachses.

Oftmals kehrt ein Lachsfischer an den Fluss zurück, an dem er zum ersten Mal den ihn elektrisierenden Anbiss eines Lachses erleben durfte und womöglich seinen ersten Fang in den Händen halten konnte. Auf welche Art und Weise und mit welchem Köder man seinen ersten Lachs fing, spielt dabei für viele Angler keine so große Rolle. Eine Ausnahme bilden vielleicht diejenigen Lachsfischer, die zum ersten Mal mit einer selbstgebundenen Fliege ihren Fisch überlisten konnten. Dieser Augenblick ist wohl für einen ambitionierten Lachsfliegenfischer das höchste der Gefühle.

Im Allgemeinen kann man aber davon ausgehen, dass jeder Angler, der zum ersten Mal einen wilden Lachs auf die Schuppen legen konnte, sich einfach nur wahnsinnig freut und diese mit Stolz gepaarte Freude mit jedem teilen möchte, der ihm über den Weg läuft.

Auch mir ist es so ergangen. Bis zum heutigen Tage kann ich mich an jede Einzelheit erinnern. Aber der Reihe nach ...

Meine erste Reise zum mächtigen Teno im äußersten Norden Finnlands war reiner Zufall. Im Sommer 1990 war ich, wie jedes Jahr, wieder zu Besuch bei meinen Großeltern in Rovaniemi am Polarkreis. Wie üblich war ich fast jeden Tag beim Fischen, beim Spinnfischen auf Bachforellen und Äschen oder auch beim Bootsfischen auf Hechte und Barsche. Angeln auf Lachse war mir gänzlich fremd. Auch das Fliegenfischen, in welcher Form auch immer, war für mich zu dieser Zeit ein Buch mit sieben Siegeln.

Eines Morgens rief mich mein alter Angelfreund Kaitsu an und fragte, ob ich Lust hätte, mit zum Teno zu fahren. Bis jetzt wäre man zu dritt, hätte aber noch Platz für einen Passagier. Das Angebot war außerordentlich verlockend und ich sagte zu.

Zurückdenkend muss ich zugeben, dass ich damals nicht die geringste Vorstellung davon hatte, was mich erwartet. Niemals hätte ich mir träumen lassen, was diese erste Reise zum Teno auslösen würde.

Da stand ich nun also zum ersten Mal am Ufer des sagenumwobenen Flusses. Dass der Teno einer der größten und besten Lachsflüsse in Europa ist, war mir damals nicht bekannt. Noch nie hatte ich Entsprechendes über den Fluss gehört oder gelesen. Ich hatte schlichtweg keine Ahnung.

Von Lachsen hatte ich natürlich schon gehört und gelesen – und natürlich reichlich Lachs verzehrt. Mein Großvater war ein talentierter Geschichtenerzähler und ich ein geduldiger Zuhörer, wenn er mir von früheren, goldenen Zeiten erzählte. So berichtete Großvater mir von seinen Angelabenteuern aus den Vorkriegsjahren in der Gegend des heutigen Petsenga im Westen der jetzt russischen Kolahalbinsel. Vor dem Krieg lebte mein Großvater mit Familie im früheren Petsamo (Petsenga), das seinerzeit noch zu Finnland gehörte. Er fischte häufig auf die damals berühmten Paatsjoki- und Petsamolachse. Großvater zeigte mir auch alte Fotos von Lachsen des längsten Flusses Finnlands, dem Kemijoki, der bis 1946 einer der ertragsreichsten Lachsflüsse ganz Europas war. Nur der Rhein konnte in früheren Zeiten da noch mithalten. Leider wurde der uralte, großwüchsige Lachsstamm des Kemijoki durch Staudammprojekte unwiderbringlich zerstört. Dies blieb leider kein Einzelfall.

All das war mir bekannt und stimmte mich traurig. Was müssen das für Zeiten gewesen sein, als es in vielen Flüssen Westeuropas vor Lachsen nur so wimmelte. Irgendwo hatte ich gelesen, dass man Lachse hauptsächlich mit der Fliege befischt. Über jegliche andere Angeltechniken auf den Lachs wusste ich so gut wie nichts. Ich wusste nichts über den Lebenszyklus der Lachse, nichts über die anadromen Verhaltensweisen der Atlantischen Lachse. Ich wusste nichts über das traditionelle Schleppfischen am Teno, nichts über das Spinnfischen auf Lachs, und schon gar nichts über das Fliegenfischen. Der Teno als Lachsfluss war mir gänzlich unbekannt. Ich hatte nicht die geringste Ahnung über die Geschichte des Teno, keine Ahnung vom Flussverlauf, keine Ahnung von Bestimmungen und Statistiken. Ich stand am Ufer eines großen Rätsels!

Mit der Fliege ...

Meine drei Angelkameraden, alles erfahrene Petrijünger, bemerkten meine sichtliche Unsicherheit und bemühten sich redlich, mir das Fischen auf Lachs irgendwie verständlich zu machen. Ich weiß noch, wie ich mir erstaunt die langen Lachsfliegengerten anschaute und auch die eine oder andere Fliegenrolle in die Hand nahm, um diese rätselhaften Dinger genauer unter die Lupe zu nehmen. Ebenso verhielt es sich mit den Lachsfliegen. Vesa, der routinierteste Lachsfliegenfischer unter uns, hielt mir seine Fliegenschachteln unter die Nase und ich konnte mir nicht erklären, wieso man mit solchen Gebilden Lachse fangen konnte.

Da ich noch nie zuvor eine Fliegenrute, geschweige denn eine Lachsfliegenrute in der Hand gehalten hatte, erklärte sich Vesa bereit, mir Unterricht zu geben. Er drückte mir eine ca. 14 Fuß lange Rute in die Hand und erklärte mir die Grundzüge der Handhabung. Dass man das Fliegenfischen nicht von heute auf morgen erlernt, war mir sonnenklar. Es gab nur die Möglichkeit eines

Schnellkurses. So weit ich mich erinnern kann, hatte ich damals ungefähr eine Stunde Zeit, um mich mit dem Werfen vertraut zu machen. Alle anderen »Kleinigkeiten« würde mir Vesa dann an Ort und Stelle zeigen. Dann ging es schon los zum Fischen.

Mit dem Boot fuhren wir zu einer sandigen Halbinsel, ungefähr 1 km flussabwärts unserer komfortablen Hütte gelegen. Kaitsu, mein alter Weggefährte bei unzähligen Angeltouren, klärte mich über die Örtlichkeiten auf. Dalvadas heißt dieser Ort, ungefähr auf halber Strecke zwischen Karigasniemi und Utsjoki gelegen und ist, wie ich erst viel später erfuhr, ein ungemein beliebter Anlaufpunkt für Fliegenfischer. Hier in Dalvadas beschreibt der Fluss eine enge S-Kurve und die Halbinsel ist zu Fuß nur bei niedrigem Wasserstand erreichbar. Dazu muss man einen Seitenarm durchwaten, wo bei günstigem Wasserstand auch Lachse aufsteigen. Der Hauptstrom verengt sich an der S-Kurve zu einer reißenden Stromschnelle, die nach ca. 200 m in einem ruhigen Pool endet. Eine ideale Strecke zum Fliegenfischen! Ich war begeistert, aber immer noch ahnungslos, was das Fliegenfischen betraf.

Vesa gesellte sich zu mir und stellte fachmännisch mein Gerät zusammen. Obwohl ich sehnsüchtig an meine Spinnrute dachte, war ich doch Feuer und Flamme, das Fischen mit der Fliege zu erlernen. Dass ich dabei einige Stufen des Lernprozesses übersprang und gleich bei der »Königsdisziplin« das Fliegenfischen erlernen wollte, war mir in diesem Augenblick relativ egal. Kein Meister fällt vom Himmel, heißt es so oft, aber Ausnahmen bestätigen die Regel.

Meine drei Angelfreunde verteilten sich am oberen Ende des Stromschnellenabschnittes. Warum sie sich dabei nach jedem Wurf langsam, Schritt für Schritt, flussabwärts bewegten, wurde mir erst sehr viel später klar. Alles sah sehr harmonisch und rhythmisch aus. Ich war wie hypnotisiert und verfolgte fasziniert das lautlose Fischen meiner drei Kameraden. Das will ich auch können, dachte ich staunend und war unglaublich beeindruckt von dieser stilvollen Angeltechnik.

Vesa hatte mir auf der Halbinsel eine kleine, dunkle, einschenklige Fliege in die Hand gedrückt mit der Bemerkung, ich solle sie mit einem Schlaufenknoten an das Vorfach knüpfen. Zum Glück kannte ich Schlaufenknoten (z.B. Duncan Loop) vom Spinnfischen. Alle anderen, speziellen Fliegenknoten waren mir zu dieser Zeit noch unbekannt. Wenn ich mich recht erinnere, gab mir Vesa eine schwarze Haarfliege mit einem roten Punkt am Hakenschenkel. Dass dieses rote Etwas beim Lachs einen Beißreflex auslösen kann, war mir damals neu. Ebenso unbekannt war mir jegliche Taktik und Vorgehensweise beim Fischen mit der Fliege auf Lachs.

Stunden waren vergangen. Mittlerweile hatte ich begriffen, dass ein bestimmter Rhythmus von Nöten war, um die Fliegenschnur mit der Fliege am Vorfachende auf eine gewisse Distanz zu werfen. Langsam begann ich die Abläufe des Werfens zu verstehen und schaffte es tatsächlich, vielleicht 15 m weit zu werfen. Da ich noch nie etwas von Rollwurf, Fallschirmwurf, Schlangenwurf, Unterhandwurf, geschweige denn Speycast oder ähnlichem gehört hatte, blieb mir nichts anderes übrig, als den Überkopfwurf zu üben. Mehr schlecht als recht. Zu meinem Glück behinderte kein Baum und Strauch meine Wurfkünste. Ich warf ohne Pause.

Ein Anbiss – was nun?
Arska, der dritte im Bunde meiner Kameraden, rief mir zu, dass sie kurz zur Hütte fahren wollten, um Proviant und Brennholz zu holen. Ob ich alleine klar käme, fragte er mich und ich winkte ihm zustimmend zu. Dann wollen wir mal, sprach ich mir Mut zu und wollte es mal an dem Nebenarm versuchen. Die Stelle sah sehr verlockend aus. Oberhalb der Stromschnelle befand sich eine traditionelle Holzkonstruktion für das Netzfischen, was mich aber nicht sonderlich störte. Ich warf meine Fliege, Wurf um Wurf, immer wieder. Es klappte immer besser, und Spaß machte es auch noch. Zwischendurch schaute ich mir die Gegend an, verfolgte einen Trupp Möwen und genau in dem Augenblick, als ich einem Rauhfußbussard hinterherschaute, ruckelte es plötzlich an der Fliegengerte. Was war denn das, durchfuhr es mich und ich warf noch einmal. Gespannt verfolgte ich die Drift der Fliege, und dann kam auch schon der Anbiss. Ich war total perplex und konnte es kaum glauben – ich hatte einen Lachs am Haken. Guter Rat war jetzt teuer. Hilfesuchend schaute ich mich um: Von den Jungs war nichts zu sehen und, oh Schreck, kein Kescher und kein Gaff in Griffnähe.
Okay, sagte ich mir grimmig, jetzt musst du irgendwie alleine klarkommen. Nur die Ruhe, bloß keine Hektik, sprach ich mir selber Mut zu und versuchte, den Lachs flussaufwärts zu dirigieren. Der Lachs war dagegen und begann eine Sprungserie, die auch mich in Hochspannung versetzte. Bitte, bitte, bleib am Haken, flehte ich und beschloss, diesen wahnsinnigen Sprungartisten so schnell wie möglich ans Ufer zu bugsieren. Mir war jedes Mittel recht.
Ich kurbelte, zog mit aller Macht. Es war ein Wunder, er war immer noch am Haken. Nichts zu sehen von meinen Freunden. Der Lachs zappelte an der Fliege. Nur noch ein paar Meter, dann hatte ich es geschafft. Da lag er auf den Ufersteinen, ein richtiger Lachs. Er zappelte und zappelte und da passierte es – die Fliege saß nicht mehr im Maulwinkel, der Fisch war ab! Wie ein Panther sprang ich auf die Ufersteine, kriegte ihn zu fassen, warf ihn auf die Böschung.

Auch ein »kleiner« Fisch kann Freude bereiten ...

Foto: Hannu Manninen

Er zappelte immer noch. Irgendwie bekam ich einen halbgroßen Stein zu fassen und schlug ihn ab.

Ich war wie betäubt. Ich konnte es kaum fassen. Vor mir lag eine Schönheit. Kein Riese, vielleicht um die 2 kg, aber ein Lachs. Mit der Fliege. Beim ersten Besuch am Teno.

Meine Kameraden kamen zurück zur Halbinsel und ich reckte ihnen mit stolzer Brust meinen Fang entgegen. Mit sichtlichem Respekt gesellten sie sich zu mir und gratulierten mir herzlich. Es war der erste Lachs unseres Aufenthaltes und ausgerechnet mir als Neuling gelang es, einen Lachs auf die Schuppen zu legen. Pures Anfängerglück.

Von nun an war ich motiviert bis in die Haarspitzen und hatte am selben Abend noch einen Anbiss. Wieder kam der Anbiss aus heiterem Himmel. Dieser Lachs war größer, so groß, dass auch meine Freunde mit dem Fischen aufhörten und mir aufgeregt am Ufer Tipps gaben. Ungefähr zehn Minuten lang war die Fliegenrute zum Halbkreis gebogen und der Lachs zeigte sich in seiner vollen Größe. Ich erschrak fürchterlich! Die Jungs riefen etwas von 10 kg oder mehr. Was für spannungsgeladene Momente. Leider war ich damals noch zu unerfahren und wollte den Lachs mit Gewalt ans Ufer ziehen. So passierte genau das, was nicht passieren durfte: Er konnte sich vom Haken befreien und verschwand auf Nimmerwiedersehen.

Von diesem Tag an war es um mich geschehen!

Im Laufe der Jahre kehrte ich ich immer wieder an den Fluss zurück, an dem ich meinen ersten Lachs fing. Etliche Male fuhr ich als »Schneider« nach Hause. Aber all dies machte mir nichts aus. In den Wintermonaten studierte ich die Fachliteratur und lernte, lernte und lernte.

Ich verschlang geradezu alles über das Lachsfischen und über das Fliegenfischen. Jedes Jahr lernte ich dazu und konnte im Sommer am Teno mein theoretisches Wissen in die Praxis umsetzen. Obwohl das Fliegenfischen mir sehr viel Spaß macht, angle ich aber auch weiterhin mit der Spinnrute auf Lachs und andere Fischarten. Was gibt es spannenderes, als mit einer ultraleichten Spinnrute und kleinen Schwimmwobblern Bachforellen aufzuspüren. Oder auch auf einem wunderschönen See in Lappland in einem Ruderboot entspannt Barsche zu twistern. Angeln ist ein wunderschönes Hobby und ein ewiger Lernprozess. Der eine fischt lieber mit der Pose auf Karpfen, der andere sitzt lieber im Boot und fischt mit der Hegene auf Renken. Jedem das Seine. Ich lerne bis zum heutigen Tage und bin mir sehr bewusst, dass ich niemals perfekt sein werde ...

Die Großlachse des Teno

Der Teno ist einer der produktivsten Lachsflüsse in der ganzen Welt: Alleine der Anteil der Fangmenge des Teno macht im Vergleich zu den fast 500 Lachsflüssen in Norwegen im günstigsten Falle schon ein Drittel aus! Nur die Lachsparadiese Varzuga und Ponoi auf der russischen Kolahalbinsel und der Miramichi in Kanada können um den Titel des besten Lachsflusses der Welt noch mitbieten.

Das Einzugsgebiet des Teno umfasst über 16.000 qkm in einer vorwiegend mit Tundrabirken und Zwirbelkiefern bewachsenen Landschaft, die zu den Landkreisen Utsjoki und Inari sowie zum mittleren Teil der norwegischen Finnmark gehört. Ein Drittel des Einzugsgebietes liegt innerhalb der finnischen Grenzen, der Rest auf norwegischem Hoheitsgebiet.

Der eigentliche Teno beginnt am Zusammenfluss der zwei Nebenflüsse Inarijoki und Karasjok, nördlich der Gemeinde Karigasniemi. Ab hier fließt der Teno in ruhigen Abschnitten, aber auch immer wieder in engen Stromschnellen, über 200 km Richtung Eismeer.

Die besondere Wertschätzung für den Lachsbesatz des Teno, im Vergleich zu anderen Lachsflüssen, liegt in der außergewöhnlichen Vielfalt und seinen unterschiedlichen Populationen. Die Lachse steigen nicht nur im Hauptstrom zu ihren Laichgründen auf, sondern steigen auch in ca. 25 Nebenflüsse, die nach heutigem Wissensstand ihre eigenen genreinen Lachsstämme beherbergen. Diese Vielfalt ist auch dem Lachsfischer nicht entgangen. Zu seiner Beute gehören kaum ein halbes Kilo schwere Kleinlachse (Grilse), aber auch bis an die 30 kg schwere Großlachse. Dies ist in anderen Lachsflüssen kaum zu erwarten.

Durchschnittsgröße bescheiden

Den Lachsbestand des Teno kann man in zwei verschiedene Gruppen unterteilen. Die in kleine Nebenflüsse aufsteigenden Grilse, die ein Jahr im Meer verbracht haben, sowie ein kleiner Anteil an Zweiwinterlachsen (3-6 kg), und die Population des Hauptstromes und der größeren Nebenflüsse, die in der Regel 2-5 Jahre im Meer verbringen.

Bedingt durch den hohen Bestand an Grilsen, bewegt sich das Durchschnittsgewicht der Tenolachse nur zwischen 3-6 kg. Bei guten Kleinlachsjahrgängen ist das Durchschnittsgewicht niedrig. Im letzten Jahrzehnt lag das niedrigste Durchschnittsgewicht der Tenolachse bei 3,2 kg und das höchste bei 5,7 kg. In vielen Lachsflüssen, z.B. in Norwegen, liegt das Durchschnittsgewicht wesentlich höher. Auch das Durchschnittsgewicht der Lachse im lapplänidischen Fluss Torniojoki ist bedeutend höher als das der Tenolachse.

Wer sich jedoch auf die Suche nach Großlachsen macht, der findet am Teno den entscheidenden Unterschied: Der Teno ist einer der letzten großen Lachsflüsse in der Welt, wo jedes Jahr immer noch regelmäßig Lachse mir einem Gewicht über 20 kg gefangen werden. In anderen Flüssen nur vereinzelt bzw. in den seltensten Fällen.

Die über 20 kg schweren Großlachse

Einen Großlachs zur Strecke zu bringen, erfordert vom Lachsfischer immer Geschick oder Glück, meistens benötigt er beides. Der Grund ist relativ einfach zu erklären: Fakt ist, dass über 20 kg schwere Lachse selten vorkommen. Die Wild- und Fischbiologische Forschungsstation am Teno sammelt und untersucht seit 1972 einzelne Schuppen gefangener Lachse. Von 60.000 gesammelten Proben waren nur ungefähr 200 von Lachsen über 20 kg. Dies wiederum bedeutet, das der durchschnittliche prozentuale Anteil an Großlachsen, gemessen an der Gesamtfangstatistik des Teno, nur 0,4% ausmacht. Anders ausgedrückt: Rein statistisch erbeutet ein Lachsfischer erst nach dem Fang von etwa 250 Grilsen einen Großlachs. Aber in der Realität verteilt sich das »Anglerglück« oder die Angelkunst nicht gleichmäßig. Ebenso muss man darauf hinweisen, dass Schuppenproben von Großlachsen eher zur Untersuchung bei der Forschungsstation landen als Proben von Kleinlachsen. Dies hat zur Folge, dass die tatsächliche Anzahl der Großlachse des Teno unverhältnismäßig groß erscheint.

Der demzufolge insgesamt klein erscheinende Anteil von Großlachsen, muss im Vergleich zu der tatsächlich gefangenen Menge an Lachsen relativiert werden. In guten Jahren werden im Teno schätzungsweise 50.000 Lachse gefangen. Der durchschnittliche prozentuale Anteil an Großlachse beträge demnach ungefähr 200 Einzelexemplare. In der Realität ist in guten Jahren der Anteil an Großlachsen an der Gesamtfangmenge im Durchschnitt immer kleiner, so dass sich die Anzahl an gefangenen Großlachsen bei maximal 50-100 Exemplaren bewegt. In nicht so guten Großlachsjahren beträgt die Anzahl an Lachsen über 20 kg nur schätzungsweise 10-20 Stück.

Die absolute Mehrzahl der über 20 kg schweren Tenolachse sind Männchen (Milchner), sie machen fast 98% aller großen Tenolachse aus. Über 20 kg schwere Weibchen (Rogner) kann man als sehr seltene Rarität bezeichnen.

Die Größe und das Alter der Großlachse

Die größten und schwersten jemals im Teno gefangenen Lachse konnten nach glaubwürdigen Quellen ein Gewicht von 35 kg aufweisen. Einen hundertprozentigen Nachweis gibt es leider nicht, sind doch zahlreiche Riesenlachse vor etlichen Jahrzehnten gefangen worden und »wasserdichte« Dokumente nicht (mehr) vorhanden. Nach wie vor sind Geschichten überliefert, in denen von 30 kg schweren Filets! (d.h. nur die Filets gewogen) die Rede ist.

Die genannte Forschungsstation am Teno kann anhand von Schuppenproben nachweisen, dass die größten gefangenen Lachse des Teno an die 30 kg auf die Waage brachten. Von über 25 kg schweren Exemplaren sind nachweislich 28 registriert und von über 28 kg nur sechs Exemplare, wonach der Anteil an der Gesamtstatistik nur 0,01% beträgt. Die schwersten seit dem Jahr 2000 gefangenen Lachse brachten 26 kg auf die Waage. Größere Lachse sind jedoch gesichtet und gefangen, aber leider nicht wissenschaftlich bzw. formell dokumentiert worden.

Von der Länge her erreichen die über 20 kg schweren Tenolachse mindestens 120 cm. Der längste gemessene Lachs von 143 cm brachte 28,5 kg auf die Waage. In der Regel weisen aber die Großlachse des Teno eine Länge unter 135 cm auf.

Die zum ersten Mal zum Laichen aufsteigenden Lachse sind in der Regel unter zehn Jahre alt. Der normale Lebenszyklus des Tenolachses liegt bei »4+4«. Das heißt als Jungfisch vier Jahre im Fluss und dann im Meer vier Jahre auf Nahrungswanderschaft.

Wo fängt man die Großlachse des Teno?

Einen Großlachs kann man theoretisch am gesamten Flussverlauf an den Haken bekommen, von der Mündung bis hinauf nach Karigasniemi. Aber es gibt natürlich gewisse Abschnitte am Teno, wo der Fang eines Großlachses am wahrscheinlichsten ist. Bekannte Stellen für fette Beute finden sich unter anderem in den Gegenden um Utsjoki: Flussaufwärts von Utsjoki gesehen ist es der Aittisuvanto, der berühmt ist für seine gefangenen Superlachse. Flussabwärts sind es die ruhigen Pools unterhalb der Utskoski-Stromschnellen, Palosuvanto und Karnjarga, wo jedes Jahr über 20 kg schwere Milchner gefangen werden. Am Unterlauf des Teno auf der finnischen Uferseite »sichere« Großlachsreviere findet man um Vetsikko, weiter flussabwärts sind zu nennen Peurasuvanto, Miljoonasuvanto und der obere Abschnitt Piltamo, am Beginn der sechs Kilometer langen Alaköngäs-Stromschnellen. Dies sind nur einige Beispiele, alle potentiellen »hot spots« würden Seiten füllen. Neben dem Hauptstrom fängt man auch an zwei Nebenflüssen – Karasjoki und Jiesjoki – über 20 kg schwere Lachse, die aber auf der norwegischen Seite für Angeltouristen leider gesperrt sind. Wenn man viel Glück hat, kann man auch am bedeutendsten Nebenfluss des Teno ein Schwergewicht an den Haken bekommen – am Utsjoki, unmittelbar an der gleichnamigen Ortschaft vorbeiführend.

Am meisten Erfolg im August

Die Großlachse beginnen ihre Laichwanderung zeitig nach dem Eisbruch im Mai/Juni und einzelne silberblanke, gerade erst aufgestiegene Großlachse werden schon früh in der Saison gefangen. Zu dieser Zeit erbeutete Brocken machen aber nur ungefähr ein Zehntel der Gesamtfangmenge der Saison aus. Die beste Zeit für den Großlachsfischer ist aber Ende Juli und im August, in der durchschnittlich fast 90% der Großlachse mit einer Angelrute gefangen werden.

Der Grund für das erfolgreiche Fischen im Spätsommer sind die immer näher kommende Laichzeit und die immer aktiver werdenden Milchner. Die Milchner suchen ruhelos laichlasttragende Rogner und verteidigen gnadenlos ihre Laichreviere gegenüber Eindringlinge. Kleinere Lachse, aber auch Köder werden attackiert.

Die besten Möglichkeiten, einen Großlachs an den Haken zu bekommen, haben nun die Bootsfischer, die mit mehreren Ruten operieren können und auch die mittleren Bereiche des Flusses befischen. Sie können Lachsfliegen und Wobbler anbieten, mit verschiedenen Rudertechniken und ausgekügelter Taktik operieren. Aber auch der vom Ufer fischende Lachsfischer kann auf seine Kosten kommen. An bestimmten Stellen können Lachsmilchner ihre Verstecke unmittelbar am Ufer haben, und wenn ein Fischer diese Stellen ausmacht und sich merkt, dann steigen seine Chancen, einen Großlachs an den Haken zu bekommen beträchtlich.

Beim Fischen wird Geduld belohnt. Insbesondere gilt dies für die Fischerei auf den Großlachs. Ein schwierig an den Haken zu bekommender, aber sich immer wieder zeigender Großmilchner, kann so manchen Fischer um den Verstand bringen. Der geduldige Petrijünger kann aber auch einen ausgefuchsten Kontrahenten irgendwann so weit reizen, dass er zubeißt, und wenn ihm dies gelingen sollte, dann besonders im Spätsommer, wenn die Riesenlachse aktiv sind.

Dieser und der folgende Beitrag stammen im finnischen Original von Panu Orell.

Der Lebenszyklus des Tenolachses

Der typische Lebenszyklus des Atlantischen Lachses gilt in seinem gesamten Verbreitungsgebiet. Die laichbereiten Fische steigen nach ihrem Aufenthalt im Meer in ihre Geburtsflüsse, um sich zu vermehren. Die weiblichen Fische (Rogner) beginnen im Herbst mit der Schwanzflosse Laichgruben aus dem kiesigen Flussgrund zu schlagen, um dann ihre befruchtete Laichlast in die Laichgruben abzulassen und mit Kies zu bedecken.

Im Frühjahr erwacht das neue Leben. Für die Junglachse beginnt nun ein gefährliches Abenteuer im Süßwasser des Flusses. Nur langsam wachsen sie heran. Dieser Lebensabschnitt dauert in den nordeuropäischen Lachsflüssen in der Regel 3-5 Jahre.

Mit dem Erreichen einer Größe von 15-20 cm erfahren die Jungfische eine Veränderung: Aus dem stationären Junglachs wird ein sogenannten Smolt. Diese Smolts wandern im Frühjahr zur Flussmündung, gewöhnen sich an die Lebensbedingungen im offenen Meer und wandern weiter zu ihren Fressgründen des Eismeeres. Ein Teil der männlichen Lachse (Milchner) werden geschlechtsreif ohne zum Meer abzuwandern. Diese kleinen Milchner warten im Fluss auf laichtragende Rogner. Die Rogner wiederum können ohne eine Wanderung zum Meer nicht geschlechtsreif werden.

Die Wachstumsphase der Lachse im Meer ist auf Grund des reichhaltigen Nahrungsangebotes beeindruckend schnell. Dieser Lebensabschnitt im Meer dauert in der Regel 1-5 Jahre. Nachdem sie ihre Geschlechtsreife erlangt haben, kehren sie zum Laichen in den Fluss zurück, indem sie geboren wurden. Der Kreislauf kann von Neuem beginnen.

Vom Smolt zum Großlachs

Das Wachstum des Junglachses im Fluss ist bescheiden. Der z.B. im Teno nach vier Jahren zum Meer wandernde Smolt ist ca. 17 cm lang und wiegt ungefähr 30 Gramm. Das langsame Wachstum im Fluss hat seine Gründe – die rauen Lebensbedingungen und das kärgliche Nahrungsangebot fordern ihren Tribut. Im Meer kehren sich die Verhältnisse um und die Lebensbedingungen für die Lachse verbessern sich um ein Vielfaches. Das Nahrungsangebot im Meer ist gewaltig, und das Gewicht der Lachse nimmt im Rekordtempo zu. Schon nach einem Jahr im Meer beträgt die Größe der Lachse 50-60 cm und das Gewicht liegt bei 1-3 kg. Auch in den Folgejahren nehmen Länge und Gewicht weiter zu – nach drei Jahren im Meer können die Tenolachse eine Länge von einem Meter aufweisen und in der Regel wiegen diese Dreiwinterlachse zwischen 7-12 kg. Um ein Gewicht von über 20 kg zu erreichen, bedarf der Tenolachs eines Aufenthalts im Meer von 4-5 Jahren. So gesehen verbringt er also die gleiche Anzahl an Jahren in seiner Fressregion im Atlantik wie die ersten Lebensjahre im Fluss. Der Unterschied der Wachstumsgeschwindigkeit zwischen dem Aufenthalt im Fluss und im Meer ist beeindruckend. Unabhängig von dem Wachstumspotential des Tenolachses erreicht nur ein Bruchteil des gewaltigen Lachsstammes des Tenoflusssystems die kapitalen Größen eines Großlachses von über 20 kg. Die Voraussetzungen für das Erreichen kapitaler Größen müssen optimal sein. Viele Gefahren begleiten den heranwachsenden Junglachs, aber die besten Chancen haben in der Regel die Nachkommen von Großlachsen, die von allen Genmanupulationen verschont geblieben sind. Die schwierigste und gefährlichste Phase erleben die heranwachsenden Lachse im Meer, wo Krankheiten, Parasiten, Raubfische und Überfischung die Lachse bedrohen. Gerade im Meer ist die Sterberate der in den Weiten des Atlantischen Ozeans umherziehenden Tiere extrem hoch. Diejenigen Lachse, die nach mehreren Jahren im offenen Meer den Gefahren trotzen konnten, kehren als kapitale Exemplare in den Teno zurück und sind das Zielobjekt für passionierte Lachsfischer aus aller Welt. Lachse, die die magische Grenze von 20 kg übertreffen, sind fast ausnahmslos Milchner. Die Rogner können maximal 18-19 kg an Gewicht erreichen und die extrem selten gefangenen Rogner über 20 kg an Gewicht sind in der Regel Rückkehrer.

Im Vergleich zu ihrer Größe ist die Lebenserwartung der Tenolachse realtiv kurz. Nach der Fangstatistik zu urteilen beträgt das Alter zwischen 4-8 Jahren und sogar über 20 kg schwere Exemplare werden selten über 10 Jahre alt. Die ältesten gefangenen Einzelexemplare wiesen ein Alter von 13 Jahren auf.

Warum gibt es die »Riesen«?

Warum kann der Tenolachs zu einem wahren Riesen von 20-30 kg heranwachsen, obwohl er sich schon wesentlich früher und kleiner vermehren könnte? Der hauptsächliche Grund mag in dem Größenvorteil beim Revierkampf um den vorteilhaftesten Laichplatz liegen.

Der ausgewachsene Großmilchner ist der uneingeschränkte Beherrscher der Laichverstecke und ist im höchsten Maße daran interessiert, jeglichen Eindringling und Mitbewerber aus seinem Laichrevier zu vertreiben. Nur auf diese Weise garantiert er den Fortbestand seiner Gene beim Laichgeschäft mit einem, in der Regel, großen Rogner.

Große Milchner sind in der Lage, das Laichgeschäft auch mit mehreren Rognern auszuüben. Diese sind auf Grund der imposanten Größe des Milchners eher geneigt, mitihm das Laichgeschäft durchzuführen als mit kleineren Milchnern. Die Größe macht den Unterschied!

Früh übt sich ... Esa Karpoffs Sohn Mihkkael mit einem Lachsmilchner von genau 15 kg.
Ein verantwortungsvoller Angler sorgt sich immer auch um die Zukunft des Bestands, damit Kinder wie Mihkkael auch künftig einen fischreichen Teno genießen können.

Foto: Hannu Räisänen

Für die Rogner ist der Laicherfolg nicht so entscheidend, wie bei den männlichen Lachsen. Auch kleinere Rogner haben keinen Mangel an »Bewerbern« auf Grund der zahlreichen kleinen Milchner, die ihre Geschlechtsreife schon erreicht haben.

Die Anzahl an Laich ist abhängig von der Größe der Rogner. Große Rogner können an die 40.000 erbsengroße Eier als Laichlast mit sich tragen. Im Grunde genommen wäre es von Vorteil, wenn auch die Rogner so groß werden würden wie die Milchner. Aber die Anzahl großer Rogner am Laichgeschäft wäre geringer, auf Grund der hohen Sterblichkeitsrate bzw. erhöhter Fangrate im Meer. Im Unterschied zu den Milchnern müssen die Rogner alle zum Meer abwandern, um ihre Geschlechtsreife zu erlangen. Eine hohe Sterblichkeitsrate von Rognern im Meer würde den totalen Misserfolg des Laichgeschäftes bedeuten.

Großlachse werden immer weniger

Die Dauer der »Meeresphase« und die Größe der Lachse ist weltweit immer geringer geworden. Im Vergleich dazu hat sich der Stamm an Kleinlachsen gehalten und ist je nach Region sogar gestiegen. Die globale Abnahme an großen Lachsen ist auch am Teno registriert worden. Insbesondere die Anzahl der 3-4 Jahre im Meer bleibenden Lachse ist rückläufig; z.B. tauchten in der Fangstatistik von 2005 erstmalig keine Rogner auf, die normalerweise vier Jahre im Meer verbringen.

Die außerordentlich erfolgreiche professionelle Netzfischerei fängt schnellwachsende Lachse eher wie langsamwachsende, weil diese viel schneller ihre Fanggröße erreichen, wesentlich früher im Jahr erbeutet werden und sich dadurch auch die Fangsaison verlängert.

Obwohl die Anzahl an Großlachsen insgesamt weniger wird, ist der Teno immer noch der Fluss der Großlachse und einer der letzten Flüsse auf Erden, wo man noch die Chance hat, einen dieser Riesen unter den Atlantischen Lachsen auf die Schuppen zu legen. Weltweit gesehen ist der Teno der Lachsfluss, wo die meisten über 20 kg schweren Lachse gefangen werden. Nicht nur von Einheimischen, auch von angereisten, passionierten und versierten Anglern und Fischern, die für diese Herausforderung gewappnet sind. Nicht zuletzt versehen mit Respekt für den grandiosen Fisch!

Schleppfischen am Teno
Wissenswertes und Materialauswahl

Die Lachsriesen des Teno zu befischen und zu fangen, gehört zu den großen Herausforderungen des Lachsfischers. Wer erfolgreich sein will braucht ein Boot, einen Spezialisten als Bootsführer, spezielles Angelgerät, viel Geduld und noch mehr Glück! – Aber, seien Sie beruhigt, letztendlich entscheiden immer die Lachse, welchen Köder sie nehmen. Auch Sie könnten ihnen begegnen – den letzten »Königen« des Teno ...

Das Boot
Zuallererst braucht der Angelfreund ein geeignetes Boot mit Außenbordmotor. Als Gastangler kann man Boote bei zahlreichen Anbietern mieten. Am einfachsten und bequemsten dort, wo man eine Unterkunft gefunden hat. Die langen, schmalen, aus Holz gebauten Boote sind alle registriert und gehören im Tenotal wohnenden Einheimischen. Eigene Boote dürfen nicht mitgebracht werden, wohl aber Bootsmotoren. Der Bootsbau hat am Teno eine alte Tradition und wird auch heutzutage noch ausgeübt. Die Tenoboote zeichnen sich durch ihre Robustheit aus und sind einfach zu bedienen. Vom Bootsmotor werden keine Wunderdinge verlangt. Mit Motoren von sechs bis acht Pferdestärken ist man vollkommen ausreichend versorgt. Für den Tenoneuling empfiehlt es sich, einen ortsansässigen Bootsführer zu engagieren. Diese Guides sind erfahrene Lachsfischer und kennen ihren Fluss in- und auswendig. Äußerst wichtig ist das Kennenlernen der Fahrtlinien in der Strömung, die man unbedingt beachten muss.

Die Schlepprute
Eine gute Lachsschlepprute sollte folgende Eigenschaften besitzen: nicht zu steif, aber trotzdem kräftig und stabil mit relativ weicher Spitzenaktion. Kräftig und stabil, um auch einen großen Lachs »dirigieren« zu können. Eine relativ weiche Spitze, die vibrierend den Lauf eines Wobblers anzeigt oder auch der Fliege »Leben« einhaucht. Ruten mit steifer Spitze eignen sich eher für das Schleppen mit Blinkern. Die Länge der Rute sollte 9-10 Fuß (270-330 cm) betragen. Hervorragend bewährt hat sich die 10 Fuß lange Ugly Stik von Shakespeare und auch spezielle Shimano-Ruten haben gute Eigenschaften.
Auch Lachsfliegenruten von 12-15 Fuß finden beim Schleppfischen Verwendung. Dabei wird die Schwimmschnur eingesetzt, die dem Bootsführer wunderbar anzeigt, wo sich die Fliege in der Strömung bewegt. Der Drill mit der langen Zweihandrute vom Boot aus, hat seinen ganz eigenen Reiz und man hat den angenehmen Vorteil, dem gehakten Lachs nicht hinterherlaufen zu

müssen wie beim Uferfischen. Der Bootsführer kann jederzeit die Position des Bootes verändern und eine stabile Zweihandrute lässt die Fluchten eines großen Lachses schnell kürzer werden.

Die Rolle

Für das Schleppfischen kommt eigentlich nur eine einzige Rolle in Frage – das ist ohne Zweifel die Ambassadeur 7000 von Abu. Diese Rolle hat sich tausendfach bewährt und ist nach Meinung vieler Experten, die wohl zuverlässigste und stabilste Multirolle, die es zur Zeit auf dem Markt gibt. Sie verfügt über eine hervorragende Bremse und ausreichend Platz, um bis zu maximal 250 Meter einer 0,50 mm starken, monofilen Schnur aufnehmen zu können. Die erste Flucht eines gehakten, großen Lachses kann durchaus hundert Meter oder mehr betragen und man hat nicht die geringste Change, in dieser Phase einen flüchtenden Lachs zu stoppen. Die Ambassadeur 7000 arbeitet auch bei höchster Belastung einwandfrei. Insbesondere die aus Teflon bestehenden Bremsscheiben bewirken eine absolut zuverlässige Bremsleistung. Dem Angler bietet dies die Möglichkeit, jederzeit Druck auf den Fisch auszuüben. Auch Lachsfliegenrollen werden eingesetzt, haben aber den Nachteil, nicht so schnell lose Schnur aufnehmen zu können, wie bei einer Multirolle. In diesem Fall arbeitet eine Multirolle wesentlich schneller und effektiver.

Die Schnur

Die Schnurauswahl bietet immer wieder schönen Anlass zu Streitgesprächen. In einem Punkt ist man sich aber einig – die Schnur muss allererste Qualität besitzen, absolut neu sein und wenn möglich dehnbar. Viele Berufsfischer am Teno benutzen dehnbare Schnüre in grünen oder gelben Farbtönen, die auch unter Wasser gut sichtbar sind und durch die Dehnbarkeit einen großen Lachs schneller ermüden. Die Schnurstärke sollte man zwischen 0,40-0,50 mm wählen. Lediglich im Spätsommer, beim speziellen Fischen auf Großmilchner, benutzen Großlachsspezialisten noch stärkere Schnüre. Die monofile Hauptschnur sollte abriebfest sein und auch eine relativ weiche Eigenschaft besitzen. Weichere Schnüre beleben verführerisch das Spiel der Fliege unter Wasser. Als hervorragende Schnüre haben sich Stren und Silver Thread bewährt – sie haben die Eigenschaft, wie auch bei anderen monofilen Schnüren, sich bis zu 15% in der Länge auszudehnen und als Schockabsorber zu wirken. Wie schon erwähnt, kann man auch die Zweihandrute mit großer Fliegenrolle einsetzen, die mit einer Schwimmschnur und mindestens 150 Meter Backing bestückt sein sollte. Das monofile Vorfach sollte nicht länger wie 1,50 Meter gewählt werden und, je nach Fliegengröße, zwischen 0,35-0,45 mm Stärke betragen.

Knoten

Ohne Knoten kein Fischen, das ist nunmal eine Tatsache, und jeder Angler sollte zumindest eine gewisse Anzahl an Knoten im Schlaf beherrschen. Hierbei kommt es darauf an, mit welchen Ködern gefischt werden soll. Wobbler werden in der Regel mit einem Schlaufenknoten direkt an die Hauptschnur befestigt. Der Schlaufenknoten bewirkt ein noch beweglicheres Eigenleben des Wobblers in der Strömung. Beim Einsatz von Blinkern sollte noch ein Wirbel vorgeschaltet werden, damit sich die Schnur nicht zu sehr verdrallt.

Beim Schleppfischen auf Lachs mit der Fliege kommt der Petrijünger mit einigen wenigen Knoten aus. In der Regel knüpft man die Lachsfliege direkt an die monofile Hauptschnur. Wenn die Hauptschnur stärker als 0,45mm gewählt ist und man doppelhakige oder an Drillingshaken gebundene kleine (ab der Größe 6 und kleiner gewählte) Fliegen benutzen will, dann knüpft man ein ca. 1,50 Meter langes, monofiles Vorfach von z.B. 0,35 mm Stärke an die Hauptschnur. Häufig wird dabei ein kleiner Wirbel zwischen Hauptschnur und Vorfach geknotet, der bei Hochwasser Treibgut aufsammelt und auch als kleines Gewicht die Fliege etwas tiefer führt. Bei kleineren Fliegen benutzt man in der Regel einen kleinen Schlaufenknoten (Duncan Loop), damit die Fliege sich verlockend in der Strömung bewegt. Große einschenklige, klassische »fully dressed« oder Hairwing-Fliegen bis Größe 5/0 werden direkt an die Hauptschnur geknüpft. Dabei ist der doppelte Turleknoten die beste Wahl. Auch traditionelle und bewährte Fliegenknoten der ansässigen Angler werden viel benutzt und die sollte man sich von heimischen Fliegenexperten ruhig zeigen lassen.

Abschließend ist anzuraten, dass bei der geringsten Unsicherheit, ob der Knoten auch gelungen ist, man am besten nochmal von vorne anfängt. Zeit spielt beim Lachsfischen keine Rolle und es wäre äußerst ärgerlich und geradezu fahrlässig, einen großen Lachs durch einen nicht korrekten Knoten zu verlieren.

Hilfsmittel

Das mit Abstand wichtigste Hilfsmittel ist die Schwimm- oder Rettungsweste. Zu Beginn der Lachssaison, wenn das Wasser des Teno noch sehr kalt ist (um die 4-6 °C), werden sogar noch Rettungs-Thermoanzüge benutzt, die den Fischer warm und trocken und bei einer eventuellen Havarie den Angler sehr gut über Wasser halten. Hervorragend bewährt haben sich selbstaufblasende Rettungswesten, die mit einer Kohlendioxydpatrone ausgerüstet sind. Entsprechend finden diese Overalls inzwischen weite Verbreitung. Die Westen sollte man einmal im Jahr überprüfen, so dass sie im Bedarfsfall auch einwandfrei funktionieren. Schwimm- oder Rettungswesten können in der Regel bei Lachsfang-Anbietern ausgeliehen werden.

*Mit der Fliege zum Erfolg! Ein großer Lachs ist
ausgedrillt und das spannende Landen steht kurz
bevor. Wieder einmal sind Geduld und Beharrlichkeit belohnt worden.*

Ein kleines, aber wichtiges Hilfsmittel ist eine selbstaufblasende Sitzunterlage,
die unschätzbare Dienste für ein geplagtes Hinterteil leisten kann. Beim
Schleppfischen sitzt man unter Umständen mehrere Stunden im flachen Boot
und eine Sitzunterlage erleichtert das Durchhalten beträchtlich.

Gut sitzende Handschuhe beim Rudern vermeiden Schwielen und Blasen an
den Händen, sind aber nicht unbedingt notwendig.

Polarisationsbrillen sind auch beim Schleppfischen durchaus zu empfehlen. In
der Endphase eines Drills sieht man einfach besser, wo sich ein Lachs befindet
und kann, insbesondere beim Gaffen, einen Lachs sicherer ins Boot hieven.

Das langstielige Gaff ist am Teno das Instrument, mit dem ein größerer Lachs
ins Boot befördert wird. Ein größerer Lachs ist in diesem Falle ein Lachs mit
einem Gewicht von ca. 8 kg und aufwärts; kleinere Lachse werden mit einem
großzügig ausgelegten Kescher gelandet. Die Gaffspitze ist immer vor einem
Fischzug zu überprüfen und muss nadelscharf sein. Das stilvolle Landen mit
einer Schwanzschlinge (tailing) erfordert Erfahrung, hat aber den Vorteil, dass
der Lachskörper unversehrt bleibt.

Ein unverzichtbares Hilfsmittel ist auch der sogenannte »Fischtöter«. Am Teno werden beeindruckende Exemplare dieser Keulen benutzt, die sogar teilweise aus Walknochen geschnitzt sein können.

Wetterkapriolen

Während der Sommermonate und der recht kurzen Lachssaison, muss ein Lachsfischer sich auch auf unterschiedliche Wettersituationen gefasst machen. Am Anfang der Saison, das heißt in der ersten Junihälfte, hat der Fliegenfischer oder Schleppfischer noch mit zuweilen eisigen Temperaturen zu kämpfen. Die über dem Tenotal liegenden Bergrücken sind teilweise noch schneebedeckt, an den Uferbänken liegen manchmal noch meterhohe Eisplatten und die Wassertemperatur des Teno liegt bei nur wenigen Graden über Null. Man sollte nicht vergessen: Am Teno befindet man sich ungefähr 500 km nördlich des Polarkreises und in unmittelbarer Nähe zum Eismeer. Die Witterungsverhältnisse können sich während des kurzen Sommers manchmal innerhalb kürzester Zeit dramatisch verändern. Zwischen arktischer Sommerhitze bis 30 °C, mit stahlblauem Himmel über lange Tage und dann wieder eiskalten, verregneten und windigen Tagen und Nächten ist alles möglich. Arktische Sommerhitze ist im allgemeinen gut verträglich. Hohe Luftfeuchtigkeit mit unerträglicher Schwüle ist so gut wie ausgeschlossen, wobei Gewitter durchaus vorkommen können. Sommergewitter werden auch im hohen Norden ernst genommen, und der Schleppfischer wird deshalb auch seinen Fischzug unterbrechen und ans Ufer fahren. Nach einem Gewitter dagegen hat ein Schleppfischer gute Fangchancen – die Lachse sind sehr aktiv und attackieren vehement dargebotene Köder.
Während langer Trockenperioden kann der Wasserstand des Teno beträchtlich sinken und die Wassertemperatur die 20 °C-Marke erreichen. Diese Umstände können einen Lachsaufstieg entscheidend beeinflussen – die Lachse verfallen in Passivität und sind schwierig zu überlisten. Jede kleinste Wetterände- rung ist im jeden Fall positiv und muss vom Lachsfischer auch sofort registriert werden, denn nun steigen seine Erfolgsaussichten erheblich. Das Hauptaugenmerk muss der Schleppfischer unbedingt auf den Wasserstand legen. Dabei hilft ihm ein kleiner Stock an der Wasserlinie am Ufer, an dem er den aktuellen Wasserstand ablesen kann. Sommerhitze bewirkt auf den umliegenden Bergen ein Abschmelzen der letzten Schneefelder, was zu einem mittsommerlichen Hochwasser führen kann. Dem langjährigen Tenobesucher ist dies ein bekanntes Phänomen und ein freudig erwarteter Moment. Dieses kleine Hochwasser ist eine Art Weckruf für die flussaufwärts ziehenden Lachse und ein Startschuss für die Schleppfischer.
Ein weiteres zu beachtendes Wetterphänomen ist der in kühlen Nächten auftre-

tende Nebel. Dieser Nebel entsteht meist in den Morgenstunden und veranlasst viele Schleppfischer, eine längere Pause einzulegen. Dann schlägt die Stunde der Fischer, die nicht aufgeben, sondern speziell für diese Verhältnisse gebundene Fliegen anbieten (z.B. Royal Coachman). Helle und teilweise komplett weiß gebundene Fliegen haben sich bei Nebel interessanterweise gut bewährt.

Wenn man alte, erfahrene Lachsschleppfischer nach dem wohl besten Fangwetter fragt, bekommt man meist die Antwort: »Bedeckt muss es sein bei leichtem Nieselregen ...« Auch die Wassertemperatur spielt eine große Rolle. Liegt die Temperatur zwischen 8-14 °C sind die Fangchancen allgemein als gut zu bezeichnen. Ab ungefähr 16°C Wassertemperatur werden die Fangchancen geringer und ab 20 °C läuft wenig.

Wenn das Wetter mitspielt, kann es sich auch der Autor leisten, ohne dicke Qutdoorjacke in das Boot zu steigen (vorsorglich ist warme und regendichte Bekleidung natürlich immer dabei).

Foto: Harri Matikainen

Mittsommernacht ...

Der Laichaufstieg der Eismeerlachse läßt sich in drei aufeinander folgenden Etappen darstellen. Im Frühsommer, meist gegen Ende Mai, erfolgt die erste Welle an großen, bis über 20 kg schweren Exemplaren, die sogar teilweise unter dem Eis ihren Laichgründen im Oberlauf zustreben. Diese Lachse steigen fast ohne Pause in hohem Tempo flussaufwärts. Die ersten Fliegenfischer und Schleppfischer versuchen ihr Glück in unmittelbarer Ufernähe. Bedingt durch den hohen Wasserstand und dementsprechend starker Strömung streben die Lachse überraschend nahe der Ufer flussaufwärts.

Der Wasserstand normalisiert sich meist gegen Ende Juni, die Wassertemperatur steigt und es beginnt die Zeit der hellen, stimmungsvollen Mittsommernächte. Ab Mitte Juni wird es am Teno lebhafter. Der Hauptaufstieg der Eismeerlachse ist gewöhnlich in vollem Gang. Angeltouristen aus aller Welt treffen ein, in der Mehrzahl aber Angler aus Finnland, die leider nicht mehr die große Auswahl an Lachsflüssen im eigenen Land haben, wie in früheren Zeiten.

Beim nächtlichen Mittsommerfischen spielen mehrere Faktoren eine große Rolle. An klaren, sonnigen Tagen steht die Sonne abends noch sehr hoch und scheint (je nach Ortslage) flussabwärts. Der kundige Lachsangler meidet diese Zeit, oder er sucht Flussabschnitte, die eher im Schatten der umliegenden Berge liegen. Warum meidet er den frühen Abend? Die Lachse schwimmen flussaufwärts und bevor die Sonne hinter den norwegischen Bergen für ein paar Stunden abtaucht (je nach Flussverlauf), scheint sie den Lachsen direkt entgegen. Dies hat nach Aussage der erfahrenen Lachsfischer erheblichen Einfluss auf die Beißwilligkeit der Lachse.

Es gibt im Flussverlauf des Teno Stellen, an denen die Sonne für drei bis vier Stunden hinter den Bergen verborgen bleibt, um dann in den frühen Morgenstunden flussaufwärts zu scheinen. Die Situation hat sich nun entscheidend verändert und der Schleppfischer wird dementsprechend reagieren. Diese Morgenstunden sind in der Mittsommerzeit »goldene Momente« und helle gelb-grüne Fliegenmuster (z.B. Green Highlander) in verschiedenen Variationen bringen gute Erfolge.

Mystische Augustnächte ...

Im Verlauf des August wird es ruhiger am Teno. Der größte Touristenandrang ist vorbei und derjenige Angler, der sich entschlossen hat, im August den Eismeerlachs aufzuspüren, hat nun die Qual der Wahl. Platz ist ausreichend vorhanden, eine Unterkunft und ein Boot zu mieten kein Problem und das allerbeste ist: Der Fluss ist immer noch voller Lachse.

Der Schleppfischer konzentriert sich nun auf die sogenannten standorttreuen Lachse. Er vergisst dabei aber nicht, dass immer noch silberblanke Lachse aufsteigen und wird dementsprechend auch seine Köderwahl treffen. Die im Frühsommer aufgestiegenen Tenolachse haben in der Regel ihre Laichplätze gefunden und große Lachsmilchner beginnen vehement ihre Reviere zu verteidigen. Der einheimische Lachsfischer kennt die geschätzen »Verstecke« dieser Superlachse und in den dunklen Augustnächten werden Jahr für Jahr einige dieser »U-Boote« auf die Schuppen gelegt.

Bekleidung

Es versteht sich von selbst, dass man zum Fischen nicht unbedingt seinen Sonntagsanzug anzieht. Jeder Angler hat da seine ganz persönlichen Vorstellungen und seinen eigenen Geschmack was die »Arbeitskleidung« betrifft. Zu beachten ist auf alle Fälle: Am Teno befindet man sich nördlich des Polarkreises und auch zum Eismeer ist es nur eine Autostunde. Zur großen Verwunderung vieler Mitteleuropäer kann es am Teno im Sommer so warm sein wie auf den Kanarischen Inseln und so trocken wie in Nordafrika. Innerhalb weniger Stunden kann sich das Wetter aber schlagartig ändern. Eiskalte Regenschauer gepaart mit heftigen Winden vom Eismeer her erfordern dann robustes Regenzeug sowie warme Outdoorbekleidung. Nicht zu vergessen warme Unterwäsche und dicke Pullover (Fleece!). Auf passendes Schuhwerk sollte der Schleppfischer ebenfalls achten. Turnschuhe haben im Boot nichts verloren, eher schon strapazierfähige Trekkingschuhe, besser noch warme Gummistiefel. Eine mögliche Alternative ist auch die Benutzung von Neoprenwathosen. In kühlen und verregneten Nächten eine wahrlich wohlige Lösung – nichts ist unangenehmer, als mit durchnässter Kleidung stundenlang im Boot zu sitzen. Wie schon erwähnt, kann es am Teno auch sehr warm werden. Aus diesem Grund kann man durchaus T-Shirts und Shorts mitnehmen. In der Hauptsache sollte man darauf achten, genügend Bekleidung zum Wechseln dabei zu haben. In welchen Mengen, ist jedem selbst überlassen. Über Geschmack lässt sich bekanntlich streiten – wichtig sind Qualität und Funktionalität. Und schließlich: Ein Angler ohne Angelhut ist schwer vorstellbar. In welcher Form, das muss jeder Fischer für sich entscheiden. Da sind der Fantasie keine Grenzen gesetzt!

Grundkurs und Taktik

Beim Schleppfischen am Teno sitzt man meist zu Zweit im Boot. Der Bootsführer (Ruderer) sitzt vorne an den Rudern und der zweite Fischer in der Mitte und kümmert sich um die Ruten. In der Regel sitzt der Rutenmann auf einem flachen Stuhl in Blickrichtung des Außenbordmotors und mit freier Sicht flussabwärts. Dadurch kann er gut die Schnüre mit den Ködern beobachten und auch die Rutenspitzen. Insbesondere beim Schleppen mit Wobblern zeigen ihm die vibrierenden Spitzen, dass die Wobbler voll in Aktion sind. Hört dieses Vibrieren auf, wird er sofort den Köder einholen und den Wobbler überprüfen. Bei Hochwasser kann es sein, dass er diesen Vorgang öfter wiederholen muss, um die Köder von Treibgut zu säubern. Dasselbe gilt für das Schleppen mit Fliegen. In diesem Fall vibrieren die Rutenspitzen nicht wie beim Wobbler-Schleppen – das Hauptaugenmerk liegt hier auf den Bewegungen der Schnüre. Ab und an werden auch die Fliegen eingeholt und auf Sauberkeit überprüft. Am Anfang der Saison (Anfang Juni) ist es ratsam, die Köder öfter auf Verschmutzungen zu untersuchen. Je weiter die Saison fortschreitet, desto klarer wird das Wasser, das Treibgut dagegen immer weniger.

In der Regel fischt man mit drei Ruten. Jeweils eine Rute wird an den beiden Bootsseiten abgelegt und eine Rute nach hinten am Motor vorbei – die sogenannte Heckrute. Heutzutage befinden sich in den Tenobooten häufig Rutenhalterungen, in denen man die Ruten problemlos befestigen kann. Aber auch ohne Halterungen wird am Teno geschleppt. Auf beiden Seiten des Bootes sind dann zwei lange Nägel in den Seiten eingeschlagen, dort legt man die seitlichen Ruten in einem Winkel von ca. 45 °C ab. Die hintere Rute wird einfach zwischen die Füße geklemmt oder auch, noch besser, in die Hand genommen. Man muss immer darauf vorbereitet sein, dass ein Lachs vehement den Köder attackiert. Rutenhalterungen gibt es in verschiedenen Ausführungen, sie sind teilweise auch verstellbar. »Profi«-Lachsfischer benutzen bis zu sieben Ruten. Mit so vielen Ruten zu schleppen sollte man ruhigen Gewissens den erfahrenen Lachsanglern überlassen, man tut sich als Neuling keinen Gefallen. Und wenn man den Lachs seines Lebens gehakt hat, wird man froh sein, mit nur drei Ruten unterwegs zu sein.

Beim Schleppen mit Kunstködern beträgt die Schnurlänge in der Regel 12-18 Meter. Die Schnurlängen werden so abgestimmt, dass sich die geschleppten Köder bei Wendemanövern des Bootes nicht im Wege sind. Bei schwierigen Bedingungen, wie Niedrigwasser und hohen Wassertemperaturen, kann man die Schnüre bis auf 30 Meter verlängern, dann muss aber das Rudertempo erhöht werden. Die Bremsen der Rollen, meist Multirollen, werden so eingestellt, dass der Bediener die Schnur ohne Probleme abziehen kann. An der Heckrute kann man die Bremse eine Idee fester einstellen, um einen Lachs besser haken zu können. Werden beim Schleppen Fliegenrollen eingesetzt, stellt man die Bremse ebenfalls so ein, dass man die Schnur problemlos abziehen kann.

Bevor man seinen Fischzug beginnt, werden am Ufer noch einige Vorbereitungen getroffen. Angesammeltes Regenwasser wird aus dem Boot entfernt und man stellt sicher, dass alle Hilfsmittel (Fischtöter, Kescher, Gaff sowie Sitzunterlagen) an Bord sind. Insbesondere die Gaffspitze sollte nochmals überprüft werden. Nach sorgfältiger Auswahl der Köder werden diese an die Hauptschnüre geknüpft und ihre Laufeigenschaften im nahen Uferwasser überprüft.

Die wichtigste Regel für den Schleppfischer gleich vorneweg: Wenn mehrere Boote einen Schleppabschnitt befischen, gilt für den Schleppfischer immer das ungeschriebene Gesetz, sich an einer Stelle nicht länger als unbedingt notwendig aufzuhalten. Sonst kommt es nur zu einem Stau und verärgert die Mitangler. Insbesondere zur Mittsommerzeit kann es auf dem Fluss recht lebhaft zugehen und man sollte sich im eigenen Interesse recht zügig flussabwärts bewegen. In ruhigen Zeiten kann man an einer erfolgversprechenden Stelle länger verweilen. Dies gilt besonders im August bei der »Jagd« auf Großmilchner.

Am Startplatz eines Schleppabschnittes angekommen wartet der Angler bis er an die Reihe kommt. Auch bei nur einem einzigen Boot am Startplatz muss das Ufer angesteuert werden. Die Wartezeit verbringt man meist an der Feuerstelle, trinkt noch einen Kaffee oder trifft die letzte Köderwahl. Wenn man »in See sticht«, sollte zum vorausfahrenden Boot genügend Abstand bestehen. Ist nun der Augenblick gekommen, wird das Boot zu Wasser gelassen und man nimmt die Plätze ein.

Der Bootsführer übernimmt das Ruder und gibt dem Rutenmann das Zeichen, die Köder zu Wasser zu lassen. Das erfolgt ohne jede Hektik, bis alle Köder ihre richtige Schnurlänge erreicht haben. Dabei überprüft der Rutenmann jedesmal noch die Bremsen und ob die Ruten korrekt in den Halterungen befestigt sind. Jetzt kann er es sich auf seinem Sitz bequem machen und es beginnt die spannende Zeit des Wartens. Bei der Überlegung der Schlepptaktik spielen mehrere Faktoren eine wichtige Rolle. Sie richtet sich nach der Auswahl der Köder, den Ortsbegebenheiten und der Wasserstandssituation. Alles in allem ist das Schleppfischen mit der Fliege die wahre Kunst ...

Nach alter Tradition ist das Schlepptempo mit Fliegen ruhiger als das Schleppen mit Wobblern oder mit Blinkern. Der Ruderer und Lenker des Bootes ist der eigentliche Angler – er hat die Aufgabe, das Boot durch fantasievolles und ruhiges Führen erfolgversprechenden Stellen näherzubringen und den hinter dem Boot schwimmenden Ködern Leben einzuhauchen. Relativ häufig ist zu beobachten, dass ein Lachs genau in der Wendeprozedur einen Köder attackiert.

Einige Beispiele

Als erstes Beispiel nehmen wir das Schleppen in starker Strömung. Der Ruderer muss versuchen, durch geschickte und fantasievolle Bootsmanöver die Köder verführerisch zu bewegen. Dabei kann er auch kurz an einer Stelle verweilen, um dann wieder Fahrt aufzunehmen, um so einen Lachs zum Zuschnappen zu verleiten. In mit großen Steinen übersäten Stromschnellen gibt es viele verlockende »Hot Spots«. Der Bootsführer hat nun die Gelegenheit, sein Können unter Beweis zu stellen. Er muss versuchen, das Boot so zu dirigieren, dass die Köder von der Seite her vor einem großen Stein vorbeiziehen. Oft stehen Lachse unmittelbar vor großen Steinen oder auch mehrere Meter dahinter; eher seltener direkt hinter einem Stein, wo ein Gegenstrom entsteht. Auch die Strömungsbereiche neben großen Steinen sind potentielle Anbissstellen, die ein gewiefter Schleppfischer mit Sorgfalt ansteuert. Insgesamt gesehen bewegt der Bootsführer das Boot in einem relativ kleinen Winkel zur Strömung von einem Ufer zum anderen, soweit es die Verhältnisse zulassen. Immer wieder versucht er durch kleine Manöver, die hinter dem Boot schwimmenden Köder zu beleben. Die ganze Zeit bewegt sich das Boot flussabwärts, wobei der Ruderer das Boot mit leichten Ruderschlägen immer etwas abbremst. Dadurch entsteht eine »tanzende« Bewegung der Köder unter Wasser; die Köder entwickeln ein verführerisches Eigenleben.

In starker Strömung oder in Stromschnellen ziehen die Lachse meist in hohem Tempo und ohne Pause flussaufwärts. Daher ist ein Anbiss meist abrupt und explosiv. Der Lachs nimmt den Köder praktisch »mit Anlauf«.

Sobald man nun das Ende der Stromschnelle erreicht hat, beginnt das Schleppen in ruhig dahinfließendem Wasser. Damit ändert sich auch die Schlepptaktik. Jeder Pool am Teno hat seine ganz besonderen »Hot Spots«, die ein aufmerksamer Bootsführer auch ansteuert. Je nach Beschaffenheit des Pools rudert man im Zickzackkurs über die gesamte Breite der Wasserfläche, und insbesondere die Wenden des Bootes vollführt man mit größter Aufmerksamkeit. Bei den Kursänderungen schadet es auch nicht, kurze Stopps einzulegen. Ein bewährter Trick ist die Erhöhung des Tempos nach einer Wende. Der Köder »flieht« sozusagen aus einer Untiefe und ein standorttreuer Lachs kann oft nicht widerstehen. Besonderes Augenmerk sollte man auf Stellen am Ufer legen, an denen ein kleiner Bach in den Hauptstrom mündet. Diese Bacheinläufe sind gerade bei Niedrigwasser und hohen Wassertemperaturen bevorzugte Stand- und Ruheplätze aufsteigender Lachse. Bacheinläufe leiten frisches, kaltes und sauerstoffreiches Wasser von den Bergen in den Teno und sind immer einen Besuch wert. Ruhig dahinfließende Pools beherbergen meist große, dunkle Untiefen, die alljährlich von großen Milchnern in Besitz genommen werden. Wenn der Sommer weiter voranschreitet, werden diese Verstecke aggressiv von Großlachsen verteidigt.

Der Anbiss

Mit dem Anbeißen eines Lachses muss jederzeit gerechnet werden. Dies ist der Moment, auf den ein Lachsfischer gewartet hat, den er aber gleichzeitig auch ein kleines bisschen gefürchtet hat. Nach tagelangen, erfolglosen Bemühungen ist das Singen der Rolle, das Kreischen der Bremse ein elektrisierender Weckruf für jeden Bootsfischer. Der Anbiss eines Lachses zeigt sich durchaus unterschiedlich - von einem unscheinbaren Bewegen der Rutenspitze bis zu einem explosiven Anbiss, mit einem hoch in die Luft springenden Lachs, kann alles passieren. Relativ oft beginnt sich die Rute einfach nur zu verneigen, oder die Schnur bleibt stehen und bewegt sich langsam zur Seite. Ist dies der Fall, macht der Rutenmann erstmal überhaupt nichts. Der Bootsführer sieht alles meist schon etwas früher als der an den Ruten sitzende Fischer und handelt sofort. Durch ein paar kräftige Ruderschläge flussaufwärts hakt er den Lachs, der entweder sofort flussaufwärts oder aber auch vehement in die entgegengesetzte Richtung flüchtet. Nun gibt es zwei Alternativen: Der Rutenmann nimmt die Rute mit dem Lachs aus der Halterung, steckt sie in einen freien Rutenhalter am Boden des Bootes (falls vorhanden) und holt die übrigen Köder rasch ein. Oder er nimmt die Rute in die Hand und reicht eine nach der anderen der übriggebliebenen Ruten nach hinten, wo der Bootsführer die Köder einholt. Der Bootsführer sorgt dafür, dass die Ruten gut und sicher im Boot verstaut sind und bedient anschließend wieder die Ruder.

Der Drill

Der Bootsführer hat nun die Aufgabe, so schnell wie möglich »unter« den Lachs zu kommen – das heißt das Boot so zu dirigieren, dass der Lachs oberhalb des Bootes gegen die Strömung kämpfen muss. Diese Taktik wird sich bezahlt machen und früher oder später den Lachs stark ermüden. Der Drill wird sich entscheidend verkürzen und auch die Gefahr eines Ausschlitzens des Hakens verringert sich. Jede Vorgehensweise richtet sich natürlich nach der Größe eines Fisches. Der Rutenmann hat die Aufgabe, den Lachs in Bewegung zu halten und Druck auszuüben. Nach einem Anbiss kann er sich im Boot hinstellen, aber nur nach Absprache mit dem einheimischen Bootsführer und wenn er sich das auch zutraut. Im Boot zu stehen und zu drillen, erfordert ein gutes Gleichgewichtsgefühl und auch Erfahrung. Bei starker Strömung ist es angeraten stets sitzenzubleiben oder sich hinzuknien. Dann ist man auf der sicheren Seite. Einige Dinge sollte der Angler beim Drill immer beachten: Die Bremse ist immer vor dem Fischen richtig einstellen. Wenn man die Bremswirkung verstärken möchte, sollte man den Daumen benutzen. Die Rute sollte so steil wie möglich nach oben gehalten werden, denn dann arbeitet eine Lachsrute optimal und der Lachs wird früher oder später ermüden. Das Drillen eines großen Lachses unterscheidet sich eigentlich nicht großartig von dem eines kleineren Exemplars. Nur in der Endphase, dann nämlich, wenn man zum ersten Mal einen großen Lachs zu Gesicht bekommt. Alles ist bis zu diesem Zeitpunkt gutgegangen, aber beim Anblick eines großen und schweren Burschen macht es beim Angler oft »Klick« und leichte Panik übermannt ihn. Der Fischer zieht die Bremse fest und er versucht, den Lachs mit Gewalt ans Boot zu ziehen. Das Resultat ist fast immer gleich: Der Lachs gewinnt das Tauziehen!

Unvorhersehbare Drillsituationen
Der Anbiss eines großen Lachses in einer Stromschnelle ist immer eine Angelegenheit, die das Herz zum Pochen bringt. Meistens ist das Zuschnappen dort schwer zu übersehen. Die Rute wippt auf und nieder und ein großer Lachs wird entweder sofort mit hohem Tempo flussabwärts flüchten, oder, bei zischender Schnur, wie ein Güterzug flussaufwärts. Im ersten Fall ist ein die Stromschnelle hinab flüchtender Lachs kaum zu stoppen. Um in einer wirklich starken Stromschnelle einen großen Lachs nicht zu verlieren, gibt es nur eine Möglichkeit: Sofort die Bremse lockern, sogar Schnur nachgeben. Zieht man die Bremse fest und hofft, dass der Lachs stoppt und die Schnur nicht reißt, währt diese Hoffnung nur kurz. Der Lachs stoppt nicht und die Schnur hält auch nicht. Überraschend oft stoppt ein Lachs dagegen seine Flucht, wenn er keinen Zug mehr verspürt. Beim Lockern der Bremse braucht der Angler keine Angst zu haben. So hat er wenigstens die Chance, den Lachs zu fangen. Beim Festziehen der Bremse hat er keine.
Leider haben große Lachse manchmal die Angewohnheit zu tun, was sie wollen. Ein stromabwärts flüchtender Lachs kann auch kehrt machen und dem Boot entgegen schwimmen. Dies führt beim Rutenmann oft zu leichter Panik, denn jetzt hat er alle Hände voll zu tun, so schnell wie möglich wieder Schnur auf die Rolle zu bekommen. Wenn ein Lachs beim Anbiss sofort flussaufwärts jagt, unter Umständen bis an die 100 Meter, lässt man ihn gewähren und bremst höchstens etwas mit dem Daumen. Meist krönt er seine Flucht mit einem mächtigen Sprung, wogegen man nichts machen kann. Der Bootsfischer ist jetzt in einer guten Ausgangsposition. Er befindet sich stromab des Fisches und der Lachs kämpft gegen die Strömung. Der Bootsführer hat nun die wichtige

Aufgabe, den Abstand zum Fisch nicht zu groß werden zu lassen. Findet ein Lachs ein Versteck zwischen Steinen, bleibt den Schleppfischern keine andere Wahl, als den Motor anzuwerfen und sich dem Fisch zu nähern. In starker Strömung erfordert dies Vorsicht und Umsicht. Keinesfalls sollte man dabei stehen. Auch wenn man kniet oder sitzen bleibt, kann man gute Tuchfühlung zum Fisch behalten.

In ruhigen Pools haben große Lachse oft die Angewohnheit, sich nach der ersten Flucht in einer Untiefe zu verstecken und sich keinen Millimeter mehr zu bewegen. Die richtige Taktik ist nun, mit gebogener Rute zu warten. Absolut unfruchtbar wäre es zu versuchen, den Lachs mit Gewalt aus dem Versteck zu ziehen oder zu zerren. Besser ist es abzuwarten – früher oder später wird er sich wieder in Bewegung setzen. Je nach Größe des Fisches kann dies aber dauern. Ein wirksamer Trick hilft die Wartezeit zu verkürzen: Der Angler schickt dem Widersacher »Post«. Ein Stück Silberpapier von der Zigarettenschachtel oder ein Stück von einer Plastiktüte knüpft man an die Schnur und lässt dies mit der Strömung zum Fisch hinunter. Die Reaktion des Lachses ist meist heillose Panik und ein Durchstarten zur nächsten Flucht.

Ein unter das Boot tauchender Lachs ist immer problematisch, denn der Fischer muss nun so schnell wie möglich die Spitze der Rute ins Wasser tauchen und versuchen, die Schnur um den Bug oder das Heck zu führen. Am Heck stört auch noch der Motor und schnell hat sich die Schnur um den Propeller gewickelt.

Eine eher seltene Situation ist der »Glücksfall« eines Doppelanbisses. Wenn zwei Ruten deutlich einen Anbiss anzeigen, verfährt man wie folgt: Eine Rute kommt in den Rutenhalter am Boden. Die zweite lässt man in der Halterung und die dritte (falls man mit drei Ruten operiert) wird mit dem übriggebliebenen Köder eingeholt. Die Bremsen lockert man ein wenig und rudert mit einem gleichmäßigem Tempo zum Ufer. Der Rutenmann schnappt sich eine Rute und springt ans Ufer während der Bootsführer den Drill mit dem anderen Lachs vom Boot aus fortführt. Oft ist es aber leider so, dass im Anfangsgetümmel ein Lachs verloren geht.

Das allerwichtigste beim Lachsdrill ist es jedoch, jeden Augenblick zu genießen und ruhig und überlegt zu handeln. Panik und Hektik sind fehl am Platze. Geht ein Lachs verloren, sei's drum. Geduld und Beharrlichkeit werden früher oder später belohnt werden!

Das Landen

Mit kleineren Lachsen (bis ca. 5 kg) hält man sich normalerweise nicht lange auf. Man lässt sie sich austoben und kurbelt sie nach einer Weile ans Boot heran, wo man sie mit einem großen Kescher einfängt. Aufpassen sollte man nur, dass sich die Haken vom Köder nicht am Kescherrand verfangen. Bei größeren Lachsen, ab ungefähr 8 kg, wird am Teno traditionell das langstielige Gaff verwendet. Es gibt so gut wie keine Alternative, als einen großen Lachs mit dem Gaff ins Boot zu befördern. Das Gaffen an sich ist keine allzu schwierige Operation. Für den Anfänger ist es aber von großem Vorteil, wenn er einmal die Gelegenheit bekommt, eine Gaffprozedur miterleben zu dürfen. Drei Bedingungen müssen dabei immer erfüllt werden: Die Gaffspitze sollte immer spitz sein und der Stiel kräftig. Der Angler mit dem Gaff und der Rutenmann mit dem Lachs müssen genau wissen, wie sie vorgehen wollen, und der Lachs muss wirklich ermüdet sein und seine Flanke zeigen. Hierbei gibt es nur eine Ausnahme: ein Großlachs von vielleicht über 20 kg oder mehr! Normalerweise kämpft ein Großlachs weit weg vom Boot, aber irgendwann während des Drills kann es vorkommen, dass er in die Nähe des Bootes kommt. Die Chance ihn zu gaffen ist groß und verlockend, aber das Risiko ist sehr hoch. Andererseits kann es aber auch die einzige Chance bleiben, einen Gaffversuch zu wagen.

Im Normalfall drillt man einen Lachs, bis er vollkommen erschöpft ist. Der Bootsführer versucht das Boot so zu manövrieren, dass der Lachs von flussaufwärts mit der Strömung langsam näher kommt. Dabei nimmt er schon mal das Gaff in die Hand und wartet ab, bis der Rutenmann den Lachs an die Bootsseite heranführt. Äußerst wichtig sind jetzt absolute Ruhe und das Vermeiden jeglicher hektischer Bewegungen. Dies würde beim Lachs sofort zur Panik führen, und die Kraft eines Lachses bei seiner letzten Flucht ist legendär. Bevor nun der Fisch gegafft wird, legt sich der Fischer noch den Fischtöter in Reichweite und holt dann den Lachs mit einem beherzten Ruck ins Boot. Handelt es sich um einen über 20 kg schweren Milchner, gafft man ihn an die Bootsseite und schlägt ihn ab, oder man fährt sofort zum Ufer und befördert ihn aufs Trockene. Bei allen Gaffversuchen gilt ein Grundsatz: einen gegafften Lachs nicht sofort auf den Bootsboden legen, sondern erst abschlagen! Allzu oft ist ein wild zappelnder Lachs wieder in sein Element zurückgesprungen. Einmal verletzt, kann er aber nicht überleben.

Eine immer wieder diskutierte Frage ist: An welcher Stelle sollte man einen Lachs gaffen? In früheren Zeiten wurden Lachse ausschließlich am Kopf gegafft. Ein Loch im wertvollen Körper hätte nur den Preis gesenkt. Heutzutage ist es nur noch wichtig, einen Lachs sicher ins Boot zu bekommen. Die beste Stelle ist direkt in der Mitte des Rückens, denn wenn das Rückgrat innerhalb des Hakenbogens gerät hat der Lachs keine Chance. Der Kopf und direkt dahinter, sind immer noch gute Stellen zum gaffen. Problematisch ist nur die Nähe zur Schnur. Jedes Jahr passiert das Malheur, einen Lachs besonders stilvoll gaffen zu wollen, und die Schnur wird gekappt.

Und morgen? Abendliche Besprechung am Lagerfeuer.

Foto: Hannu Räisänen

Eine sehr zweckmäßige Variante ist das Landen eines Lachses vom Ufer aus. An vielen Stellen am Teno ist diese Variante sehr gut möglich. Insbesondere in starken Stromschnellen wie dem »Alaköngäs« ist dies fast die einzige sichere Möglichkeit, einen großen Lachs ans Ufer zu bekommen.

Schlusszeremonie

Einen frisch gefangenen Lachs ans Ufer zu fahren, gehört für den Lachsfischer zu den besonderen Momenten. Am Ufer wird der Lachs gesäubert, Fotos werden geschossen, der Fisch wird gewogen und anschließend fachgerecht ausgenommen und versorgt. Jetzt ist auch der Augenblick gekommen, an dem man auf den gefangenen Lachs anstoßen kann. In welcher Form, ist jedem selbst überlassen. Anschließend wird der Lachs in einen Eiskeller gelegt, wo er frisch bleibt. Nun kann der erfolgreiche Fischer in aller Ruhe überlegen, was er mit dieser kulinarischen Köstlichkeit machen möchte. In der Regel lässt man einen frisch gefangenen Lachs über Nacht im Eiskeller liegen. Die Todesstarre löst sich erst nach einigen Stunden und man würde sich keinen Gefallen tun, einen Lachs sofort nach dem Fang zuzubereiten. Am nächsten Tag kann man den Lachs entweder filetieren, vakuumdicht verpacken für den Heimtransport oder gänzlich einfrieren.

Lachsfischen XXL
Den Riesen auf der Spur

Urinstinkte ...

Dieses schwer zu beschreibende Gefühl übermannte und erfüllte mich unvorhergesehen und überraschend, ließ mich über mich selbst staunen und stimmte mich nachdenklich. Am Teno. Nach einem erfolgreichen Angeltag. Das Gefühl einer mir vorher unbekannten Befriedigung und ein mir ebenso vorher unbekanntes Gefühl eines gewissen Triumphes, ja sagen wir ruhig, eine Empfindung unbewusster Macht und Überlegenheit. Dies klingt nach viel Pathos und Übertreibung, aber es trifft die damalige Stimmung.

Was mochte der Grund für meine emotionale Gefühlswallung gewesen sein? Ich weiß es nicht, oder doch: Ich hatte schlichtweg »fette Beute« gemacht. Fette Beute? Den Begriff kennt man doch, der Waidmann kennt ihn, natürlich auch der Fischer und Angler. Aber warum befiel mich am Ufer des Teno angekommen auch ein seltsames und tiefes Gefühl der Ruhe und Erhabenheit?

Kurz zuvor fischten wir, mein Lehrmeister und Freund Esa und ich, noch an einer erfolgversprechenden Stelle oberhalb der Aittikoski-Stromschnellen und fingen beim Schleppfischen einige Kleinlachse und einen ziemlich großen, gerade erst aufgestiegenen, silbern glänzenden Lachs und fuhren zurück zum Startplatz der Bootsfischer an der Stromschnelle. In aller Ruhe hob ich den schweren Lachs langsam aus dem Boot und legte ihn behutsam auf einen flachen Felsen. Mir war nicht bewusst, dass mich eine ganze Reihe von Augenpaaren beobachteten. Erst als ich auch die anderen Lachse auf den Felsen legte und aufblickte, sah ich ein halbes dutzend Männer, die sich uns langsam näherten. Wir hatten unzweifelhaft ansehnliche Beute gemacht. Groß war das anerkennende Staunen der Angler und ich stand etwas ratlos, aber mit stolzgeschwellter Brust, reglos und sprachlos neben den auf den Felsen liegenden Lachsen. Ich ertappte mich dabei, dass ich so tat, als wäre nichts Weltbewegendes passiert und nahm den Respekt der anwesenden Fischer mit betonter Gleichmütigkeit entgegen. Allein schon ihre Gesten und die vorsichtige Annäherung der mir unbekannten Anglerkollegen ließ erkennen, dass ich in ihren Augen wohl etwas Besonderes geleistet hatte, oder besser gesagt, aus der Sicht der Angler gesehen, einen wohl erfahrenen Lachsfischer darstellte und große Beute mir nicht unbekannt war. Was nun wirklich nicht den Tatsachen entsprach, aber auf Grund meines pseudo-souveränen Verhaltens anzunehmen war.

Unter unserer Ausbeute war auch mein erster wirklich großer Lachs am Teno, mein erster, den man auch als Lachs bezeichnen konnte. Seltsamerweise tanzte ich keinen Freudentanz, schrie nicht meine Freude heraus, sondern blickte nur stolz zu Esa, der mich genau beobachtete und mir schelmisch zuzwinkerte. Anscheinend war er amüsiert über mein Verhalten, dass ich mir nicht erklären konnte.

Ich weiß noch wie ich etwas später dachte: So muss es sich in der Urzeit zugetragen haben. Der Urzeitjäger bringt Beute für seine Sippe und wird huldvoll von den Seinen empfangen. Beute machen heißt Macht und Überleben, die Größe der Beute läßt ihn hochklettern auf der Leiter der Hierarchie, erweckt Neid und Missgunst bei den Nachbarssippen, aber seine Sippe hat Nahrung für etliche Tage. So sinierte ich damals und war etwas erschrocken über diese Gedanen. Aber doch spürte ich einfach Freude und Stolz über diesen prächtigen Fang. Und was gibt es schöneres, als wenn auch unbeteiligte Fischerfreunde die Freude mit dir teilen möchten. Insbesondere der Lachsfischer weiß große Beute zu schätzen, denn es kommt nicht selten vor, dass er große Geduld mitbringen muss. Irgendwann wird er dann doch für seine Mühen belohnt.

Wer hat nicht schon vom Fang eines großen, kapitalen Lachses geträumt? Alleine das unbeschreibliche Gefühl, den König der Fische besiegt zu haben und das ungläubige Staunen eventueller Mitangler, lassen das Herz höher schlagen. Unbewusste Triumphgefühle melden sich, bei dem einen mehr, bei dem anderen weniger. Irgendetwas schlummert verborgen in der Seele des Petrijüngers oder auch des Waidmannes, der atemlos vor seiner großen Beute steht.

Dieses seltsame Gefühl einer undefinierten, unbewussten Macht sollte mich in Zukunft noch öfter überraschen. Begleitet immer auch von einer gehörigen Portion Demut und Dankbarkeit. Aber ich machte mir so meine Gedanken, warum in aller Welt ich mich so verhielt, als wäre ich nicht mehr ganz ich selbst. In mir erwachte ein Urinstinkt ...

Aller Anfang ist schwer ...

Nachdem ich im Jahre 1990 zum ersten Mal am Ufer des Teno stand, kehrte ich immer wieder zu dem Fluss, an dem ich zum ersten Mal in meinem Anglerleben einen richtigen Lachs fing, zurück. Eigentlich war es kein »richtiger« Lachs, sondern »nur« ein Grilse, aber das machte mir damals nichts aus. Die Zeit der richtigen, großen Lachse sollte erst noch kommen, aber das wusste ich damals natürlich noch nicht.

Im Sommer 2003 hatte ich das Glück, den einheimischen Bootsführer und Großlachs-Experten Esa Karpoff kennenlernen zu dürfen, der mir, dem eingefleischten Uferangler, das traditionelle Bootsfischen am Teno näher brachte und sozusagen mein Lehrmeister in Bezug auf das ungemein spannende Schleppfischen am Teno wurde.

Bootsfischen an sich war mir nicht ganz unbekannt. Wie oft hatte ich schon im

Boot gesessen und am Sommerhaus meiner Großeltern Barsche und Hechte mir der Spinnrute gefischt oder auch mit guten Freunden mit dem Motorboot Forellen und Saiblinge beim Trolling gefangen. Aber das Schleppfischen mit dem Boot auf Lachse war ür mich doch ein völlig fremdes Terrain. Zum Ersten sind die originalen Tenoboote lang und schmal und für gleichgewichtsempfindliche Angler nicht unbedingt zu empfehlen. Zum Zweiten sitzt man sehr flach, und ein wohlbeleibter Angler hat so seine Schwierigkeiten, wenn er mit etlichen Ruten hantieren muss, die beim Schleppfischen von Nöten sind. Glücklicherweise habe ich eine normale Statur und gewöhnte mich mit der Zeit an die etwas unkomfortablen Verhältnisse. Auch gutes Sitzfleisch wird verlangt, dauern doch Angelsequenzen durchaus auch mal mehrere Stunden, nur unterbrochen von kurzen Pausen an den Startplätzen der Bootsfischer. Diese Pausen treten immer dann ein, wenn an einem Startplatz Boote geparkt sind und das ungeschriebene Gesetz am Teno jedem Bootsfischer vorschreibt, an das Ufer zu fahren, wenn auch nur ein Boot am Startplatz eines Ruderabschnittes zu sehen ist. Diese ungeschriebenen Gesetze lernte ich im Laufe der Zeit kennen und jeder tut gut daran, sich vor dem ersten Fischzug über die Regelungen klar zu werden und sie auch einzuhalten.

Esa war ein guter Lehrmeister. Ich hatte ihn erst am Tag zuvor kennengelernt und war natürlich hoch erfreut über seine bescheiden formulierte Einladung, mit ihm auf die »Pirsch« zu gehen. Esa spricht nicht von Angeln im herkömmlichen Sinne, sondern für ihn ist das Fischen auf große Lachse schlichtweg »Großwildjagd«. Mir war natürlich damals nicht bewusst, mit wem ich mich eingelassen hatte, denn das Fischen auf Lachse vom Boot aus war für mich absolutes Neuland, und ich machte mir auch keine großen Gedanken über das ganze Prozedere, das mit dem Schleppfischen zu tun hat. Ich dachte mir nur, rein ins Boot, Köder ins Wasser, ein bisschen rudern und einen schönen Fisch fangen. Denkste, es kam natürlich alles ganz anders, und ich werde nie die Augenblicke vergessen, an denen alles gleichzeitig auf mich einstürmte, wo entscheidende Manöver durchgeführt werden mussten und blitzschnelle Entscheidungen getroffen werden mussten. Auch bevor es überhaupt los ging, waren noch etliche Vorbereitungen zu treffen, die mir heutzutage in Fleisch und Blut übergegangen sind. Aber damals war ich halt ein totales »Greenhorn« und vielleicht auch am Anfang ziemlich überfordert.

Die Ruhe vor dem Sturm ...
Es ging los. Endlich, dachte ich damals voller Vorfreude und sprang ins Boot. Esa fackelte nicht lange, stieß das Boot vom Ufer ab und kaum saß ich, ließ er den Außenborder an und jagte mit einer Höllengeschwindigkeit flussaufwärts.

Ich war ziemlich beeindruckt und zog die Gurte meiner Schwimmweste noch fester zu. Den ruhigen Aittisuvanto-Pool ließen wir rasch hinter uns, aber nun ging es auch schon in die Stromschnelle oberhalb des Pools gelegen. Esa verringerte um keinen Deut seine Geschwindigkeit, sondern zündete sich in aller Seelenruhe eine Zigarette an und umkurvte die auftauchenden Steine in der Strömung mit traumwandlerischer Gelassenheit, wobei ich so tat, als würde mich das alles nichts angehen. Ich schwitzte Blut und Wasser und sehnte mich ans Ufer zurück. Keine Chance – Esa grinste über alle Backen und plapperte fröhlich vor sich hin. Ich verstand kein Wort, aber grinste schief zurück und tat so, als wäre ich schon hundert Mal mit solch einem Affentempo den Teno flussaufwärts gefahren. Ich weiß noch, wie ich mir ausmalte, was passieren könnte, wenn wir auf einen Stein auftreffen sollten. Und immer mehr dieser kleinen oder größeren Hindernisse tauchten auf; die ganze Stromschnelle von ca. 3 km Länge bestand nur aus Steinen und Felsblöcken. Der Wasserstand des Teno war jetzt Anfang Juli ungewöhnlich niedrig, aber in späteren Jahren erlebte ich die gleiche Stromschnelle auch bei höherem Wasserstand. Die Erfahrung lehrte mich mit den Jahren, die Strömung richtig zu lesen und mir markante Stellen einzuprägen. Es gibt für den Bootsfischer nichts wichtigeres, als sich die Fahrtlinien der Flussabschnitte auf denen er sich bewegt, genau einzuprägen. Ob bei der Fahrt flussaufwärts oder auch flussabwärts.

Wir rasten weiter flussaufwärts. Esa steuerte langsam Richtung finnisches Ufer und ich bemerkte etliche Boote aufgereiht am Ufer. Auf den Ufersteinen saßen Angler, und ich dachte mir, warum sind die alle am Ufer? Mir war damals noch nicht die Regelung der Bootsfischer hinsichtlich »Vorfahrt« und »Hinten anstellen« bekannt und war etwas verwundert. Weiter ging's ziemlich nahe am Ufer entlang, bis Esa dann doch langsamer wurde. Ich schaute über den Bootsrand und sah den Grund für seine Vorsicht. Im glasklaren Wasser sah man den Flussgrund mit Millionen von glattgeschliffenen Kieselsteinen. Vielleicht nur 20 cm Wasser unterm Kiel, dachte ich erstaunt, aber in Wirklichkeit war es noch mindestens ein ganzer Meter, aber Esa ist ein erfahrener Bootsführer und kennt seinen Fluss in- und auswendig. Bei einem Gast an Bord würde er nie zuviel Risiko eingehen, dazu spürt und trägt er zu große Verantwortung.

Aber kaum hatte Esa das Tempo verringert, ging es auch schon wieder mit Volldampf voraus. Wir hatten wohl bestimmt schon vier Kilometer Flussstrecke hinter uns gebracht, als Esa plötzlich das finnische Ufer ansteuerte und kurz vor dem steinigen Ufer den Motor ausmachte. Mit Schwung glitten wir in einen kleinen Naturhafen zwischen Felsblöcken, und ich sprang von Bord, um unser Boot festzumachen. So, dachte ich mir, von hier aus wird es dann wohl losgehen, kann ja nicht mehr lange dauern. Falsch gedacht, es dauerte noch eine geschlagene Stunde, aber mir war das Prozedere der Vorbereitung damals ja noch nicht bekannt.

Es herrschte wunderschönes Sommerwetter hier im Norden Europas. Die Sonne brannte vom Himmel, so um die 21 °C mochten es jetzt um 19.30 Uhr noch sein und kein Wind war spürbar. Mittsommernachtszeit – für mich immer wieder ein Erlebnis, obwohl ich den Mittsommer in Lappland schon seit Kindesbeinen kenne.

»Viel zu warm und noch viel zu grelles Licht, wir haben noch Zeit, du hast doch genug Zeit mitgebracht, oder?« rief Esa zu mir hoch. »Natürlich, aber klar doch, ich hab keine Eile!« gab ich schnell zurück.

Eile kennt man nicht am Teno und schon gar nicht bei den Lachsfischern, das hatte ich in den Jahren schon gelernt und verstanden. Aber für jemanden, der noch nie am Teno war, ist es eine wahre Geduldsprobe, wie sich die Einheimischen Zeit lassen, was immer sie auch tun. Daran muss man sich erst einmal gewöhnen, wenn man aus der Hektik des Alltages in den hohen Norden kommt. »Nimm mir mal die Köderschachteln ab und die Rucksäcke. Wollen mal was essen und uns ein bisschen ausruhen, bevor es losgeht«, hörte ich Esa sagen und war ein klein wenig enttäuscht. Aber ich tat wie befohlen. Esa klärte mich auf: »Hier ist eine gute Stelle. Der sogenannte Radnukuoppa-Abschnitt vor Kortsam dort flussabwärts. Die Lachse ziehen relativ nah am Ufer entlang. Siehst du die großen Steine im Wasser? Dort muss man sehr genau rudern, um die Köder vor oder hinter die Steine zu bringen, hab hier schon Lachse über 15 kg gefangen, jeden Sommer, du wirst schon sehen, wenige Boote bis jetzt, das ist gut, sehr gut sogar!« Esas unnachahmlicher Optimismus begleitete mich noch oft in den kommenden Jahren. Aber jetzt wo ich zum ersten Mal mit ihm unterwegs war, keimte in mir eine vorher kaum gekannte Spannung auf. Ich war ziemlich aufgeregt und zitterte ein kleines bisschen, aber nur ein kleines bisschen.

Im Hörsaal ...?
Solange sich kein weiteres Boot zu uns gesellen sollte, hatten wir alle Zeit der Welt, uns auf unseren Fischzug vorzubereiten. Insgeheim hoffte ich auf Gesellschaft, damit es endlich losgeht. Damals konnte ich aber noch nicht das immens wichtige – mentale und ritualisierte – Vorbereitungsprozedere richtig einschätzen und würdigen. Esas unaufgeregtes Verhalten am Ufer ließ mich dann also langsam zu der Erkenntnis kommen, dass es in Kürze wohl doch noch nicht losgehen würde, und ich ergab mich meinem Schicksal. Esa hatte es sich auf einem flachen Felsen gemütlich gemacht, trank heißen Kaffee aus seinem Kuksa (ein aus Wurzelholz gefertigter Becher) und studierte konzentriert seine Kunstköderschachteln.

»Darf ich dir mal über die Schulter schauen?« meldete ich mich vorsichtig zu Wort. »Aber natürlich«, kam prompt die Antwort. »Du willst doch was lernen, oder nicht? Und Lachsfischen mit dem Boot ist immer Teamarbeit, außer jemand möchte alleine fischen, dann musst du alles beherrschen, das dauert aber Jahre, glaube mir. Also komm näher und ich werde dir etwas erzählen!«, rief mir Esa freundlich zu, und ich ließ mich nicht zweimal bitten.

»Siehst du, Auswahl ist genug, aber welcher der richtige ist für diese Verhältnisse, das ist eine andere Frage«, erklärte mir Esa ganz Profi. Ich hockte mich neben ihn und dann begann eine Vorlesung der besonderen Art. Esa war ganz in seinem Element, und gestenreich erzählte er mir über fast jeden Wobbler und Blinker seine ganz eigenen Erfahrungen. Mir brummte der Schädel, aber dies interessierte Esa nicht im Geringsten, ging er wohl davon aus, dass ich in einer halben Stunde seine dreißigjährige Erfahrung als Lachsfischer begriffen hatte. Nun gut, ich hörte gut zu, aber Theorie ist und bleibt Theorie. Erst die Praxis und Erfahrung macht aus dir einen brauchbaren Lachsfischer und dies kann Jahre dauern. Wer meint, an einem echten Lachsfluss angekommen, den Alleskönner und »tollen Hecht« spielen zu können oder zu müssen, der sollte sich tunlichst ein anderes Angelrevier suchen. Arroganz und Überheblichkeit sind beim Lachsfischen fehl am Platze. Es gibt für den Neuling im Metier keinen besseren Glücksfall, als einen erfahrenen Einheimischen als Lehrmeister und Guide an seiner Seite zu haben.

Esa war jetzt nicht mehr zu bremsen: Er erläuterte mir genauestens die Trimmung der Wobbler, d.h. wie man mittels einer kleinen Zange die Laufeigenschaft eines Wobblers variieren kann. Dabei verändert man mit der Zange millimeterweise die Stellung der Kopföse in die jeweils gewünschte Richtung – aber nur ganz, ganz wenig – und schon erreicht man ein komplett anderes Schwimmverhalten des Wobblers. Dies zeigte er mir anschaulich im Uferwasser und ich war begeistert. Natürlich spielt auch die Farbgebung der jeweiligen Wobbler eine gewisse Rolle, aber noch wichtiger ist nach der Meinung von Esa die richtige Laufeigenschaft, die vor allem im Spätsommer die großen Milchner besonders reizen soll. Je früher die Saison, umso aggressiver darf die Farbgebung der Wobbler sein. Später kommen auch noch die Umgebungs- und Wasserfarbspiele dazu, aber das Allerwichtigste ist beim Bootsfischen die richtige Präsentation der Köder und die Gabe, die Strömung richtig lesen zu können. Bei der hohen Kunst des Schleppfischens mit der Fliege ist die richtige Präsentation, also das fantasievolle Rudern und die Beachtung der Strömungsverhältnisse, noch intensiver zu beachten. Aber dazu kommen wir später noch ausführlicher.

Esa war noch nicht fertig. Er zeigte auf eine Kunstköderschachtel. »Such dir einen Wobbler aus. Ganz egal welchen. Manchmal hilft das sprichwörtliche Anfängerglück, nur zu«, forderte er mich auf. »Wirklich?«, fragte ich. »Bist du dir sicher, irgendeinen?«, Esa nickte bejahend. »Manchmal nehmen die Lachse die verrücktesten Köder, glaube mir. Du kannst nicht viel falsch machen, fast mit jedem Köder habe ich schon Lachse gefangen, hehe«, lachte er und knuffte mich in die Seite. Na gut, gesagt, getan. Ich nahm einen seltsam ausschauenden Wobbler in die Hand. Der Köder hatte auf beiden Seiten Ausbuchtungen und war ziemlich aggressiv in der Farbgebung. »Den nehme ich, was meinst du, Esa?« Esa grinste nur breit. »Den hätte ich auch genommen!« Damals konnte ich noch nicht wissen, dass ich schon im nächsten Sommer den Hersteller dieser eigenartigen Wobbler kennen lernen sollte. Esa knüpfte die vier ausgesuchten Wobbler geschickt an die Hauptschnüre der Schleppruten. »Okay, mein Freund, lass uns in See stechen. Alles andere erzähl ich dir im Boot«, rief mir zu und ich beeilte mich, ins Boot zu kommen. Jetzt ging es also tatsächlich los. Ich hatte noch viel zu lernen, wie sich noch zeigen sollte, aber der Anfang war gemacht!

Arbeit, Arbeit, Arbeit ...

Ich nahm im Heck des Bootes auf einem flachen Stuhl Platz. Esa stieß das Boot in die Strömung und ruderte stromauf, schräg von der Böschung weg, immer weiter fort vom Ufer. Kaum hatte ich es mir auf dem Stuhl bequem gemacht, hörte ich schon Esas Kommandos hinter mir. »Nimm jetzt nacheinander eine Rute in die Hand und lass die Wobbler langsam zu Wasser. Fang mit den zum Fluss zeigenden an und dann die zum Ufer zeigenden. Bei den nahe am Außenborder liegenden Ruten ziehst du 25-mal bis zum ersten Rutenring Schnur von der Rolle, bei den zwei langen Teleskopruten 30-mal. So sind die Köder sich nicht im Weg, verstehst du?« Ich tat wie befohlen. Die Bremsen der Multirollen waren ziemlich fest eingestellt, und ich musste schon etwas Kraft investieren. »Wenn du fertig bist, dann stecke die Rute in die Halterung und achte darauf, dass die Bremse aktiviert ist, Okay?«, erklärte mir Esa und ich gab mir alle Mühe ... »Ein bisschen schneller, jetzt kommen schon die Steine ...«, kam der Befehl von hinten. Jetzt wurde mir ganz schön warm. Hatte ich doch vorsorglich meine dicke Jacke übergezogen, denn die Nächte am Teno können auch im Hochsommer empfindlich kalt sein.

Endlich waren alle Wobbler im Wasser, und ich konnte mich zurücklehnen und verschnaufen – dachte ich! »Da, ein Lachs ...!«, hörte ich von hinten. »Wo denn, wie denn, was soll ich ...?«, schrie ich über die Schulter nach hinten. Keine Antwort. Ich war etwas orientierungslos. Eine Schlepprute an der linken Bootsseite machte eine kräftige Verbeugung und im gleichen Augenblick sprang ein Lachs ungefähr 15 m vom Boot entfernt. Zu meiner Erleichterung meldete sich Esa zu Wort.

»Prima, das haben wir gleich«, lachte Esa. »Ist ein kleiner Lachs, aber macht nichts, Lachs ist Lachs. Lass ihn sich ein bisschen austoben und hol ihn dann an Bord. Die übrigen Ruten lass wo sie sind, Okay?«

Sprachlos vor Staunen tat ich wie befohlen, und nach fünf Minuten kescherte Esa unseren ersten, gemeinsam gefangenen Lachs. Es blieb aber keine Zeit zum Luftholen. Esa machte keine Anstalten, zurück ans Ufer zu fahren. »Wir machen weiter, werfe den Wobbler wieder ins Wasser, Pause können wir später machen. Jetzt beißen die Lachse!«, rief er mir freudestrahlend zu.

Erwartungsvolle Spannung sitzt immer mit im Boot.

Foto: Hannu Räisänen

Ich war in heller Aufregung, versuchte aber ruhig zu bleiben und mir nichts anmerken zu lassen. Ich hatte zwar in den vergangenen Jahren schon mal hier am Teno im Boot gesessen, aber mit bescheidenen Erfolgen – besser gesagt, im Grunde genommen hatte ich nur die fantastische Landschaft hier im hohen Norden genossen und so nebenbei gefischt. Natürlich war ich auch noch nie mit einem wirklichen Experten im Boot gesessen und konnte nicht glauben, wie mir jetzt geschah. Zehn Minuten gefischt und schon ein Lachs im Boot – ein zwar kleiner nur, vielleicht so eineinhalb Kilo, aber immerhin. Esa war jetzt in seinem Element. Ununterbrochen erzählte und erklärte er mir die Feinheiten des Schleppfischens. Das komplette Einmaleins. Ich kam kaum zu Wort. Mir kam es so vor, als kannte er jeden Stein und Felsen. »Siehst du die zwei flachen, großen Steine?«, fragte er mich. »Die kann man bei normalem Wasserstand nicht sehen, aber jetzt ist Niedrigwasser. Vor und zwischen beiden Steinen sind immer Lachse, große, im Spätsommer auch große Milchner über zwanzig Kilo!«

»So, so, das klingt ja toll«, presste ich mühsam hervor. »Ja, ich rudere jetzt genau dazwischen!«, rief Esa und bewegte das Boot geschickt auf die Steine zu. Ich hielt die Luft an. Nichts passierte. Schon waren wir unterhalb der Steine. Die auf der rechten Bootsseite vordere Schlepprute fing an zu wippen. »Jetzt, hinter den Steinen, pass auf, ein großer Lachs, gleich kannst du …« Dann hörte ich hinter mir Ächzen und Stöhnen. Esa ruderte mit aller Kraft flussaufwärts. Ich war wie gelähmt. Warum rudert er so mit aller Kraft flussaufwärts? Später erklärte mir Esa, dass er dadurch einen Lachs besser hakt. Insbesondere bei wirklich großen Milchnern zeitigt diese Vorgehensweise Erfolg. Ein scharfes Knarren ertönte. Die Bremse ließ sich hören. Die Rute war ziemlich gebogen, dann aber nicht mehr. Was war passiert? Ich kniete auf den Bootsplanken, im Begriff, die übrigen Wobbler in das Boot zu holen, aber Esa sagte nur mit einem leicht zerknirschten Ton: »Okay, lass die Wobbler im Wasser, der Lachs war nicht für uns bestimmt, aber macht doch Spaß, oder?« Ich konnte nichts sagen. Mit roten Backen kümmerte ich mich um die Schleppruten, mir liefen die Schweißperlen am Gesicht runter unter mein Hemd. Ich war völlig aus der Puste, als ich mich wieder auf dem flachen Stuhl niederließ. Sagenhaft, dachte ich, das artet ja richtig in Arbeit aus.

Kortsam – ein besonderer Lachspool
Erst sehr viel später würde ich das alles richtig begreifen, würde ich die »Arbeit« bei unserem Fischzug richtig einschätzen können. Erst sehr viel später würde ich mit dem »normalen« Schleppfischen am Teno konfrontiert werden. Unser nächtliches Schleppfischen hatte ja gerade erst angefangen und diese anfängliche »Action« gehörte nicht zum alltäglichen Bild des Schleppfischers, nein, im Gegenteil. In den folgenden Jahren sollte ich auch genau das Gegenteil erfahren – die endlosen Stunden im Boot ohne irgendeinen Anbiss, die immer wiederkehrenden Momente des Aufgebens und Abbrechens, die immer wiederkehrende Erkenntnis, dass es letztendlich immer der Lachs ist, der entscheidet, ob er den Köder nimmt oder nicht. Es werden immer wieder die gleichen Fragen auftauchen: Wo sind die Lachse? Fischen wir mit den »richtigen« Ködern? Warum beißen die Lachse heute nicht? Sind überhaupt Lachse im Fluss? Warum tue ich mir das alles an? Das macht alles keinen Spaß mehr, ist ja sowieso alles zwecklos, mir ist kalt, ich habe Hunger, ich bin müde und dergleichen Wehklagen mehr.

Dies alles stand mir noch bevor, aber jetzt war alles aufregend und spannend. Bis in die letzte Faser meines Körpers war ich mit Adrenalin vollgepumpt, und ich konnte nicht genug bekommen von der unglaublichen Atmosphäre der arktischen Mittsommernacht, mitten auf einem großen Lachsfluss.

Wo wir gerade dabei waren, fingen wir am Ende des Radnukuoppa-Ruderabschnittes noch einen wunderschönen, silberblanken Lachs – noch ein kleine Exemplar um die 2 kg, aber Esa erzählte mir unaufhörlich von Lachsen mit 10 kg, 15, nein, sogar über 20 kg Gewicht, die nur auf uns warteten. Das war für mich Motivation ohne Ende – rastlos suchte ich die Wasseroberfläche nach »Lachsspuren« ab. Nichts sah ich, aber Esa sah sie. »Dort, ein großer Lachs, nahe am Ufer, schau, und da noch einer!«, rief er mir ganz beiläufig zu. Ich sah nichts, so viel ich auch meine Augen aufsperrte. Ich bekam Halluzinationen, sah Rückenflossen und alles Mögliche. Die Strömung und meine Unerfahrenheit machten mir einen Strich durch die Rechnung. Aber eines war sicher – langweilig wurde mir nicht. Mittlerweile war es später Abend geworden, aber die Sonne der Mittsommernacht schien immer noch über den Bergrücken auf der norwegischen Uferseite.

Esa meldete sich zu Wort: »Okay, lass uns jetzt Kortsam probieren. Jetzt ist es nicht mehr ganz so hell und warm, wollen mal nachsehen, ob der »alte Herr« schon sein Revier gefunden hat«. Ich fragte mich, was er nun wohl damit meinte, aber ich nickte nur begeistert und ich glaube, ich hätte damals zu allem ja gesagt, egal was Esa vorgeschlagen hätte. Kortsam – ich hatte schon von diesem außergewöhnlichen Lachspool gehört und gelesen. In diesem Becken sollten sich ja in der Vergangenheit wahre Dramen abgespielt haben. Ich war schon ganz gespannt, was mir Esa alles über diesen sagenumwobenen Pool erzählen würde. Ich musste nicht lange warten.

»Kortsam ist mein ›Homepool‹. Dort kenne ich jeden Stein und jede Untiefe. Besonders die Untiefen muss man kennen und die Strömungskanten. Dort hinten kann man schon die Aittikoski-Stromschnellen erkennen, siehst du? Wenn die Lachse in Kortsam ankommen, sind sie müde, abgekämpft und machen hier im Pool oft Pause. Manche nur kurz und ziehen dann schnell weiter, dann muss man zur Stelle sein, verstehst du?«, erklärte mir Esa im Ton eines Uniprofessors. »Und im Spätsommer findet man hier wie sonst nirgendwo die großen Milchner, die wirklich großen bis an die 30 kg. Sind aber schwer zu fangen. Da brauchst du die richtige Taktik und die richtigen Köder, die hab ich, hahaha!«, lachte Esa und blinzelte mir zu. Ich konnte es kaum fassen.

30 kg schwere Lachse – das war für mich unvorstellbar, ich war ja schon mit den kleinen Lachsen fix und fertig. »Sind jetzt Anfang Juli schon so große hier?« fragte ich ungläubig. »Kann schon sein!«, rief mir Esa zu. »Die sind aber noch silberblank und haben Kraft wie eine Lokomotive. Je länger die Lachse im Fluss sind, umso mehr verändert sich ihre Farbe, und sie verlieren auch an Gewicht. Du

musst dir vorstellen, dass ein im Spätsommer 30 kg schwerer Lachs beim Aufstieg im Frühsommer noch weitere ungefähr 5-6 kg mehr an Gewicht hatte. Manche große Milchner steigen schon sehr früh auf, und wenn die ihr Revier gefunden haben, bleiben sie auch dort. Aber sie zeigen sich nur ganz selten, muss man viel Glück haben um einen zu sehen.« »Und, hast du schon einen gesehen ...?«, fragte ich. »Ja, mindestens ein mächtiger Bursche ist schon da, es ist wohl derselbe wie im Vorjahr und der ist sehr groß, ein wahrer Brocken, der alte Herr, der hat mich letzten Sommer schon so geärgert!«, brummte Esa und steuerte auf das norwegische Ufer zu. Ich schwieg. Mein lieber Herr Gesangverein, dachte ich mit leichtem Schauder, das kann ja lustig werden.

Esa sprang aus dem Boot und zog es an das kiesige Ufer. Ich folgte ihm und sah mich um. Was für ein Anblick – das Ufer war übersät mit Millionen von glattgeschliffenen Kieselsteinen in allen möglichen Farbvariationen und Formen. In ungefähr zwei Kilometer Entfernung flussabwärts sah man schemenhaft die Stromschnelle. Der Kortsam-Pool war kein beschauliches Planschbecken, sondern begann oberhalb unserer Kiesbank mit einer kurzen Stromschnelle und weitete sich dann zu einem relativ ruhig dahinfliegenden Pool aus mit einigen markanten Steinen im Wasser, die jetzt bei Niedrigwasser gut zu erkennen waren. In gut zweihundert Meter Entfernung flussabwärts konnte ich von hier auf der norwegischen Uferseite eine Bachmündung sehen. Esa sah, wohin ich blickte. »Siehst du die Bachmündung? Eine sehr gute Stelle. Unterhalb der Bachmündung wird es gefährlich«, grummelte Esa und setzte ein grimmiges Gesicht auf. »Warum gefährlich? Starke Strömung oder was?«

»Nein, da fängt die Untiefe an. Die zieht sich ungefähr 200 Meter schräg zur Flussmitte hin, ganz gefährliches Wasser!« Aha, gefährlich, so so, dachte ich und tat so, als hätte ich alles verstanden. Nichts hatte ich verstanden, aber der Kortsam-Pool wurde mir langsam unheimlich, irgendwie geheimnisvoll. Ich würde es noch verstehen. Aber der Reihe nach ...

Es gibt sie – die Riesenlachse!
Immer noch waren wir allein. Kein Boot zu sehen. Wo waren bloß die Schleppfischer, dachte ich und schaute flussaufwärts. Esa erriet meine Gedanken und legte gleich wieder los. Im Nachhinein muss ich gestehen, dass mich Esas Redseligkeit doch einigermaßen überraschte. Normalerweise sind die Einheimischen hier im hohen Norden ganz und gar nicht so gesprächig, eher zurückhaltender Natur und sparsam mit Emotionen, das hatte ich in den zurückliegenden Jahren immer wieder festgestellt. Ich konnte mir Esas offenes und mitteilsames Wesen nur dadurch erklären, dass er im eigentlichen Sinne kein Einheimischer war, zwar hier am Teno schon seit über zwanzig Jahren lebte, aber im Grunde genommen

ein Zugereister war, wie man bei uns in Bayern so schön sagt. Aber gut, mir sollte es recht sein, ich wollte ja lernen und ohne Kommunikation lernt man nicht unbedingt sehr viel.

»Kein Bootsfischer weit und breit, wir haben den Pool für uns, brauchen gar nicht lange warten, das ist gut, das ist gut«, wiederholte er sich und fummelte in seinen Köderboxen herum. Mir schien es, als ob auch Esa jetzt etwas aufgeregt war. Ich war jetzt eher nur noch Statist. Konzentriert schaute er sich seine Wobbler an, drehte und wendete einen nach dem anderen in seinen Händen und schaute immer wieder zu der Bachmündung. In Esa erwachte der Jagdtrieb. Dieses Verhalten sollte ich in den kommenden Jahren noch oft beobachten können. Esa ist kein Angler, sondern ein Jäger auf der Pirsch. Sein Optimismus beim Lachsfischen ist grenzenlos. Auch wenn die Verhältnisse und Voraussetzungen denkbar schlecht sind, gibt er alles, ja motiviert Gastangler geradezu euphorisch. Auch mich steckte diese Euphorie an. Wir hatten schon zwei Lachse gefangen, normalerweise schon ein hervorragendes Ergebnis nach gerade zwei Stunden im Boot. Nun ja, damals wusste ich noch nichts über die Mühen und Leiden eines Bootsfischers, der unerschöpfliche Geduld und Beharrlichkeit beweisen muss, bis er nach etlichen Stunden, ja sogar Tagen, endlich ein Erfolgserlebnis hat.

Esa knüpfte vier Wobbler an die Hauptschnüre der Schleppruten. Darunter auch ein seltsam anzuschauender Köder mit einem kräftigen Einzelhaken auf seinem Rücken. Esa blieb dabei stumm und legte die Ruten an ihre Plätze im Heck des Bootes. Der Pool war jetzt so gegen 23 Uhr durch die norwegischen Berge in Schatten getaucht. Nun tauchten auch oberhalb von uns die ersten Bootsfischer auf. Esa war dies nicht entgangen und er verstaute in leichter Eile unsere Ausrüstung im Boot. Es ging los. Ich hüpfte ins Boot und Esa schob den Kahn langsam in die Strömung. Ich wartete auf Esas Kommandos. »Jetzt!«, kam es lediglich vom Bug, und das war für mich das Zeichen, die Wobbler zu Wasser zu lassen. Einen nach dem anderen, so schnell wie möglich, aber mit größter Sorgfalt. Die Schnurlängen mussten genau stimmen und ich zählte leise in Deutsch vor mich hin. Bei jedem Wobbler hielt ich am Ende des Zählens kurz inne und schaute mich zu Esa um.

»Okay, gut gemacht, überprüf die Bremsen und dann in die Halterungen«, flüsterte Esa mir zu. Warum er jetzt flüsterte, war mir schleierhaft. Ich bekam eine Gänsehaut und mein Herz pochte heftig. Ich wagte kaum zu atmen. Man hörte nur den ruhigen, gleichmäßigen Ruderschlag und Esa nahm Kurs auf die Bachmündung.

»Ich hab ihn gesehen«, flüsterte Esa. »Wen, wo denn, einen großen?«, fragte ich mit zitternder Stimme zurück.

Keine Antwort. Wir näherten uns langsam der Bachmündung. Ich schielte über den Bootsrand und konnte den kiesigen Grund erkennen. Hier ist es doch viel zu flach, dachte ich, aber hütete mich, irgendetwas zu sagen. Esa drehte und wendete das Boot behutsam. Die Ruderblätter tauchte er nur sehr vorsichtig ins Wasser. Es schien, als ob sich das Boot auf der Stelle bewegte, aber die Strömung war ausreichend, um den Wobblern Leben einzuhauchen.

»Jetzt schön leise sein, wir kommen in gefährliches Wasser ...«, hörte ich Esa flüstern. Gefährliches Wasser, es wurde immer dramatischer. Ich ertappte mich bei dem Gedanken, ob Esa nicht vielleicht ein wenig übertreiben würde, aber ich wurde eines besseren belehrt!

Schlagartig war es mit der Ruhe vorbei. Mir blieb fast das Herz stehen, als Esa urplötzlich anfing, mit aller Kraft flussaufwärts zu rudern.

»An der Teleskop... an der Teleskoprute!«, ächzte Esa. »Links, links, schau, wie sie sich biegt. Du musst, du musst, nein, nein, lass die anderen Ruten, es ist der ›alte Herr‹ ...!«

Ich schaute nach rechts, mein Angelhut rutschte mir in die Stirn, hatte keine Ahnung, wohin ich schauen sollte, sah nichts, war total überrumpelt. Jetzt erblickte ich die gebogene Teleskoprute, sie bog sich immer mehr, mit unheimlicher Gewalt näherte sich die Rutenspitze schon der Wasseroberfläche. Dann sah ich eine gewaltige Schwanzflosse an der Oberfläche!

»Nimm sie in die Hand, aus dem Gestell, schnell, schnell!«, rief Esa hinter mir und hörte auf zu rudern. Ich griff zur Rute, versuchte mit aller Kraft, sie aus der Halterung zu befreien. Es gelang mir nicht. Ich musste auf die Knie, das Boot neigte sich zur Seite, ich verlor das Gleichgewicht, musste die Rute wieder loslassen, Esa wollte schon eingreifen, dann gelang es mir, und ich hob die schwere, lange Rute langsam hoch. Ich musste alle Kraft aufwenden und spürte das Gewicht eines gewaltigen Fisches am anderen Ende der Schnur. Oh je, dachte ich, der ist viel zu groß, warum passiert mir so etwas. Dann spürte ich nichts mehr, kein Gewicht, keinen Lachs, kein nichts mehr. Ich hielt nur eine schwere Teleskoprute in beiden Händen, aber keine gebogene mit einem Lachs am Haken. Ich war fassungslos. Mit großen Augen starrte ich auf die Stelle, wo ich den Halunken vermutete.

Esa hielt es für angebracht, etwas zu sagen. Seine Stimme klang, als ob wir in einem Restaurant säßen und uns soeben entschlossen hätten, etwas zu bestellen.

»Ja, das war sehr interessant, lass uns doch mal den Wobbler anschauen«, sagte er in aller Ruhe, griff sich die Rute und kurbelte den Wobbler ins Boot. Ich tat nichts, saß nur da und versuchte mich wieder zu sammeln und meinen Herzschlag zu beruhigen. Ich stierte immer noch flussabwärts in der Hoffnung, noch einmal diesen gewaltigen Lachs zu sehen. Aber alles war ruhig, keine Flosse oder irgendetwas Lachsartiges war mehr zu sehen. Langsam ließ der Schock nach.

»Schau dir mal an, was wir da am Haken hatten. Du kannst mir glauben, dieser Milchner war so groß, wie auch ich selten einen am Haken hatte«, äußerte Esa und lächelte. »Na sag schon, wie viel? Über 20 kg?«, wollte ich wissen. »Oh, das reicht nicht, mein Freund. Dieser Bursche ist ein wirklich ›alter Herr‹, ich schätze ihn auf knapp 27-28 kg, so wahr ich Esa heiße!«, rief mir Esa triumphierend zu und hielt mir den Wobbler hin. Der hintere Drillingshaken war flach, die Haken waren komplett gerade gebogen. Unglaublich!

Petri Heil!

Esa ging zur Tagesordnung über. »Okay, wechsele den Wobbler, wir machen weiter, mal sehen, ob wir seinen Harem finden.« Ich tauschte geschwind den Wobbler aus und beeilte mich, die Köder wieder zu Wasser zu lassen.

Esa ruderte gleichmäßig weiter. Wir waren jetzt ungefähr 50 m unterhalb der Bachmündung, aber noch relativ nah am norwegischen Ufer, vielleicht um die 8-10 m entfernt. Ich schaute über meine rechte Schulter nach hinten und wie von Geisterhand waren oberhalb von uns drei Boote auf der Bildfläche erschienen. Die Boote hielten einen respektvollen Abstand zueinander, und dies ist beim Lachsfischen mit dem Boot auch das oberste Gebot. Wenn man sich zu nahe käme, könnten beim Anbiss oder beim Drillen eines Lachses unschöne bis gefährliche Situationen entstehen, die man unbedingt vermeiden sollte. Eine sehr höfliche Geste ist das Einstellen des eigenen Fischzuges und bei Bedarf auch das Ansteuern des Ufers, um den Kollegen Bootsfischer beim Drill eines Lachses in keinster Weise zu stören oder zu behindern.

Ich war von unserer Begegnung mit dem großen Milchner immer noch etwas mitgenommen und froh, dass Esa wieder anfing, aus dem Nähkästchen zu plaudern, als wäre rein gar nichts passiert.

»Jetzt beginnt die lange Untiefe. Die zieht sich ungefähr 200 Meter schräg bis zur Mitte des Pools hin. Bis zu drei, vier Meter tiefe Kolke, mit großen Steinen am Grund – da fühlen sich die Großen wohl ...« und schon fing die lange Teleskoprute auf der rechten Seite an zu wippen!

»Achtung ein Lachs!«, rief Esa laut und begann mit aller Kraft flussaufwärts zu pullen. Ich war wie elektrisiert und konnte es nicht fassen. Ich schaute nach links, kein wippen, wo denn, wo denn? Esa ächzte und ruderte, was das Zeug hielt. Jetzt sah ich auf die rechte Rute, die Bremse der Multirolle fing an zu knarren und die Rute bog sich beachtlich. Esa bellte von hinten: »Nimm eine nach der anderen, kurbele die Köder ins Boot, schnell, schnell, aber nur die Ruhe, der Lachs ist gut gehakt ...!« Ich tat wie befohlen, ging auf die Knie, während Esa die Fahrt verlangsamte und auf der Stelle ruderte. »Sehr schön, dort unten, siehst du den Fisch?« Ich sah nichts, konzentrierte mich auf die übrigen Ruten, kurbelte so schnell ich konnte und reichte eine Rute nach der anderen nach hinten. Dann hatte ich es geschafft und blickte mich fragend um. »Jetzt kannst du die Rute aus dem Gestell nehmen«, rief Esa mir zu. Das nächste Problem, murmelte ich. Ich bückte mich und versuchte, die lange und schwere Teleskoprute aus dem Gestell zu befreien. Ich brauchte zwei Versuche. Laut ächzend hob ich sie an und spürte die Kraft des Fisches am anderen Ende der Schnur.

»So ist es richtig, hochhalten, spürst du das Gewicht? Dort, mitten im Pool, siehst du? Ein guter Lachs, ein guter Lachs ...!«, plapperte Esa in einem fort, während ich Mühe hatte, die Rute steil hoch zu halten. »Darf ich aufstehen?«, fragte ich unsicher. »Ja, ja, natürlich, jetzt darfst du aufstehen, aber such dir einen sicheren Stand!«, rief mir Esa zu und ich versuchte aufzustehen. Mühevoll gelang es mir, und ich spürte zu meinem Entsetzen, dass meine Knie zitterten. Auweia, dachte ich, hoffentlich bemerkt Esa das nicht, aber dann sah ich den Lachs an der Oberfläche, in vielleicht 15 m Entfernung. »Oh, der hat ja über 10 kg, oder Esa?« »Nein, nein, so um die 9 kg, aber ein guter Lachs, guter Lachs. Immer schön die Spannung halten, du musst bestimmen, wo es lang geht, so ist es richtig. Und pumpen, genau, pump ihn näher, der ist gleich soweit!«

Verstohlen schaute ich mich um. Die anderen Boote hatten sich hinter uns aufgereiht und schauten uns aus gebührendem Abstand zu. Jetzt nur nichts falsch machen, dachte ich und pumpte den Lachs immer näher ans Boot. Ich war jetzt nicht mehr ganz so aufgeregt wie beim Anbiss, hatte einen festen Stand und konnte den seine Kreise ziehenden Lachs gut kontrollieren – dachte ich. Gute 5 m vom Boot entfernt erwachte beim Lachs noch einmal der Kampfgeist. »Er will springen!« rief Esa. »Senke die Rute, aber halte Kontakt, keine Schnur nachgeben, jetzt kommt der Sprung ... ja, gut gemacht. Und pumpen, immer wieder pumpen«, plapperte Esa im Stile eines Fernsehreporters.

Was für ein schöner Fisch! Ich konnte mich gar nicht satt sehen an dem dicht unter der Wasseroberfläche schwimmenden Lachs. Immer näher kam er dem Boot und man merkte deutlich, dass die Kräfte des Fisches immer mehr nachließen. Die Landung stand bevor – eine letzte heikle Situation, bei der noch alles schiefgehen konnte.

Teamwork ist angesagt – wenn man zu zweit im Boot ist, sind die Rollen klar verteilt: Der Angler mit der Rute und dem Lachs führt den ausgedrillten Fisch – von stromaufwärts her – langsam in Reichweite des Bootsführers. Und dies ohne jede Hektik. Am besten setzt man sich wieder hin und verhält sich ganz ruhig. Lachse haben die unangenehme Angewohnheit, sich kurz vor der Landung soweit zu erholen, dass sie mit aller Kraft beim Anblick eines im Boot stehenden Anglers noch einen letzten Fluchtversuch unternehmen. Viele Bootsfischer machen dabei den entscheidenden Fehler, die Bremse der Multirolle festzuziehen.

Autor mit Lachsrogner:
8,95 kg / 97 cm
Köder:
LJ-Wobbler »Tissi« 5,5 cm

Foto: Esa Karpoff (Utsjoki)

Das gegenteilige Handeln ist richtig: Finger weg von der Bremse, dem Lachs muss die Möglichkeit gegeben werden, bei seinem letzten Fluchtversuch Schnur von der Rolle abziehen zu können. Wenn der Lachs gut gehakt ist, spielt es keine Rolle, ob man noch einen zweiten oder dritten Versuch zum Einholen braucht. Früher oder später ist der Lachs reif zum Landen.

Anders sieht es aus, wenn der Lachs (in dem Falle ein kapitaler, schwergewichtiger Brocken) nur noch an vielleicht einem Haken hängt – dann zählt jede Sekunde, denn es kann sein, dass man nur diese eine Chance hat, den Großlachs in das Boot zu bekommen. Oft bleibt in diesem Falle der Lachs Sieger.

Der Bootsführer muss sich schnell entscheiden, auf welche Art und Weise er den Fisch landen will. Dies kommt auf die Größe an. Kleine Lachse von 2-5 kg werden in aller Regel mit einem großzügigen Kescher in das Boot befördert. Sogar bis an die 10 kg schwere Lachse können gekeschert werden, wenn der Kescher ausreichend groß ist. Das Problem eines großen Keschers ist aber der Transport im Boot. Manche erfahrene Bootsfischer trauen es sich zu, einen Lachs mit der Hand zu landen. Dies erfordert großes Selbstvertrauen, Erfahrung und Geschick. Zudem sollte der Lachs völlig ausgedrillt sein. Am Teno werden in der Regel größere Lachse ab 8 kg mit dem Gaff gelandet. Beim Gaff handelt es sich um einen Haken, der einem langen Stiel befestigt ist, mit dem der Angler große Fische aus dem Wasser befördert. Das Gaff kommt also zum Einsatz, wenn der Fisch zu groß und zu schwer für einen Kescher ist.

Die Methode löst immer wieder Diskussionen aus. Bei dem Thema scheiden sich die Geister. Am Teno hat das Gaffen eine alte Tradition und die Diskussionen über das Gaffen lösen bei den Einheimischen meist ein Kopfschütteln aus. Es gibt jedoch Fürsprecher und Gegner. Einen über 20 kg schweren, kapitalen Lachs in das Boot zu befördern ist ohne das Gaff jedenfalls fast unmöglich. Dabei werden zwei Methoden angewendet – entweder man gafft den Großlachs an die Seite des Bootes, schlägt ihn sofort ab und rudert an das Ufer. Oder man gafft den Lachs in einer fließenden Bewegung in das Boot und der zweite Angler schlägt den Lachs ab, ohne dass der Lachs auf die Bootsplanken gelegt wird. Einen wild zappelnden Großlachs ohne Abschlagen auf die Bootsplanken zu legen, würde zu einem heillosen Durcheinander führen. Nicht selten zerbrechen dann Angelruten und Köderdosen fliegen über Bord. Oder die mühsam erkämpfte Beute macht sich selbstständig und verschwindet auf Nimmerwiedersehen, und dies wäre die größte Katastrophe ...! Ein mit dem Gaff verletzter, entkommener Lachs hat keine Überlebenschance!

Immer öfter sieht man Bootsangler mit einem gehakten Lachs an das Ufer fahren. Ein weiser und richtiger Entschluss – die Ufer am Teno sind hauptsächlich weit und offen und besonders in ruhigen Pools kann man auch einen größeren Lachs in aller Ruhe ausdrillen und anschließend entweder stranden oder mit dem Schwanzwurzelgriff sicher landen.

Es war soweit, ich hielt den Atem an. Deutlich konnte ich den Lachs neben dem Boot erkennen. Esa gab mir ein Zeichen, den Lachs langsam zur Wasseroberfläche zu heben. Dann ging alles ganz schnell: Esa setzte das Gaff blitzschnell an die Kiemendeckel, hob den Fisch an die Bootskante und schlug den Lachs in der gleichen Bewegung mit der anderen Hand ab. Sprachlos stand ich mit der langen Teleskoprute. Vor mir lag ein blitzblanker Lachs auf den Planken. Eine Bootsbesatzung trieb vorbei und ich bemerkte hochgereckte Daumen.

Stolz ließ ich mich nieder und legte die lange Rute behutsam an die Seite des Bootes. Esa fummelte am Außenborder herum, sagte aber kein Wort. Schließlich bekam er den Motor in Gang und wir rasten flussabwärts. Ich hatte keine Ahnung was er vorhatte, mir blieb aber keine Zeit lange nachzudenken. Nach kurzer, rasanter Fahrt steuerte Esa das finnische Ufer an. Am Ufer erkannte ich etliche Angler, die uns aber kaum eines Blickes würdigten. Dies sollte sich aber in den folgenden Minuten schlagartig ändern. Drei Lachse – zwei Kleinlachse von jeweils um die 2 kg und ein Lachs von 9 kg – innerhalb von drei Stunden. Mein Lehrmeister Esa Karpoff strahlte mich an. Ich fühlte mich wie der »König der Lachsfischer«, spürte ein eigenartige Mischung aus Überlegenheit und Macht, fühlte diesen seltsamen Urinstinkt, als sich wildfremde Männer in gebückter Haltung um mich scharten. Bevor ich vor Stolz platzte, holte mich Esa zurück in die Realität: »Na, dann an die Arbeit, du Lachsfischer, die Fische warten, und beeil dich mit dem Ausnehmen ...!«. Etwas kleinlaut schnappte ich mir unsere Beute und machte mich an die Arbeit.

Esa machte keine Anstalten, aus dem Boot zu steigen. In aller Ruhe paffte er eine Zigarette und sagte kein Wort. Derweil näherten sich uns immer mehr Bootsangler. Neugierig, aber bedächtig versammelten sie sich um das Boot und Esa übernahm die Rolle des Moderators. Er erzählte und erzählte, alle lauschten andächtig. Keiner der Bootsfischer hatte auch nur die Flosse eines Lachses gesehen, geschweige denn einen Lachs am Haken gehabt. Diese »erfreulichen« Nachrichten spornten Esa nur noch weiter an und ich musste grinsen. Esa gab bereitwillig Auskunft über fängige Köder und die besten Angelstellen, ganz so wie es seine Art ist.

Die Angel-Touristen waren sichtlich dankbar für jedes kleinste Detail und wurden immer gesprächiger. Für sie waren Esas Auskünfte Gold wert. Was hatte ich doch für ein Glück gehabt. Glück gehabt? Na ja, Glück gehört dazu. Aber ein kleines bisschen war ich auch stolz auf mein Zutun. Oder war es doch nur das viel zitierte Anfängerglück? Sicherlich war dies auch der Fall – im Grunde genommen war unser Erfolg nur Esa zu verdanken, dem erfahrenen Bootsfischer. Ohne Zweifel ist der Bootsführer und Ruderer der eigentliche Angler – er bringt den Gast zum Fisch und nur er versteht es, durch geschickte Manöver in der Strömung, den Angelködern Leben einzuhauchen. Die Ortskenntnis und das richtige Lesen der Strömung sind die Trümpfe des einheimischen Bootsfischers, auf die man als Anfänger nicht verzichten sollte, zumindest in der ersten Zeit. Ich hatte das Glück, mit einem Könner im Boot zu sitzen – ich war nur ein »Passagier« und gelehriger Schüler.

Nur am Rande sei noch erwähnt, dass in der gleichen Nacht, als wir schon in der Sauna saßen, ein einheimischer Lachsjäger die Gunst der Stunde nutzen könnte und im Kortsam-Pool einen Milchner von genau 27 kg überlisten konnte. An welcher Stelle genau und mit welchem Köder blieb unbekannt ...

Lachsfischen XXL
Vom Angelfieber gepackt

Wieder einmal hatte das lange Warten ein Ende. Endlich war es wieder soweit – meine lang herbeigesehnte Reise in den hohen Norden konnte beginnen. Schon eine Woche vor meinem Flug mit der Finnair nach Suomi, war mein Reisegepäck komplett und x-mal überprüft, ob ich auch wirklich an alles gedacht hatte und nicht doch irgendetwas vergessen hatte. Es war wie immer – mein Reisefieber war ausgebrochen und jeder in meiner Umgebung musste darunter leiden.

Im Grunde genommen konnte ich überhaupt nichts Wesentliches vergessen, da ich sowieso all meine Ausrüstung, sprich: Angelausrüstung, Outdoorbekleidung und diverses mehr schon seit ein paar Jahren bei meinem alten Angelfreund und Lehrmeister Esa Karpoff deponiert hatte. Aber nun gut, irgendwelche Kleinigkeiten, wie Kamera und Zubehör, Schreibutensilien für meine Notizen und dieses und jenes fand sich doch immer für Koffer und Rucksack. Ich war bereit für neue Abenteuer in meinem geliebten Lappland ...

Es klopfte. Es klopfte immer lauter. Benommen wachte ich auf und konnte nichts sehen. Gleißendes Sonnenlicht blendete mich und ich hatte Mühe, irgendetwas zu erkennen. Was um Himmelswillen ging hier vor sich? Ich sah zwei verschwommene Gestalten im Türrahmen meines »Kömmättis« stehen. Kömmätti ist ein liebevoller Begriff für meine Unterkunft hier bei Esa Karpoff am Teno. Eine urgemütliche Behausung ohne irgendwelche Extras, geschweige denn Luxus. Eine ideale Unterkunft für Angler mit zwei Betten, einem kleinen Tisch mit zwei Stühlen und einem kleinen Kühlschrank. Sonst nichts. Hier wird geschlafen, sonst nichts. Ein Dach über den Kopf und das reicht. Mir jedenfalls. Man hat seine Ruhe und nach anstrengenden Angelnächten ist diese Behausung, mein Kömmätti, ein Geschenk des Himmels.

Mein Sehvermögen kam langsam zurück – ich richtete mich langsam auf und dann erkannte ich die zwei Typen, die lässig im Türrahmen standen und mich angrinsten. »Na, das wird ja langsam Zeit, du Schlafmütze. Hast du die ganze Nacht gefischt, oder wieso schläfst du immer noch? Los, los, ist schon 4.30 Uhr, aufstehen und Kaffee kochen, du Faulpelz!«, hörte ich Leksa in seiner typischen Art sagen. »Hyvää huomenta, guten Morgen alter Schwede«, sagte die zweite Person und grinste mich an. Sie waren angekommen – Hannu und Leksa, meine liebgewonnenen Freunde aus Mittelfinnland. Hannu Räisänen, genannt Hanski, und Leo Juntunen, genannt Leksa, hatte ich im Jahr davor kennengelernt und unsere Begegnung verlief so, wie man alte Freunde wiedertrifft. Von Anfang an waren wir uns sympathisch, und ich werde nie vergessen, wie wir uns auf der langen Fahrt im Auto von Rovaniemi nach Utsjoki langsam näher kamen und uns gegenseitig unsere Lebensgeschichten erzählten. Von da an ging es nur um ein Thema – Lachsfischen und die Lachse des Teno. Urplötzlich fand ich mich unter Experten wieder. Was konnte mir besseres passieren.

Wiedersehensfreude

Ich sprang aus dem Bett, noch etwas verdattert über die frühe Ankunft meiner Kameraden, stolperte über Gummistiefel, die nicht wie üblich draußen vor der Tür standen, und robbte unter dem Gelächter meiner Freunde auf die Tür zu, um sie endlich zu begrüßen. Hanski, ganz Gentleman, drückte mir vornehm mit einer Verbeugung die Hand, wobei Leksa, wie immer, die rustikalere Art und Weise bevorzugte, indem er mir krachend auf den Rücken schlug und mir mit seiner riesigen Pranke die Hand drückte. Wir grinsten uns an – ein Jahr war seit unserem letzten Aufenthalt vergangen, und wir genossen sichtbar das Wiedersehen. Hanski und Leksa – unterschiedlicher können zwei finnische Männer nicht sein. Hanski, ein hoch aufgeschossener, dunkelhaariger Typ jenseits der fünfzig, eher südländisch aussehend und ganz und gar nicht wie ein typischer Finne aussehend, ist ein begnadeter Fotograf und Filmemacher. Er arbeitet als freier Mitarbeiter für eine finnische Angel- und Jagdzeitschrift und ist sozusagen bei gemeinsamen Angeltouren immer der technische Berater und Organisator für alle notwendigen Dinge. Hanski steht Dank seiner ruhigen und bedächtigen Art über den Dingen, lässt sich nie aus der Ruhe bringen und ist sozusagen der ruhende Pol bei etwas hektisch ausartenden Angelvorbereitungen.

Leksa dagegen ist ein Mann, wie man sich einen typischen finnischen Naturburschen vorstellen muss: von imposanter Gestalt, auch in den Fünfzigern, zwar wesentlich kleiner als Hanski, aber mit Bärenkräften ausgestattet, mit wallendem, blondem Haar und Vollbart und einem grandiosen Bauch. Trotz seiner Leibesfülle aber ungemein wendig und flink, besonders beim Fischen mit dem Boot, was ich später noch feststellen sollte. Trotz seines verwegenen Aussehens ist Leksa aber ein herzensguter Mensch mit weichem Kern und absolut zuverlässig. Leksa war jahrelang Holzfäller, bis er sich eines Tages selbstständig machte und in Eigenregie begann, Wobbler herzustellen. Mit Erfolg – seine LJ Wobbler sind mittlerweile nicht nur in ganz Finnland bekannt, sondern haben ihren Siegeszug auf ganz Skandinavien ausgedehnt.

Wir hatten uns viel zu erzählen. Natürlich dauerte es nicht lange, bis wir uns dem eigentlichen Thema zuwendeten – dem Lachsfischen nämlich. Wir machten es uns bei einem heißen Kaffee auf der Holzveranda vor meiner Unterkunft bequem und hatten alle Zeit der Welt, uns bei prächtigem Sommerwetter zu unterhalten und uns auf die nächsten zwei Wochen einzustimmen. Schon letztes Jahr beeindruckte mich die Art und Weise, wie man sich ohne auf die Uhr zu schauen, langsam auf die kommenden Angelabenteuer einstimmt. Eile ist am Teno fehl am Platz, daran hatte ich mich schon gewöhnt. Gerade diese vollkommene Entspanntheit, das Loslösen vom Alltag, gehört zu den Dingen in der nordischen Wildnis, die ich bewundere und der ich mich bei jedem Aufenthalt immer mehr anpasste. Wobei ich zugeben muss, dass es mir in den ersten Jahren schwerfiel, mich vollkommen von dem hektischen Leben in Mitteleuropa zu befreien. Hier am Teno lernt man, sich der Natur anzupassen, ein oder zwei Gänge zurückzuschalten und die Seele baumeln zu lassen. Immer wieder fasziniert mich die Ruhe und teilweise schon Behäbigkeit der Einheimischen in allem ihren Tun während des kurzen Sommers. Vielleicht liegt es an den schier endlosen Tagen und Nächten im Sommer, vielleicht einfach nur daran, dass sie Eins sind mit der grandiosen Natur des Tenotales.

Erhöhter Puls

Urplötzlich erschien auch Esa auf der Bildfläche. Anscheinend war ihm das Stimmengewirr auf dem Hof nicht ganz geheuer und auch die Uhrzeit – 6.30 Uhr – kam ihm wohl recht seltsam vor, so dass er noch etwas verschlafen vor die Tür trat, um nach dem Rechten zu schauen. Natürlich gesellte er sich zu uns und mit großem Hallo wurden Hände geschüttelt. Kurz besprachen wir das Tagesprogramm und verabredeten uns für den Abend, da Esa tagsüber leider arbeiten musste. Auch wenn Esa im Sommer mal seinem Job nachgehen muss, so ist er doch immer in seiner Freizeit mit Feuer und Flamme dabei, wenn wir an Ort und Stelle sind. War doch gerade er maßgeblich an der Entwicklung der Wobbler von Leksa beteiligt und testete mehrere Sommer unterschiedliche Modelle auf ihre Fängigkeit am Teno. Selbstverständlich stellte er uns auch sein eigenes Boot zur Verfügung – und so oft es ging eben auch sich selbst als Bootsführer und Ruderer. Natürlich nahmen wir Esas Dienste immer gern in Anspruch, war er doch in den Sommermonaten immer ein gefragter Mann, auch für weitgereiste Touristen, die unter Esas Führung das traditionelle Lachsschleppfischen kennen lernen wollten.

In fröhlicher Kaffeerunde beschlossen wir einmütig, uns tagsüber erst einmal Utsjoki anzuschauen, das Nötigste einzukaufen, Angellizenzen zu erwerben und zum Blockhüttendorf Lomakylä Valle zu fahren, um den Betreiber Petteri Valle zu begrüßen. Wenn wir schon mal da wären, wollten wir uns auch über die Verhältnisse vor Ort ein Bild machen. Wir hatten Zeit, genügend Zeit um uns am prächtigen Sommerwetter zu erfreuen, Vorbereitungen zu treffen und um in gemütlicher Runde »Kriegspläne« zu schmieden für die kommenden Tage.

Hanski hatte natürlich seine Videokamera dabei, um entscheidende Angelszenen zu dokumentieren für die Fortsetzung des Filmprojektes vom vergangenen Sommer. Wir alle hofften natürlich, dass wir diesen Sommer endlich die Szenen auf Zelluloid bannen könnten, die dem Film die Würze geben sollten – den Anbiss, den Drill und das Landen eines Großlachses! Wenn uns dies gelingen würde, wenn wir diese entscheidende Szene im Kasten hätten, dann wäre die erste Phase des Projektes abgeschlossen. Ziel war es, den Film zu vertonen, mit einem Kommentar in finnischer Sprache. Die zweite Phase würde ich dann übernehmen mit der Übersetzung des Kommentars ins Deutsche, mit der Vertonung in einem Tonstudio in Deutschland. Anschließend der Versuch, die deutschsprachige Version der Dokumentation auf den Markt zu bringen. Große Ziele, aber warum nicht? *(Der Film liegt inzwischen in deutscher Fassung auf DVD vor, siehe S. 230)*

Nachdem wir alle Besorgungen erledigt hatten, fuhren wir zum Aittisuvanto-Pool, wo sich am Ufer des Teno das Blockhüttendorf Lomakylä Valle befindet. Ein idealer Stützpunkt für Lachsfischer aus aller Herren Länder – nicht so weit vom Ortskern entfernt (knapp 2 km) und an einem der berühmtesten Lachspools des gesamten Teno gelegen. Der Aittisuvanto ist seit Menschengedenken ein Lachspool der Extraklasse; in keinem anderen Pool des Teno wurden in der Vergangenheit so viele Lachsriesen von über 25 kg gefangen. Die Besonderheit des Pools ist seine Beschaffenheit – unterhalb einer langgezogenen Stromschnellenstrecke (Aittikoski) erstreckt sich das Becken ungefähr zwei Kilometer bis fast zu einer Insel mitten im Strom (Tiirasaari), die den Teno in zwei starke Strömungen teilt. Der Aittisuvanto (Suvanto = Pool) weist nur eine geringe Strömung auf, aber dafür auf der norwegischen Seite – relativ nah zum Ufer – tiefe Kolke und Gumpen, die für große Lachsmilchner hervorragende Verstecke darstellen. Jeden Sommer wird einer dieser tiefen und dunklen Untiefen von einem mächtigen Milchner in Besitz genommen, der sich ab und zu auch mal zeigt, um seine uneingeschränkte Macht und Pracht zu präsentieren. So scheint es jedenfalls, denn auch ich hatte schon mal das Vergnügen, einen solch spektakulären Fisch beim Auftauchen zu beobachten. Wie ein Geist aus der Dunkelheit erscheint so ein Fisch an der Wasseroberfläche – manchmal erkennt man den imposanten Laichhaken, und besonders beeindruckend ist der tief schwarze, gewaltige Rücken eines solchen »alten Herrn«!

Es kann vorkommen, dass über mehrere Sommer der immer gleiche Milchner eine ganz bestimmte Untiefe aufsucht, oft schon im Frühsommer sein Versteck bezieht und nur zu bestimmten Zeiten kurze Patrouillen unternimmt, aber immer wieder in sein Versteck zurückkehrt. Diese Milchner sind schwer an den Haken zu bekommen. Normalerweise hat ein touristischer Lachsfischer, nur mit viel Glück, die Gelegenheit, solch einen Riesen zu Gesicht zu bekommen. Der Experte aber kennt diese Verstecke und weiß, wann seine Chance gekommen ist und kann mit entsprechender Rudertaktik und ausgesuchten Ködern, einen Großlachs so lange zur Weißglut reizen, bis der Lachs zubeißt. Aber, Ausnahmen bestätigen immer die Regel – auch Touristen haben manchmal Kontakt zu den Riesen. Es kann vorkommen, dass ein unerfahrener Bootsfischer genau das macht, was zu einer Attacke eines solchen Superlachses führen kann. Die großen Milchner haben über den Sommer hinweg jedwede Köder gesehen und sind nicht sonderlich daran interessiert, ihr Versteck zu verlassen. Dann aber, wenn die Laichzeit im Spätsommer näher rückt, werden die Milchner immer aggressiver und attackieren Eindringlinge, etwa kleine Lachse oder große Äschen und eben gelegentlich auch Angelköder. So kann es vorkommen, dass ein mehr oder weniger gewöhnlicher Köder eines Touristen attackiert wird. Jeden Sommer hört man von solchen Begebenheiten, in denen ein Tourist den Anbiss eines Lachsgiganten erleben konnte – aber in 99 % aller Fälle zweiter Sieger blieb.

Da standen wir nun am Ufer des Teno und des Aittisuvanto-Pools. Alles war wie immer – dutzende Boote lagen aufgereiht auf den Ufersteinen und warteten auf ihren Einsatz. Der Wasserstand des Teno schien ideal und das Wasser war glasklar jetzt zu Anfang Juli. Ruhig und träge war die schwache Strömung. Unweigerlich schauten wir stumm zur norwegischen Uferseite in Richtung der berühmt berüchtigten tiefen Stellen des Pools. Nichts regte sich, kein Laut war zu hören, aber mein Pulsschlag erhöhte sich. Spannung baute sich auf, atemlos standen wir dort am Ufer.

»Kriegspläne«

»Da seid ihr ja, ich wollte schon einen Kundschafter losschicken«, ertönte es laut hinter uns. Wie auf Kommando drehten wir uns um und fanden unsere Sprache wieder. »Hallo Petteri, keine Sorge, Leksa und Hanski haben mich schon mitten in der Nacht aus den Federn geholt, die kennen keine Gnade!«, rief ich Petteri zu, der oben auf der Böschung neben der Wiegestelle lässig an einem Baum lehnte. Wieder folgte kräftiges Händeschütteln und wir wechselten ein paar Worte. Überschwängliche Wiedersehensfreude fand nicht statt, wie man es vielleicht in südlichen Ländern gewohnt ist – der Finne und insbesondere die Einheimischen im hohen Norden sind sparsam mit Emotionen und Gefühlswallungen. Äußerst selten sieht man Umarmungen oder sonstige

Gefühlsausbrüche; man beschränkt sich auf das wesentliche, meist in knappen Worten. Aber wehe es ist Alkohol im Spiel, dann lockert sich auch beim härtesten Verfechter des unnahbaren Nordmannes die Zunge, wie ich oft genug feststellen konnte. Eine gewisse Distanz spürt man zunächst immer und ein etwas argwöhnisches Beäugen, aber irgendwann bricht das Eis und man findet Freunde fürs Leben.

So war es auch mit Petteri, dem Betreiber des Lomakylä Valle, der sich mit seinen Blockhütten und seinen Dienstleistungen eine Existenz aufgebaut hat, aber trotzdem seinen Traditionen treu geblieben ist. Ein echter Same und Lachsfischer, der trotz seines mittleren Alters von knapp über 40 Jahren einen wahrlich großen Erfahrungsschatz als Lachsfischer und Experte des Bootsfischens auf Atlantische Lachse vorweisen kann.

Petteri erklärte uns bereitwillig die augenblickliche Situation am Fluss und was in den kommenden Tagen zu erwarten wäre. Gespannt hörten wir ihm zu. Die letzten Wochen seit dem Eisbruch Mitte Mai seien ganz hervorragend gewesen, meinte Petteri, und Anfang Juni hätte ein gewaltiger Run an großen Lachsen eingesetzt, die Fische hätten jetzt auch schon die Oberläufe erreicht. Der Wasserstand war dem Aufstieg der großen Lachse entgegen gekommen und diese Tatsache wurde von den zahlreichen Lachsfischern, die sich seit Mittsommer hier eingefunden hatten, freudig zur Kenntnis genommen. Aber, und dies betonte Petteri besonders, für die nächsten zwei Wochen sah es nicht so besonders gut aus. Hitze und ein Hochdruckgebiet waren vorhergesagt, und dies hört ein Lachsfischer gar nicht gerne. Betroffen schauten wir uns an; wir wussten, was dieses bedeutet. Wenn Lachse im Fluss sind, bedeutet Hitze auch hohe Wassertemperaturen und damit immer Passivität der Fische. Schwierige Angelverhältnisse. Zeit für eine ganz besondere und gut durchdachte Köderwahl. Hitze und weiter sinkender Wasserstand bedeuten sozusagen Stillstand bei den Lachsen – sogar vollkommener Stillstand beim Aufstieg und der Wanderung der Lachse zu ihren Laichgebieten. Eine heikle Angelegenheit für die Lachsfischer, ob vom Boot oder vom Ufer aus. Nachdenklich schauten wir auf den Fluss hinunter. Mir taten meine Kameraden leid – schon letzten Sommer hatten wir ziemliches Pech mit den Verhältnissen und wenn man ausgerechnet bei schwierigen Bedingungen vor Ort ist und man hat nur diese eine oder zwei Wochen im Jahr, in denen man zum Teno kommen kann, dann sind widrige Umstände nur zähneknirschend zu ertragen. Ich hatte das Glück, schon ein paar Tage vor meinen Freunden vor Ort zu sein, und ich fand geradezu ideale Verhältnisse mit anglerfreundlichem Wetter und aufsteigenden Lachsen vor, die mir schöne Fangergebnisse bescherten – und nun das!

Leksa und Hanski waren aber »alte Hasen«. Sie kannten sich aus und ließen sich nicht entmutigen. Das Thema wurde gewechselt und wir stiefelten hinunter zu Esas Boot. Leksa, ganz alter Haudegen, inspizierte die Rutenhalterungen und den Außenborder. Besonderes Augenmerk legte er auf die im Boot liegenden Angelruten, schaute sich fachmännisch die Verbindungen an, überprüfte die Multirollen. »Neue Schnüre, sehr gut«, brummte er vor sich hin. »Alles in Ordnung, heute Abend mit Esa nach Kortsam, dann Aittikoski bis Onnela«, stellte Leksa kurz und knapp fest. Hanski und ich nickten artig. Wir wussten, Leksa ist nicht mehr zu halten, sein Jagdtrieb war erwacht, da gab es kein Warten mehr. Hanski und ich beschlossen, am Abend zu relaxen, am Lagerfeuer Wurst zu grillen, uns am Ufer des Teno auf das Kommende einzustimmen und ausgiebig zu saunieren!

Erste Kontakte

Der weitere Tag verlief in angenehmer und ruhiger Atmosphäre. Am Ufer des Teno trafen wir noch auf diesen und jenen Bekannten, es wurde gefachsimpelt und geplaudert, viele bedauerten jetzt schon unser Wetterpech usw. Wir ließen uns vom allgemeinen Pessimismus nicht anstecken und trafen unsere Vorbereitungen. Wieder bei Esas Blockhaus angekommen, widmeten wir uns dem gewaltigen Gepäck im Auto. Unmengen an Angelzubehör, etliche Köderkisten, diverse Angelruten stapelten sich bald auf dem Hof vor unserer Unterkunft. Ein höllisches Durcheinander – aber mit Ruhe und Geduld wurde alles sortiert. Leksa war jetzt nicht ansprechbar – er war ganz in seinem Element. Ich konnte nur staunen, wie er mit seinen Ruten und Rollen hantierte. Ruckzuck war alles montiert. Hanski kümmerte sich derweil um seine Film- und Fotoausrüstung. Wir hatten es uns auf der Holzveranda bequem gemacht und ich servierte Kaffee. Leksa interessierte sich nicht für Nebensächlichkeiten – in höchster Konzentration sortierte er sein Material und seine Wobbler. Dutzende von Köderkisten lagen offen herum, und er nahm diesen und jenen in die Hand, fummelte mit einer kleinen Zange an ihnen rum, warf einen wieder in eine Kiste, nahm den nächsten, schärfte die Haken, tauschte Drillinge aus. Unbeschreiblich!

Mittlerweile war es später Nachmittag und Esa kam von der Arbeit. Sofort ging es ans Eingemachte. Leksa und Esa versanken in ihre Pläne für die Nacht. Hanski und ich grinsten uns an – wir kannten diese Besprechungen, sie zogen sich manchmal stundenlang hin. Leksa und Esa waren irgendwann soweit und wir fuhren so gegen 20 Uhr zum Aittisuvanto bei Lomakylä Valle. Hanski und ich entfachten ein Lagerfeuer hoch oben auf der Böschung mit tollem Blick auf den Fluss und machten es uns gemütlich. Ein paar Dosen Bier und leckere Grillwurst. Fantastisches Wetter und unsere geliebten Freunde, die Mücken, leisteten uns Gesellschaft. So ließ es sich aushalten. Ein Saunagang sollte diesen Abend abrunden. Leksa und Esa überließen wir ihrem Schicksal.

Plötzlich bemerkte Hanski ein Boot am oberen Ende des Aittisuvanto. Dort stand ein Angler im Boot und die Rute war zum Halbkreis gebogen. Aha, ein gutes Zeichen. Ein Lachs war gehakt, ohne Zweifel. Das Boot kam langsam näher und jetzt sah man auch einen Lachs hoch in die Luft springen. Nicht von schlechten Eltern, dachte ich. Hanski packte schnell seine Videokamera aus und begann zu filmen. Na, das fängt ja gut an. Ich ging zum Rand der Böschung, um die Szenerie besser beobachten zu können. Ich dachte ich, seh nicht recht, auch Hanski zwinkerte mir zu – an den Rudern saß eine Frau, eher ungewöhnlich, und der Mann stand im hinteren Teil des Bootes mit einem ziemlich großen Lachs am Haken. Routiniert drillte er den Lachs und die Frau ruderte ganz gemächlich in die Nähe des Ufers und schien sich geradezu zu langweilen. Der Lachs war ausgedrillt und gekonnt setzte der Mann das Gaff. Ein schöner Lachs von vielleicht 10-11 kg landete im Boot. Alles verlief harmonisch, ohne jede Hektik. Bootsfischen aus dem Bilderbuch.

Lachs zum Frühstück?

Autogeräusche? Ich dachte, mich verhört zu haben. Ich öffnete die Tür unserer Behausung. Tatsächlich, Esa und Leksa waren von ihrem Fischzug zurück. Ich schaute auf die Uhr, 5.30 Uhr. Erst 5.30 Uhr aber ich fühlte mich schon ausgeschlafen. Vier bis fünf Stunden guter Schlaf hatten offenbar augereicht, mich wieder fit zu machen. Die Sauna am Abend hatte gut getan. Auch Hanski war eingeschlafen wie ein Murmeltier und schlief immer noch – die Reisestrapazen. Ich setzte erst einmal Kaffee auf. »Na, ihr zwei? Habt ihr die ganze Nacht gefischt?« Blöde Frage, ich bekam auch keine Antwort. Ich versuchte es anders. »Gleich gibt es heißen Kaffee«, lockte ich verlegen. Zwei verwegen ausschauende Lachsfischer kamen mit dunkler Miene schließlich zur Holzveranda. »Joo, war'ne schöne Nacht, wäre noch schöner gewesen wenn, ja wenn ...«, grummelte Esa vor sich hin. Oh, dachte ich, das hörte sich spannend an. Ich wollte schon nachfragen, aber Leksa kam mir zuvor. »Hm, joo, gleich in Kortsam, erster Versuch, am Bacheinlauf, kennst du ja, ein Riese, Haken zu schwach. Ja, so zehn Minuten konnte ich ihn halten, dann verschwunden, einfach so. Sonst war alles ruhig, der Wasserstand macht mir Sorgen, hm.«

Auch Esa mischte sich ein. »Joo, war ein stationärer, ein ganz großer, den hab ich dort schon im Frühsommer gesehen. Den müssen wir weiter ärgern, vielleicht morgen, in aller Früh.«

Oha, dachte ich, die Jäger waren auf der Pirsch, wie immer, wenn die zwei zusammen fischen.

Leksa wirkte überhaupt nicht müde oder angeschlagen. Bewundernswert, nach einer so langen Anreise und ohne Schlaf, aber das kümmerte Leksa nicht im geringsten. Sein Wahlspruch war immer: »Schlafen kannst du zuhause, hier wird gefischt!« Ich ahnte schon, was auf mich zukam. »So, ist der Kaffee fertig? Lass uns die Thermoskanne füllen und dann geht's weiter«, sagte Leksa und schaute mich auffordernd an. »Holen wir uns einen Früstückslachs, oder?« Ich war angesprochen. »Esa hat sich eine Mütze voll Schlaf redlich verdient.« Ich war kurz irritiert, dass er gleich wieder aufbrechen wollte, holte Luft und nickte ihm zu. Mehr war nicht zu sagen. Insgeheim war ich natürlich hocherfreut, denn mit Leksa war ich bisher noch nie zusammen im Boot. Schon letztes Jahr wäre ich zu gerne einmal mit ihm im Boot gesessen, immer kam irgendetwas dazwischen. Leksa ist am Teno bekannt wie ein bunter Hund. Er hat jahrelange Erfahrung und obwohl kein Einheimischer, kennt er den Teno wie kaum ein Zweiter. Na, dann will ich mich mal umziehen, dachte ich und war ein kleines bisschen aufgeregt.

Ich war bereit. Bis in die letzte Faser. Leksa sowieso und so machten wir uns auf den Weg zum Boot. Am Ufer angekommen überließ ich Leksa natürlich das Kommando. Das Vorbereitungsprozedere zum Schleppfischen war mir ja nun bekannt, und ich richtete mich auf eine längere Zeit auf den Ufersteinen ein, wollte schon ein kleines Feuerchen anzünden, kramte nach Zündhölzern, da hörte ich Leksas Bariton. »Wir starten sofort, lass uns keine Zeit verschwenden!«, rief er mir zu und hantierte am Außenborder. Ich ließ schleunigst die Zündhölzer verschwinden und warf unsere Ausrüstung vorne in das Boot. Leksa machte im allgemeinen nicht viel Worte, wenn er bei der Arbeit, sprich: beim Fischen war. Jeder Handgriff saß, man sah ihm an, dass er sein Handwerk versteht. Trotz seiner kräftigen Statur bewegte er sich im Boot flink und behende, immer im Gleichgewicht, wie ich später noch feststellen konnte. Kaum hatte ich Platz genommen, ging es auch schon los. Mit Vollgas an der finnischen Landseite flussaufwärts, mit einem Affenzahn durch die Stromschnelle, bis zum Startplatz der Bootsfischer an der Aittikoski-Stromschnelle am finnischen Ufer. Wir machten das Boot fest und begaben uns auf die Ufersteine, um wie üblich an der Feuerstelle zu warten, bis wir an die Reihe kämen. War doch ein Boot am Ufer geparkt, und das heißt am Teno, wie erwähnt, unbedingt ebenfalls an das Ufer zu fahren, wenn man fischen will. Wer zuerst kommt, mahlt zuerst.

Wir kamen mit den zwei Petri-Jüngern am Ufer ins Gespräch. Inhalt: Wie üblich tauscht man seine Erfahrungen aus, schimpft über die Verhältnisse und so weiter. Wie immer. Einer der Herren war ein einheimischer Bootsführer, den Leksa gut kannte, der andere ein Tourist. Leksa und der Bootsführer unterhielten sich über die wohl beste Köderwahl jetzt bei den immer schlechter werdenden Bedingungen. Beide hatten schon so manchen Großlachs auf die Schuppen gelegt. Beide waren die Hauptpersonen in einem Dokumentarfilm über das Schleppfischen am Teno, in dem der Kampf mit einem über 17 kg schweren Lachs dokumentiert wurde. Hanski, unserem Kameramann, waren damals im Jahre 2001 die spektakulären Aufnahmen gelungen, wobei er eine außerordentliche athletische Meisterleistung ablieferte, indem er kilometerlang am Ufer über Stock und Stein den Drill der zwei Freunde filmte. Auf so eine Szene hofften wir in diesem Sommer wieder, diesesmal sollte bei viel Glück noch ein größerer Lachs beim Drill gefilmt werden. Wir spekulierten auf einen Lachs der XXL-Größe, auf einen der letzten Riesenlachse des Teno von vielleicht 25-30 kg.

Mit vier Ruten wollten wir jetzt fischen. Nur eine kurze Sequenz, die Stromschnelle hinunter bis zum Auslaufpool des Aittisuvanto. Ein Aufgalopp, so meinte Leksa, mit einem Lachs zum Frühstück. Hanski hatten wir schlafen gelassen. Ich wusste, dass Leksa normalerweise nur mit seinen eigenen Wobblern fischte. Ich hatte eine kleine, grüne Haarfliege auf Drillingshaken gebunden dabei, die ich unbedingt auch einmal beim Schleppfischen ausprobieren wollte. Vom Ufer hatte ich mit dieser Fliege schon schöne Erfolge feiern können und hauptsächlich Grilse gefangen. Aber der Schöpfer dieser Fliege, ein bekannter Lachsfliegenbinder aus Südfinnland, hatte felsenfest behauptet, dass diese Fliege auch Großlachse interessiert. Also traute ich mich. »Leksa, könnten wir, wenn du vielleicht, hm, ich hab da so eine, weißt du, mit der hab ich schon vom Ufer, also ...« Leksa schaute mich an, schaute grimmig auf die Fliege, nahm sie in die Hand, schaute schon etwas interessierter und nickte schließlich: »Joo, ist genehmigt, hat was, okay, binde sie mit einem Schlaufenknoten an die lange Fliegenrute.« Gesagt, getan. Also, Taktik war klar. Drei Wobbler und eine Fliege an der Lachsfliegenrute mit Fliegenrolle. Die Fliege zur finnischen Uferseite, ein Wobbler am Außenborder vorbei, die zwei restlichen zur norwegischen Uferseite und mit unterschiedlichen Schnurlängen. Leksa bot sich als Ruderer an, ich sollte die Ruten übernehmen. Die beiden Herren gaben uns höflicherweise den Vortritt, sie hatten Zeit und wollten noch etwas verschnaufen.

Wir legten ab. Hier an der Stromschnelle musste gleich zu Beginn Gas gegeben werden. Ich nahm im Boot auf dem flachen Stuhl Platz, legte mir die Ruten passend zurecht, nahm die Fliegenrute schon in die Hand, um die Fliege sofort zu Wasser zu lassen, wenn Leksa das Kommando gab. »Jetzt!«, kam schon das Kommando und ich ließ die Fliege in die Strömung. In einer starken Strömung sind die Schnurlängen kürzer, um bei Wendungen keinen Hänger zu riskieren. Jetzt waren die Wobbler dran. Einen nach dem anderen ließ ich zu Wasser, während Leksa kräftig ruderte. Später, im Auslauf der Stromschnelle, kann man es wieder ruhiger angehen lassen. Aber hier in der reißenden Strömung muss wirklich gerudert werden, um den Ködern Leben einzuhauchen. Wir bewegten uns schräg zur norwegischen Uferseite. Alle Köder waren im Wasser, die Bremsen eingestellt und die Ruten lagen in ihren Halterungen. Das gespannte Warten begann. Und ich konnte es mir bequem machen. Dachte ich – urplötzlich, nach fünf Minuten Rudern, war es mit der Ruhe vorbei. Die lange Fliegenrute auf der rechten Seite wippte auf und nieder, und ehe ich es begreifen konnte, zischte schon die Schnur neben dem Boot mit großem Tempo flussaufwärts. »Lass die Rute noch in der Halterung«, sagte Leksa ohne Aufregung hinter mir. Dann wurde es aber brenzlig. Die Rute war im Begriff, sich selbstständig zu machen, und ich musste einschreiten. Ich nahm die Fliegenrute aus dem Gestell und spürte sofort einen gewaltigen Widerstand. »Ich glaube, wir haben da etwas größeres ...«, weiter kam ich nicht. In etwa hundert Meter Entfernung zum Boot schraubte sich ein gewaltiger Lachs in die Lüfte und schlug einen perfekten Salto.

Jetzt war es auch mit der Ruhe von Leksa vorbei. Mit der gebogenen Rute in der Hand versuchte ich die drei übrigen Ruten Leksa nach hinten zu reichen – es war unmöglich! Leksa hatte aber die Situation schon erfasst. Wieselflink schnappte er sich eine Rute nach der anderen und kurbelte schnell alle übrigen Köder aus der Gefahrenzone. Das wäre also geschafft. Während ich schon mit dem Handballen die singende Rolle bremste, hörte Leksa auf zu rudern und war im Begriff, nach hinten, an mir vorbei, zum Außenborder zu wechseln. Ich machte mich so klein wie möglich, die gebogene Rute steil hochhaltend, robbte seitlich nach vorne, während Leksa trotz seiner über 100 kg behende wie ein Eichhörnchen zum Motor lief und ihn nach zwei Versuchen auch starten konnte. »Wir müssen hinterher!«, schrie ich. »Das Backing ist schon zu sehen!«. »Joo, joo, alles im Griff, hab schon gesehen, ist ein gewaltiger Bursche!« schrie Leksa zurück.

An der finnischen Uferseite hatten die zwei Männer von vorhin alles mitbekommen. Aus den Augenwinkeln sah ich den Bootsführer zu seinem Boot rennen. Kommt er uns vielleicht zu Hilfe, schoss es mir durch den Kopf. Der Lachs hatte die kleine Fliege genommen, nicht zu fassen. Und mit Anlauf, direkt in der reißenden Strömung und sofort flussaufwärts, mit der Kraft eines Güterzuges, unglaublich!

Wir hatten es mit einem schweren Gegner zu tun, einem Großlachs, einem gerade erst aufgestiegenen Blanklachs von vielleicht 20 kg oder mehr. Ich kauerte vorne im Bug und hielt die Rute steil nach oben. Leksa steuerte langsam flussaufwärts und ich bekam wieder Schnur auf die Rolle. Meter für Meter.

*Zufriedener Lachsfischer nach getaner
Arbeit. Manchmal wird Geduld und fester
Glaube an den Erfolg reichlich belohnt.
Dieser Schleppfischer war zur rechten Zeit
am rechten Ort und hatte das Glück des
Tüchtigen. Frisch aufgestiegene Blanklachse
sind die begehrteste Beute der Lachsfischer.*

Foto: Harri Matikainen

*Die Qual der Wahl:
Wobblermeister Leo Juntunen (li.) und
Bootsführer Esa Karpoff bei der Köderauswahl*

Foto: Hannu Räisänen

»Ist er noch da? Wo schwimmt er hin?«, fragte Leksa. Ich sah nichts Gutes. Der Lachs bewegte sich auf große Steine auf der norwegischen Uferseite zu. Ein schlaues Kerlchen. Wir wussten, was er vorhatte. Zwischen die Steine wollte er. Das mussten wir unbedingt verhindern. Jetzt kam uns tatsächlich der Bootsführer vom finnischen Ufer zu Hilfe. Wir mussten den Lachs so schnell wie möglich aus den Steinen vertreiben. Immer noch spürte ich das Gewicht, aber die Zeit sprach für den Lachs. Ich versuchte, den Fisch näher zu pumpen. Keine Reaktion. Ich stand auf, versuchte es wieder und wieder, nichts zu machen. Auch Leksa war ratlos. Von zwei Seiten mühten wir uns, den Lachs aus den Steinen zu bewegen, ohne Erfolg. Eine halbe Stunde war schon vergangen und uns war klar, dass wir einen richtig großen Burschen am Haken hatten. Mein rechter Arm begann zu schmerzen und zu zittern, aber jammern half nicht. Dann passierte das, was auf keinen Fall passieren durfte – ich spürte keinen Widerstand mehr, er war vom Haken los, der Lachs war frei, nicht mehr und nicht weniger!

Frühstück ohne Lachs

Enttäuscht fuhren wir ans Ufer zurück. Der zurückgebliebene Tourist war fassungslos und hüpfte von einem Bein auf das andere. »Wie schwer? Habt ihr ihn? Wo ist er, habt ihr ihn?«, schrie er uns aufgeregt entgegen. Wir antworteten nicht. Schweigend kamen wir am Ufer an, stiegen aus dem Boot und gingen zum Feuer. Ich war völlig aus der Puste und konnte meinen Puls nur schwer beruhigen. Der arme Angelfreund war völlig aus dem Häuschen und lief uns entgegen. Leksa brach das Schweigen und erbarmte sich des aufgeregten Touristen. »Ja, so etwas kommt vor, hab ich schon öfter erlebt, aber dieser Bursche war ein ganz Schlauer«, lachte Leksa und gab dem Hobbyangler einen Klaps auf den Rücken. Der Bootsführer mischte sich ein. »Ich hab sofort gesehen, was der Bursche vorhatte, schon beim Sprung war mir klar, dass ihr gleich Probleme bekommt.« Der Tourist prustete: »Ein Riese, ein Riese, der war zwei Meter in der Luft und ...« Leksa mischte sich ein: »Ein Blanklachs auf dem Weg flussaufwärts, gerade aufgestiegen, mit der Kraft einer Lokomotive. Ungefähr, naja, ich sage, na, sagen wir mal etwas über 20 kg ...« »Ja, ich stimme dir zu«, sagte der Bootsführer.

Ich hielt mich im Hintergrund auf, überprüfte die Fliegenschnur, das Vorfach und die Fliege. Die hatte ich ganz vergessen. Der Knoten hatte gehalten, aber ein Haken des Drillings war aufgebogen und die Spitze fehlte. Leksa kam näher und schaute sich die Fliege an. »Hm, die Fliege ist gut, aber der Haken zu schwach. Der Lachs hatte seinen Kopf zwischen Steinen, hat dann den Haken aufgebogen und die Spitze brach.« Damit war alles gesagt, nur stärkere Haken brauchte man. Ich nahm mir vor, in den nächsten Tagen meinen Fliegenexperten aus Südfinnland anzurufen. Toni Kakkuri hatte recht behalten.

Wir fuhren zurück zum Aittisuvanto. Es war jetzt früher Vormittag und wir wollten Esa und Hanski von unserem Abenteuer berichten. Außerdem hatten wir Hunger – wir hatten zwar leider keinen Lachs im Gepäck, aber Hunger hatten wir trotzdem. Hanski und Esa saßen auf der Holzveranda.

Gut gelaunt gesellten wir uns zu ihnen und erstatteten Bericht. Ich war erstaunt über Leksa, diesen normalerweise wortkargen finnischen Lachsfischer. Leksa erzählte und ich hielt den Mund. Hanski entschuldigte sich für seinen festen Schlaf und bedauerte mehrmals seine Unpässlichkeit. Wäre doch unser morgendlicher Kampf so ganz nach dem Geschmack von Hanski gewesen und es wäre eine tolle Filmszene geworden. Wir trösteten ihn. Es war erst der zweite Tag und wir waren trotz schlechtester Voraussagen immer noch optimistisch – wir sollten uns täuschen. Es blieb unser letzter Kontakt mit einem XXL-Lachs. Einige Grilse konnten wir in den nächsten zwei Wochen noch ins Boot bekommen. Das wars dann aber auch schon. Die Verhältnisse machten uns einen Strich durch die Rechnung. Wir werden aber nicht aufgeben – irgendwann ist es soweit. Wir werden uns weiterhin auf die Pirsch begeben ...

Lachsfischen XXL

Mit dem Boot auf große Milchner

Obwohl ein Lachs bei seiner Laichwanderung in ein Flusssystem keinerlei Nahrung zu sich nimmt, attackiert er bisweilen verschiedene Köder wie Blinker, Wobbler und dargebotene Fliegen. Warum das so ist, bleibt Spekulation und geheimnisvoll. Es wird angenommen, dass ein Grund in der Verteidigung seines Laichreviers zu suchen ist. Ein weiterer Grund könnte eine biologisch determinierte Erinnerung an die Junglachszeit sein, die bei einem Lachs einen Beißreflex auslöst, wenn ein Köder vorbeischwimmt. Auf die Gründe warum und weswegen ein Lachs einen Köder nimmt, wollen wir hier nicht näher eingehen. Vielmehr möchten wir uns der Frage widmen, wie man den »König der Fische« mittels Blinker, Wobbler oder Fliege überlisten kann und beschäftigen uns ausführlich mit dem großen Milchner des legendären Lachsflusses im Norden Finnlands – dem Reich des wilden Atlantischen Lachses.

Die sommerliche Laichwanderung der Lachse wird von vielen Faktoren beeinflusst. Die ersten Exemplare, die in das Süßwasser des Flusses hineintauchen und flussaufwärts ziehen, sind sowohl große Rogner, als auch Milchner über 20 kg an Gewicht. Unbekannt ist, ob Rogner- und Milchnerstämme sich getrennt auf den Weg machen. Nach den ersten frühen Aufsteigern – im Teno schon Ende Mai – folgen schubweise tausende Lachse, die teilweise sogar noch unter Eis aufsteigen. Am Höhepunkt der Lachswanderung, meist zur Mittsommernachtszeit, finden sich auch die meisten Lachsfischer ein, die in der Regel aufsteigende Rogner beim Schleppfischen erbeuten. Dafür gibt es Gründe und die sind bedingt durch die unterschiedlichen Verhaltensweisen zwischen den Weibchen und großen Männchen. Aufsteigende Rogner attackieren meist vehement dargebotene Köder. Die Milchner hingegen verschmähen vielfach die Köder bei der Suche nach geeigneten Laichplätzen.

Aufsteigende Milchner werden natürlich trotzdem gefangen. Dies sind meist Exemplare, die ihr Revier verteidigen oder zu einem neuen Standplatz wandern. Mit Glück und einem passend angebotenen Köder kann es passieren, dass ein Großlachs den Köder attackiert und zwar mit ziemlicher Wucht.

Im Laufe des Sommers nehmen die Revierkämpfe stetig zu und genau deswegen bekommt ein erfahrener Großlachsspezialist immer öfter die Möglichkeit, seinen Traumlachs zu fangen. Wenn man dazu auch noch die richtigen Köder präsentiert, lässt sich der Fang von Rogner oder Grilse praktisch »verhindern«. Die meisten der auf Großlachse spezialisierten Angler, haben es sowieso bewusst nicht auf laichlasttragende Rogner abgesehen.

Wo man den Großlachs findet

Je weiter der Sommer voranschreitet und dem Milchner sein imposanter Laich-haken am Unterkiefer größer wird, desto mehr Laichplätze sind schon von ka-pitalen Lachsen in Besitz genommen worden. Die Großlachsexperten testen jetzt immer häufiger bestimmte Untiefen im Fluss, um zu schauen, ob der eine oder andere Milchner vielleicht seine Nerven verliert und einen dargebotenen Köder attackiert. Denn wenn die Laichzeit sich nähert, wird aus einem ruhigen »Patri-archen« so langsam ein nervöser und aktiver Einzelkämpfer. Zum Saisonende hin bewegen sich diese Großmilchner immer öfter aus ihren Verstecken, atta-ckieren entschlossen jegliche Art von Eindringlingen, die ihre Reviergrenzen ver-letzten. Bisweilen kommen solche standorttreuen Lachse an die Wasseroberfläche und verraten ihre Verstecke, die sich ein erfahrener Fischer sofort einprägt. Dies passiert meist abends zwischen 21 und 24 Uhr und morgens zwischen 3 und 6 Uhr. Diese Zeiten sind günstig für ein vorsichtiges und leises Schleppfischen. Den Bootsmotor sollte man so wenig wie möglich benutzen und eher flussauf-wärts rudern, um die Lachse nicht durch laute Geräusche zu verschrecken.

Wie schon erwähnt, ist beim Schleppfischen auf Milchner das Fangen von Rog-nern oder Grilsen nur seltener Beifang. Dieses hat zwei Gründe: Zum Ersten hat der Großlachs nur bestimmte Plätze im Fluss in Besitz genommen, an denen sich Rogner oder auch Grilse seltener auffinden, und zum Zweiten ist die Kö-derwahl eine völlig andere als beim herkömmlichen Schleppfischen.

Die Gene des Lachsmilchners zwingen ihn zur Suche nach einem geeigneten Laichplatz, wo er mit Hilfe seiner Schwanzflosse und nicht mit seinem Laich-haken eine Laichgrube im kiesigen Flussbett ausgräbt für das spätere Laichgeschäft. Der Laichhaken ist eigentlich nur dafür da, um seine Mächtigkeit und Potenz gegenüber den Rognern darzustellen oder um ihn als Waffe gegenüber allzu auf-dringliche Rivalen einzusetzen (ähnlich wie Elchbullen in der Brunft mit ihrem Geweih). Als Laichplatz wählt der Milchner mit Vorliebe kiesigen Flussgrund. Daher kann man schon viele andere Orte im Flussverlauf mit Blick auf die An-wesenheit eines Großmilchners ausschließen. Hierzu gehören Stromschnellen, sandiger Grund und flache Pools. Wobei nicht auszuschließen ist, dass ein fluss-aufwärts ziehender Großlachs einen vorbeischwimmenden Köder attackiert. Dies kann besonders im Frühsommer passieren, wenn er sich auch an felsigen Stellen aufhält. Diese spenden Schatten und bieten schöne Verstecke, bis er nach einer Verschnaufpause weiterwandert.

Die Strömung beachten

Bei der Suche nach einem standorttreuen Großlachs sollte man intensiv die Strö-mung beobachten. In gewissen Zeitabständen präsentiert sich ein derartiger

Lachs an der Wasseroberfläche, so als wenn er zeigen wollte, dass dieses Versteck schon vergeben ist. Auch von hohen Flussufern aus erkennt man hervorragend die Untiefen und Strömungsverhältnisse eines Flusses; wenn man Glück, hat sieht man auch standorttreue Lachse. Die besten Tipps bekommt man immer von einheimischen Lachsfischern, die ihren Fluss bestens kennen. Hat man nun tatsächlich den Standplatz eines großen Lachsmilchners ausgemacht, beginnt eine sorgfältige Vorbereitung des Schleppfischens auf die Bewegung mit dem Beherrscher eines Pools. Am Ufer beginnt nun die sorgfältige Auswahl der Köder. Dabei kommen sowohl Blinker, Wobbler als auch Lachsfliegen in Betracht, die sich teilweise markant von herkömmlichen Lachsködern unterscheiden. Ausnahmen bestätigen natürlich immer die Regel, aber bei der »Jagd« auf Großlachse ist es wie bei einer Großwildjagd – das Verhältnis muss stimmen! Das wichtigste bei der Köderwahl ist ihre spezielle Laufeigenschaft und die für die aktuellen Verhältnisse und Gegebenheiten passende Farbgebung der Köder. Die Größe der Köder wird anschließend noch in die Überlegungen mit einbezogen.

Die Minimierung der Köderbewegung

Den unerfahrenen Lachsschleppfischer verwundert die Tatsache, dass ein Großlachsspezialist in diesem Falle Wobbler so trimmt, dass es aussieht, als ob man einen fünf Zentimeter langen Nagel hinter dem Boot herzieht. Keine heftigen und ruckartigen Bewegungen zur Seite, kein Schaukeln des hinteren Bereiches des Köders. Nur leichte Bewegungen zur Seite und minimales Vibrieren des ganzen Wobblers. Die reduzierte Bewegung des Wobblers unter Wasser ist deswegen so überraschend erfolgreich, weil, wenn der Rogner zitternd seinen Laich in die Laichgrube ablässt, sich der Milchner, ebenfalls am ganzen Körper zitternd, aber doch »steif« dem Rogner von der Seite her nähert und anschließend die Eier befruchtet.

Wenn sich also ein dementsprechend verhaltender Wobbler dem Milchner von vorne nähert und auch noch von der Farbgebung dem Milchner ähnelt, dann muss der Eindringling natürlich verjagt werden. Dann kennt der Milchner kein

Pardon, und dies ist auch der Grund, warum große Milchner vehement Köder attackieren, die einen potentiellen Rivalen darstellen. Der Wobbler sollte sich demnach zitternd bewegen. Zu Beginn der Saison ist dies nicht so notwendig, und auch die Farbgebung eines Wobblers darf wesentlich farbiger sein als zum Ende der Saison hin. Aber zu dieser Zeit fängt die eigentliche Jagd auf die Groß-lachse ja gerade erst an.

Farbe und Größe der Köder

Der Großlachsköder, in diesem Falle Wobbler, sollte in seiner Farbgebung dunkel sein. Insbesondere schwarz, braun, dunkelrot und besonders violett sind Farben, die einen Milchner nervös und aggressiv machen. Auch hellrot und orange sind Farben, die man immer wieder mal ausprobieren sollte, um die Neugier und Aggressivität eines Großmilchners zu reizen. Die dunkle Farbe eines Wobblers erinnert den Milchner sozusagen an seine eigene Kleiderordnung und erweckt in ihm die Kampfbereitschaft, den potentiellen Rivalen zu verjagen.
Großlachsköder dürfen ruhig unterschiedlicher Größe sein. Man kann durchaus Zeuge werden, wie ein großer Milchner kleinere Lachse in der Mitte ihrer Körper packt und große Äschen aus seinem Revier scheucht, aber interessanterweise werden jedes Jahr auch mit kleinsten Fliegen kapitale Lachse erbeutet. Auch völlig den Regeln nicht entsprechende Köder können den Tag eines Großlachsfischers immer wieder einmal retten. Viele Berufsfischer, aber auch Freizeitangler, benutzen tiefschwimmende, große und besonders aufreizende Wobbler. Die Absicht ist, den Lachs in Bewegung zu bringen und zu »ärgern«, so dass er vielleicht die Nerven verliert und den unübersehbar und auffällig angebotenen Köder attackiert.

Einige Beispiele

Überraschend oft werden Köder nicht sofort attackiert, obwohl man sie direkt und verlockend an dem Standplatz eines Milchners präsentiert. Wenn er nicht schon gestört wurde, z.B. von einem Bootsmotor, kann es vorkommen, dass ein Milchner sich unter den Ködern flussabwärts bewegt. Woher weiß das der Angler? Der unerfahrene Fischer weiß das nicht, aber lassen wir einen »Profi« zu Wort kommen.
Man muss versuchen, den Fluss richtig zu »lesen«, um dann eine angemessene Strategie zu entwickeln mit der dementsprechenden Schlepptaktik. Wir wissen, dass sich ein bestimmter, großer Milchner am Teno am finnischen Ufer hinter einem großen Felsen versteckt. Wir nähern uns mit dem Boot langsam dieser Stelle. Bei dieser Art des Schleppfischens auf Großlachse sind die Schnurlängen relativ kurz. An der mittleren Rute mit dem »Lockköderwobbler« beträgt die

Schnurlänge ungefähr 15 Meter und an den übrigen Ruten ca. 10 Meter. Bei dieser punktgenauen Art des Ruderns geht man systematisch vor. Man merkt sich die Stelle, an der ein Lachs sein Versteck verraten hat. Dieser ausgemachte Lachs kommt immer wieder mal an die Wasseroberfläche und man probiert in gewissen Zeitabständen, den Lachs mit verschiedenen Ködern zu reizen. Das wichtigste ist, den Lachs in Bewegung zu bringen. Der Bootsführer (Ruderer) muss das Boot mit den Ködern so bugsieren, dass sich der Lachs in die Enge getrieben fühlt. Der Fisch kann sich dem Ufer nähern, sich eher zur Mitte des Flusses bewegen oder auch langsam flussabwärts schwimmen. Es kommt vor, dass ein Milchner über längere Zeit neben den Ködern schwimmt und dies praktisch im »Rückwärtsgang«. Wenn der Bootsführer sich dann dem Ufer nähert und langsam die Wendung einleitet, strecken sich die Schnüre mit den Ködern allmählich. In diesem Augenblick kann ein Trick sehr hilfreich sein: Während des Wendevorgangs erhöht der Ruderer plötzlich das Tempo und bewegt sich auf die Mitte des Flusses zu. Dieser Trick führt häufig zu einem Beißreflex des Milchners. Man nimmt an, dass gerade diese Flucht eines potentiellen Rivalen aus dem Revier eines standorttreuen Hausherrn, die Aggressivität des Lachses erhöht und er wohl auch seine Macht demonstrieren will.

Wenn dieser Trick nicht funktionieren sollte, aber der Fisch in Bewegung ist, versucht man ihn flussabwärts zu »schieben«. Ein Milchner kann sich über längere Strecken vor den Ködern rückwärts bewegen, und wenn man die Strömung richtig liest, kann man einen Milchner sozusagen in die gewünschte Richtung dirigieren. In der Regel ist die Richtung günstig, in der hinter dem Lachs eine flache Stelle oder der Rand einer Untiefe zu erwarten ist. Ein Milchner bewegt sich nicht gerne rückwärts aus seinem Revier und reagiert üblicherweise gereizt gegenüber einem Eindringling und greift in vielen Fällen an. Es kann aber auch sein, dass überhaupt nichts geschieht, und so hat es auch keinen Sinn, es mehrmals zu probieren. Der Fischer hat sich das Versteck eingeprägt und probiert es vielleicht nochmals zu einem späteren Zeitpunkt. Der erfahrene Lachsfischer hat Zeit, denn er weiß, dass dieser Lachs seinen Laichplatz gefunden hat und nur weiterwandern würde, wenn sich ein noch größerer Milchner nachhaltig für sein Versteck interessiert.

Die Erfahrung hat gezeigt, daß ein »überfahrener«, also mit einem Bootsmotor gestörter Standortlachs, sich in einer Viertelstunde beruhigt, aber ein mit Ködern gestörter Lachs längere Zeit beansprucht, um wieder zur Ruhe zu kommen. Bei einem neuen Versuch kann man es mit etwas anderen Farben und anderen Laufeigenschaften der Köder probieren. Den Köder aber, den ein Milchner schon im »Auge« hatte, sollte man nicht austauschen. Dieser Köder hat wohl schon sein Interesse geweckt, und es könnte sein, dass er diesen beim nächsten Mal attackiert.

Ruhiges Rudern

Bei der Jagd auf standorttreue Lachsmilchner muss das Boot möglichst ruhig und ohne jede Hast gesteuert und bewegt werden. Über bekannte Verstecke eines Großlachses kann man sich auch über einen längeren Zeitraum bewegen, soweit kein anderes Boot nachfolgt. Nach alter Schleppfischtradition am Teno sollte man sich bei regem Bootsverkehr langsam, aber stetig flussabwärts bewegen. Dann hat jeder was vom Schleppfischen und man geht Missverständnissen aus dem Weg. Wenn sich also die Möglichkeit ergibt und der Pool ist frei von Booten, kann man sich an dem vermuteten Standplatz eines Großmilchners länger aufhalten.

Stabile Schleppruten mit großen Multi-rollen (z.B. Ambassadeur) kommen zum Einsatz.
Foto oben: Hannu Räisänen

Das traditionelle Holzboot der Lachs-fischer am Teno in voller Ausrüstung. Heutzutage sind die Boote vielfach mit Rutenhalterungen ausgestattet, die das Schleppfischen mit bis zu 8 Ruten ermöglichen. In der Regel wird aber mit 3-4 Ruten gefischt, und dies ist für Hobby-Angler vollkommen aus-reichend.

Im Boot selber sollte man jeglichen Lärm vermeiden und sich vorsichtig dem Zielort nähern. Der Fisch ist über sein Seitenlinienorgan sehr empfindlich gegenüber Geräuschen Die Ruder sollten nicht geräuschvoll ins Wasser getaucht, ebenso jedes Quietschen der Ruderdollen vermieden werden. Die Ruderdollen kann man vor dem Fischen mit Fett oder Öl einschmieren. Zur Not hilft auch einfach das Befeuchten mit Flusswasser.

Ein erfahrener Bootsführer versucht, die Köder so verlockend wie möglich durch geschickte Wendungen und kurze Stopps zu präsentieren. Durch diese Art des Ruderns verleiht er den Ködern den gewissen Reiz, dem ein Milchner in vielen Fällen nicht widerstehen kann.

Der Anbiss

Wenn ein Milchner sich nun entschließt, einen Köder zu attackieren und zuzubeißen, bemerkt man dies entweder sofort oder man bemerkt zuerst einmal gar nichts. Wenn der Anbiss vehement ist und die Schnur saust von der Rolle, sollte der Fischer mit ein paar kräftigen Ruderschlägen flussaufwärts den Anhieb setzen. Die Rute sollte man zum jetzigen Zeitpunkt noch nicht aus der Halterung nehmen. Ein heftiger Anbiss ist ein Beleg dafür, dass der Lachs aus seinem Versteck heraus den Köder aggressiv und mit Schwung entweder von der Seite oder von hinten attackierte. Ein Milchner kann auch so zubeißen, dass sich die Rutenspitze langsam der Wasseroberfläche nähert und es so aussieht, als ob die Spannung der Schnur eher wieder nachläßt. In diesem Falle sollte man erst einmal abwarten und nichts tun, höchstens den Griff an den Rudern verstärken. Bei dieser Art eines Anbisses kommt der Lachs vorsichtig von der Seite und nimmt den Wobbler quer ins Maul. Danach dreht der Fisch flussabwärts und taucht mit der gleichen Ruhe, mit der er auch den Köder attackiert hat, wieder in die Tiefe. Wenn der Angler in diesem Falle beim Verneigen der Rute sofort angeschlagen hätte, hätte er dem Fisch wohl höchstwahrscheinlich nur den Wobbler aus seinem Maul gezogen. Also sollte man noch einen Moment abwarten und sich die Rute weiter verneigen lassen, dabei auch die Geschwindigkeit des Bootes verringern. Der Milchner beißt im Verlauf immer heftiger auf den Köder, je mehr er Widerstand spürt und hakt sich bei der Drehung flussabwärts selber. Falls dies geschieht, nimmt auch die Schnurabnahme auf der Rolle dramatisch zu. Jetzt ist auch der Augenblick gekommen, um mit ein paar kräftigen Ruderschlägen flussaufwärts den Lachs endgültig zu haken.

Es kann auch geschehen, dass ein Milchner den Köder nimmt und mit großer Geschwindigkeit flussaufwärts schwimmt. Dies bemerkt man zuerst, wenn eine Rute kräftig auf und nieder wippt und sich die Schnur zischend flussaufwärts bewegt. Auch jetzt lässt man den Lachs erst einmal ziehen. Wenn sich dann die

Schnur langsam strafft, nimmt der Fischer die Rute in die Hand und hakt den Lachs mit einem gleichmäßigen, kräftigen Zug.

Starke und scharfe Haken

In vielen Fällen verneigt sich die Rute plötzlich und nähert sich der Wasseroberfläche kraftvoll. Ein paar Sekundenbruchteile später aber herrscht wieder Ruhe. In diesem Fall hat ein Milchner zwar zugebissen, wurde aber nicht gehakt. Was ist geschehen?

Im Spätsommer entwickelt sich beim Milchner der große Laichhaken am Unterkiefer und aus diesem Grunde entsteht zwischen seinen Kiefern ein beachtlicher Zwischenraum. Bei einem Anbiss kann es passieren, dass ein Wobbler durch diesen Zwischenraum im Maul des Lachses »entflieht«. Als wolle der Großlachs den Fischer noch etwas ärgern, erscheint er dann oft kurz an der Wasseroberfläche und dies direkt an der Seite oder unmittelbar hinter dem Boot.

Der bekannte finnische Wobblerhersteller Leo Juntunen hat für solche Fehlbisse einen speziellen Wobbler entwickelt mit einem kräftigen Einzelhaken auf dem Rücken des Köders. Ein aggressiver Milchner, der einen Wobbler packt, spürt die Haken und wütend beißt er kräftiger zu. Dadurch, dass auf dem Rücken des Wobblers noch ein zusätzlicher Haken sitzt, werden Fehlbisse oft zu »richtigen« Anbissen und das Ringen mit einem Großlachs kann beginnen.

Die Hakenschärfe der Köder ist ebenfalls ein wichtiger Bestandteil bei der Großlachsjagd. Um ein festes Haken eines großen Lachses zu gewährleisten, kann man normale, gerade auslaufende Haken ersetzten durch sogenannte »Adlerkrallenhaken«, die natürlich auch nadelscharf sein müssen. Diese, in der Spitze etwas nach innen gebogenen Haken, erlauben einfach einen besseren Halt und haben sich hundertfach bewährt! Viele normale Wobbler-Drillingshaken halten noch nicht einmal den Biss eines großen Milchners aus. Es kommt immer wieder vor, dass man einen völlig zusammengebissenen Drillingshaken mitsamt dem Wobbler die ganze Nacht hinter sich herzieht, wenn nach Fehlbissen der Wobbler nicht überprüft wurde.

Der Drill

Wenn nun der Beherrscher des Pools gehakt ist, beginnt ein gnadenloses »Tauziehen«, und das Material wird auf eine harte Probe gestellt. Die Verhaltensweise eines gehakten Milchners unterscheidet sich prägnant von der eines Rogners. Der männliche gehakte Lachs flüchtet entweder weit flussabwärts oder schwimmt im D-Zug-Tempo flussaufwärts. Es kommt darauf an, in welchem Bereich seines Reviers er gehakt wird. In jedem Falle versucht er, wieder zu seinem Versteck zu schwimmen, wo er sich am wohlsten fühlt. Deswegen kann es auch passieren, dass ein weit geflüchteter Lachs plötzlich kehrt macht und dem Boot entgegen-kommt. Dies führt gelegentlich dazu, dass beim Angler Hektik ausbricht, weil er nun gezwungen ist, so schnell wie möglich wieder Schnur auf die Rolle zu be-kommen, um mit dem Fisch in Kontakt zu bleiben. So lange man Schnurspan-nung zum Fisch hat und Druck ausüben kann, ist alles in Ordnung.

Eine weitere unangenehme Situation kann entstehen, wenn der Lachs in starker Strömung flussaufwärts flüchtet und in einem Höllentempo so viel Schnur von der Rolle abzieht, dass es allmählich Zeit wird, den Außenbordmotor anzulassen, um dem Lachs folgen zu können und auch, um wieder Schnur auf die Rolle zu bekommen. Dabei ist umsichtiges Vorgehen geboten! Beim Bewegen des Bootes flussaufwärts sollte man langsam fahren, damit der Kontakt zum Fisch nicht ab-reißt. In starker Strömung geht Sicherheit über alles, und deswegen ist es ange-bracht, sich im Boot hinzuknien und nicht zu stehen. Auch im Knien kann man den Drill eines Großlachses forcieren. Im übrigen wird es ein einheimischer Bootsführer auch nicht zulassen, ohne seine Einwilligung beim Drill eines Lach-ses im Boot zu stehen.

In den meisten Fällen beginnt ein großer Milchner eine Art »Stellungskrieg«, und wenn man die Tricks eines Milchners nicht kennt, wird der Lachs den »Schlagabtausch« zu seinen Gunsten entscheiden. Als alter und erfahrener Ein-zelkämpfer liegt ein Großmilchner nicht träge auf dem Flussgrund, sondern er versucht die ganze Zeit, den lästigen Köder loszuwerden. Dabei schlägt er mit dem Kopf auf Steine am Grund des Flusses oder versucht, den Köder irgendwo festzuhaken. Dann kann man im Sommer entlang des Flusses Sätze hören wie: »Ein Milchner hatte angebissen und zerstörte den Köder am Flussgrund. Solch ein Brocken ...!«

Einen Großmilchner sollte man nicht zu lange am Flussgrund toben lassen, son-dern so schnell wie möglich in Bewegung bringen. Auch ermüdet er am Fluss-grund nicht sonderlich, daher die Legenden von dreistündigen Drills und mehr. Ins Boot kann man eine gewisse Anzahl von Kieselsteinen mitnehmen, die man oberhalb des Fisches ins Wasser wirft. Wenn dies nicht fruchtet, greift man zu einem alten, effektiven Trick. Man schickt dem »Patriarchen« Post! Ein Stück Silberpapier, ein Streifen von einer Plastiktüte oder zur Not vom T-Shirt befestigt man mit losem Knoten an die Schnur und lässt dies mit Hilfe der Strömung vor die Augen des Lachses treiben. Jetzt schlägt die Stunde der Qualität des Materials! Der Lachs reagiert auf den Trick mit sichtlicher Panik und kann bei einer Flucht hunderte Meter Schnur von der Rolle abziehen.

Das Landen

Wenn alles gutgegangen ist und alle Tricks des Großlachses verbraucht sind, kommt die wohl kritischte Phase für den Lachsschleppfischer. In der Endphase des Drills sollte man das Boot unterhalb des Fisches, das heißt flussabwärts des Lachses positionieren. Wenn man zu zweit im Boot ist, ist die Aufgabe, den Lachs ins Boot zu bekommen, wesentlich einfacher als wenn man alleine ist. Am Teno wird bei Großlachsen fast ausnahmslos, entsprechend alter Tradition, das langstielige Gaff verwendet. Großzügig ausgelegte Kescher werden zwar immer im Boot mitgeführt, aber nur für Lachse bis ungefähr 10 kg angewendet.

Derjenige Fischer, der den Fisch gaffen soll, führt das Gaff nahe der Wasseroberfläche, aber nicht im Wasser. Oft genug ist es passiert, dass genau in dem Augenblick, in dem der Lachs gegafft werden sollte, er noch einmal mit letzter Kraft flüchten wollte und die Schnur sich ums Gaff wickelte. Die Folgen kann man sich vorstellen!

Der Lachs nähert sich langsam, die Flanke zeigend, mit der Strömung dem Boot. Beim Gaffen taucht man die Spitze ohne Zögern ins Wasser und zieht den Fisch zum Boot heran. Einen wirklich großen Lachs klemmt man dabei an die Bootsseite und schlägt ihn sofort mit einem kräftigen Fischtöter ab. Viele Angler gaffen einen Großlachs vom Kopf her, um wertvolles Fleisch zu schonen. Zu empfehlen ist das Gaffen aber unterhalb der Rückenflosse. Dort ist guter Halt und der Fisch ist beim Anheben im Gleichgewicht. Einen Großlachs sollte man am Gaffhaken erst abschlagen und dann zunächst auf den Bootsboden legen. Wenn man dies nicht tut, kann ein Lachs mit seiner gewaltigen Kraft im Boot Ruten zerbrechen, Köderkisten in den Fluss befördern und mit kräftigen Schwanzschlägen dem Angler blaue Flecke zufügen. Das schlimmste, was einem passieren kann, ist, dass er sich vom Gaffhaken löst und in sein Element zurück springt.

Jede geglückte Landung eines Lachses ist für einen passionierten Lachsfischer ein Grund zum Jubeln. Freudestrahlend kommt man zum Ufer, jede Müdigkeit ist verflogen und man umarmt jeden, der einem entgegen kommt. Rituale werden eingehalten, der Fisch wird gewogen und fotografiert. Nach unzähligen Fotos wird der Lachs fachgerecht versorgt und in einen Eiskeller gelegt. Dort bleibt er frisch und man kann in aller Ruhe überlegen, was man mit dieser kulinarischen Köstlichkeit machen will. In der Sauna schließlich wird alles nochmal durchlebt und den Schwitz-Kameraden haarklein berichtet ...

(Finnischer Originaltext von Harri Matikainen)

Jomppe – der König der Lachse

Jomppe ist erschöpft. Er hat eine tiefe, dunkle Untiefe gefunden, die seinem alten Versteck ähnelt, aber er fühlt sich unsicher. Wo ist der große Felsen, fragt er sich immer wieder und versucht, sich zu orientieren. Das Bewegen seiner riesigen Schwanzflosse bereitet ihm Schmerzen. Sie hatte sich am Unterlauf des Flusses in einem Netz verfangen und er konnte nur mit viel Glück und äußerster Mühe der Falle entkommen.

Jomppe weiß, dass er zur absoluten Elite unter den großen Lachsmilchnern des Teno gehört, zu den wenigen Auserwählten, die es auf ein Lebendgewicht von über 30 kg geschafft haben. Jomppe hat es durch seine Schlauheit und Zähigkeit geschafft, in die Riege derjenigen männlichen Lachse aufzusteigen, denen es zum dritten Mal gelungen ist, wieder in den Heimatfluss zum Laichen aufzusteigen. Jomppe ist ein Einzelkämpfer und hat bis zum jetzigen Zeitpunkt die gefährlichsten Abenteuer mit Bravour bestanden. Sein Leben ist kein Zuckerschlecken – es ist ein einziger Kampf ums Überleben; vom ersten Tage seines Daseins an. Sein Erbgut ist das des Eismeerlachses, des Atlantischen Lachses des Teno, des gewaltigen Grenzflusses zwischen Norwegen und Finnland.

Jomppe ist einer von den wenigen Lachsen, die all den Gefahren getrotzt haben, denen sie im Meer und im Fluss begegnet sind. Er hat sie gemeistert, oft auch mit Glück. Diese Erfahrungen haben ihn geprägt. Er ist vorsichtig geworden, äußerst vorsichtig und misstrauisch. Er kennt seinen Fluss in- und auswendig und weiß, wo und wann er aufpassen muss. Manchmal fragt er sich, warum er immer schlechte Laune hat und trauert den alten Zeiten nach, wo er mit seinen Altersgenossen die Stromschnellen hochjagte und vor Vergnügen hoch in die Luft sprang. Diese Zeiten sind längst vorbei und er ist mürrisch und aggressiv geworden. Er duldet niemanden in seiner Nähe und will nur noch seine Ruhe haben. Er hat nur noch ein Ziel – er muss sein Versteck finden. Er hat einen Termin, den er unbedingt einhalten muss. Niemand kann ihn aufhalten. Niemand wagt es, ihn herauszufordern. Seine uneingeschränkte Macht hat er sich hart erarbeiten müssen. Schon als Jungfisch setzte sich sein Überlebenswille durch. Mit seinen Altersgenossen fand er schließlich den Weg flussabwärts zu den unermesslichen Jagdgründen des Eismeeres.

Die Rückkehr über die gewaltigen Stromschnellen ärgert ihn, aber er kennt den einfachsten Weg, schont seine Kräfte. Er darf sich nicht verausgaben für sein Ziel, aber in kurzen Stromschnellen macht es ihm manchmal noch Spaß, den Halbstarken zu zeigen, wie man am schnellsten und ohne zuviel Energie zu verschwenden, die wilden Wasser überwindet.

Er kennt die Köder der Angler und macht sich manchmal den Spaß, die verdutzten Fischer zu ärgern. Er zeigt sich, präsentiert seine Größe und Mächtigkeit. So als wollte er sagen: »Mich kriegt ihr sowieso nicht«.

Jomppe hat sich nach seiner ersten Reise zu seinem Laichversteck geschworen, es beim nächsten Mal ruhiger angehen zu lassen. Immer mal wieder kurze Pausen einzulegen. Es gibt herrliche, tiefe Stellen am Teno, wo man es sich richtig gemütlich machen kann. Jomppe weiß aber auch aus Erfahrung, dass je schneller der Sommer voranschreitet, diese Stellen ungemütlicher werden und es auch zu Auseinandersetzungen kommen kann. Manche Schlacht hat er geschlagen und seine Machtstellung behauptet. Der Schwächere wird vertrieben und das hat ihm Spaß gemacht, aber es kostet Kraft. Nun ist er das Kämpfen leid, er will seine Ruhe haben und nicht gestört werden.

Am meisten nerven ihn diese blitzenden, wackelnden, lächerlichen und ominösen Objekte, die immer dann besonders nerven, wenn er seine Siesta hält. Er hat sich daran gewöhnt und versucht, sie zu ignorieren. Er wundert sich, dass sich manch ein Altersgenosse nicht beherrschen kann und auf diese Plagegeister hereinfällt. Obwohl er zugeben muss, dass er sich einmal so aufgeregt und die Nerven verloren hat, wofür er sich heute noch schämt. Ihm ist bewusst, dass ihm so ein Missgeschick aber nie wieder passieren darf.

Jomppe hat aus dieser Erfahrung seine Lehren gezogen. Dieser Fehler hat ihm beinahe das Leben gekostet. Er wundert sich heute noch, wie er auf diesen Trick hereinfallen konnte.

Jomppe hält damals gerade ein Mittagsschläfchen in seinem dunklen Versteck, als ihn irgendetwas berührt. Aus den Augenwinkeln sieht er etwas zitternd verschwinden. So etwas hat er noch nie gesehen und ist im Nu hellwach. Jomppe ist von Natur aus neugierig und so beschließt er, sich diese Geschichte näher anzuschauen. Er steigt langsam aus seinem Versteck. Aufmerksam schaut er nach vorne, kann aber nichts erkennen. Sein Seitenlinienorgan aber sagt ihm, dass sich da irgendetwas bewegt und näher kommt. Jomppe ist verunsichert und beginnt, sich vorsichtig rückwärts zu bewegen. Sein Misstrauen siegt über seine Neugier und er wartet erst einmal ab. Seltsam, von rechts vorne zittert auch etwas. Sind dies etwa …? Noch ist sich Jomppe unschlüssig, aber im selben Augenblick versuchen die Rivalen zu flüchten. Jomppe ist außer sich. Denen werde ich es zeigen, wer hier das Sagen hat, und er greift an. Mit mächtigen Schwanzschlägen stößt er nach vorne und packt sich einen Rivalen. Da durchfährt ihn am Unterkiefer ein stechender Schmerz. Im gleichen Augenblick wird ihm bewusst, dass er einen Riesenfehler gemacht hat. Die Spezialisten, natürlich, und das passiert mir alten Hasen, durchfährt es ihn, und er ist wie gelähmt.

Die Spezialisten, dass sind erfahrene Lachsfischer. Sie sind Meister im Beherrschen ihrer Boote und wahre Virtuosen des Schleppfischens. Sie fischen mit raffinierten, ausgeklügelten Wobblern, die handgefertigt sind und nur zu bestimmten Zeiten eingesetzt werden. Diese ganz speziellen Wobbler dienen nur einem einzigen Zweck: Sie sollen die großen Lachsmilchner und zwar die wirklich großen und über 20 kg schweren Milchner bis aufs Blut reizen und zum Anbiss verleiten.

Nach vielen Gesprächen an dunklen Winterabenden sind diese Wobbler entstanden. In Zusammenarbeit mit erfahrenen, einheimischen Lachsfischern machte sich der Wobblermeister ans Werk und versuchte Köder zu entwickeln, die in der Lage sind, alte, erfahrene Lachsmilchner um den Verstand zu bringen. Hat ein großer Lachsmilchner sein Laichversteck gefunden, beginnt er eine Art Stellungskrieg. Je länger er dabei im Fluss ist, umso mehr verändert sich sein Erscheinungsbild und sein Verhalten. Ihm wächst ein imposanter Laichhaken am Unterkiefer und sein Schuppenkleid verändert sich von silberfarben ins dunkeloliv/kupferfarben bis fast ins schwarze. Jeder Eindringling in sein Revier wird gnadenlos angegriffen und vertrieben. Dies sind meist kleinere, männliche Lachse, aber auch große Arktische Äschen sind nicht vor seinen Attacken sicher.

Der normale Angeltourist weiß meist nichts von diesen Superlachsen und kennt also auch nicht ihre Verstecke. Aber oft rudert und schleppt er seine Köder über diese Stellen und ahnt nicht, welche riesigen »Schätze« sich in den Untiefen verstecken.

Die Spezialisten haben Zeit, »lesen« die Natur im Rhythmus der Jahreszeiten. Sie wissen, wann es soweit ist. Sie sind aber hellwach und beobachten. Sie sehen das Eis, wie es bricht, wie es unaufhaltsam dem Eismeer entgegenfließt. Sie verfolgen das Hochwasser und merken sich die Stellen im Flussbett, die sich durch das Eis und das Hochwasser verändert haben. Alte Fangplätze verschwinden, neue entstehen. Sie registrieren dies und schleppen in Gedanken ihre Köder. Noch ist es nicht soweit. Die Natur verändert sich, der Sommer kommt über Nacht und die ersten Touristen treffen ein, wie auch die ersten Lachse, die flussaufwärts ziehen. Es sind große Lachse, die unterwegs sind, und die Spezialisten nehmen dies zur Kenntnis. Sie wissen, wohin diese Lachse wollen: Sie haben es eilig und sind nicht aufzuhalten. Sie wollen flussaufwärts, immer weiter und ohne Ruhepause, bis zu den Quellzuflüssen. Die Spezialisten haben keine Eile, sie warten, dass der Wasserspiegel sinkt, und die Wassertemperatur steigt. Sie warten, dass es ruhiger wird.

Es ist warm geworden am Teno, und die Sonne brennt vom tiefblauen Himmel. Sogar nachts scheint die Sonne. Mittsommerzeit, Touristenzeit. Der Sommer schreitet voran. Der Wasserspiegel ist so niedrig, dass die ersten Touristen heimfahren. Der Fluss wirkt apathisch, alles ist wie gelähmt. Bis eines Morgens ...!

Die Spezialisten sind vorbereitet. Sie präparieren ihre Schleppruten sorgfältig und mit Routine. Die Großlachswobbler kommen endlich zum Einsatz. Die Besonderheit dieser Wobbler ist ihre Farbgebung und ihre Laufeigenschaft. Die Farbgebung ist jetzt den Verhältnissen angepasst. Der Himmel ist bedeckt und auch am Tag ist es dämmrig. Es ist kühler geworden, besonders die Nächte sind so kühl, dass man zu warmen Overalls greift. Die Nächte sind dunkel, so dunkel, dass die Wobbler fast schwarz sein müssen. Am Tage wählen die Spezialisten tarnfarbene Wobbler, Farben, die den Beherrscher der tiefen Pools selbst am Besten kleiden. Am Ufer trimmen die Spezialisten ihre Köder mit äußerster Präzision und Geduld. Immer wieder wird im flachen Uferwasser die Laufeigenschaft der Wobbler in Augenschein genommen und die Kopföse mittels einer kleinen Zange, in die eine oder andere Richtung korrigiert. Das Ergebnis muss perfekt sein. Das Ergebnis ist erst perfekt, wenn der Wobbler ein Minimum an Bewegung erreicht hat. Kein seitliches Ausschwenken oder Tauchen in verschiedene Richtungen. Zittern muss er, wie das Zittern des Milchners beim Laichakt. Nicht mehr und nicht weniger.

Der stechende Schmerz in Jomppes Unterkiefer lässt nicht nach und Jomppe weiß, was die Stunde geschlagen hat. Er hat sich geirrt, einen fatalen Fehler begangen. Geschickt und misstrauisch ist er in den letzten Jahren den Verlockungen aus dem Weg gegangen. Auch Jomppe hat manchmal dieses starke Verlangen, nach appetitlichen Happen zu schnappen, die urplötzlich vor ihm auftauchen. Er kann sich erinnern, als kleiner Smolt dies noch getan und Unmengen an Insekten verspeist zu haben. Als Halbstarker hatte er oft ein starkes Bedürfnis, diese nervenden Objekte zu attackieren. Er kann sich dunkel daran erinnern, dies auch tatsächlich einmal getan zu haben. Es war dieses eine Mal und danach nie mehr. Es hatte weh getan, nur für ein paar Sekunden, aber Jomppe hatte sich fürchterlich erschrocken und schwor sich damals, dies nicht noch einmal zu probieren.
Jomppe fühlt, dass er etwas tun muss. Er fühlt Panik aufkommen und wird gleichzeitig immer wütender. Wütend auf sich selber und auf alle, die ihn nicht in Ruhe lassen können.
Er beschließt, den Kampf aufzunehmen und sammelt alle seine Kräfte. Mit Urgewalt stürmt er flussabwärts, dabei heftig mit dem Kopf schüttelnd, um dieses unangenehme Etwas aus seinem Maul loszuwerden. Nach hundert Metern

Flucht springt er mit voller Kraft meterhoch aus dem Wasser. Mit einer hohen Fontäne fällt er zurück in den Fluss und steuert auf eine ihm wohl bekannte Untiefe zu. Seine Wut steigert sich noch, aber Jomppe zwingt sich, klaren Kopf zu behalten. Immer noch verspürt er diesen kräftigen Zug von schräg oben, er legt seine ganze Kraft in die Waagschale. Unten am Flussgrund findet er die Steine und beginnt, seinen Kopf zwischen die Steine zu schieben. Mit starken Kopfbewegungen reibt er seinen Unterkiefer immer wieder an den Steinen und versucht, mittlerweile verzweifelter, den Wobbler loszuwerden.

Es klappt nicht, was soll ich tun? Ich brauch Sauerstoff, meine Kraft lässt nach, denkt Jomppe verzweifelt nach. Im selben Augenblick erschrickt er sich fast zu Tode. Urplötzlich erscheint vor seinem Auge ein blitzendes Etwas und Jomppe flüchtet mit der Kraft eines Güterzuges flussaufwärts. Links über ihm huscht ein Schatten vorbei. Dort sitzen meine Peiniger, durchfährt es ihn blitzschnell und er steigert noch sein Tempo. Der Zug in seinem Kiefer ist enorm und Jomppe lässt sich gefährlich nahe ans Boot ziehen. Plötzlich bemerkt er einen Schatten und etwas trifft ihn am Rücken. Ich war zu nahe, ich muss flüchten mit aller Kraft, realisiert er geschockt – und ist im gleichen Moment

Welcher Wobbler soll es sein? Großes Beratschlagen am Lagerfeuer. Wobblermeister Leo Juntunen (Mitte), Bootsführer Petteri Bogdanoff (rechts) und Autor.

Foto: Hannu Räisänen

frei. Jetzt aber nichts wie weg, jubelt Jomppe und wird sich bewusst, dass er großes Glück hatte. Ausgepumpt erreicht er eine dunkle Untiefe und bewegt sich keinen Millimeter mehr.

Oben im Boot sitzen zwei Schleppfischer und können nicht begreifen, dass sie soeben den Lachs ihres Lebens verloren haben. Sie waren sich ihrer Sache sicher, zu sicher.

Eigentlich haben sie alles richtig gemacht. Beide sind ausgesprochene Großlachsspezialisten und haben schon etliche Lachsmilchner über 20 kg auf die Schuppen gelegt. Sie kennen ihren Fluss und wissen, wann es sich lohnt auf die »Pirsch« zu gehen. Sie haben sich entschieden, es mit vier Ruten zu probieren und wählen mit Sorgfalt ihre Köder. Die Wahl fällt auf drei Wobbler, wobei zwei von den Wobblern auch auf dem Rücken einen starken Haken aufweisen. Der vierte Köder ist eine große, klassische Lachsfliege: die Green Highlander, die besonders in hellen Morgenstunden schon oft ihre Fängigkeit bewiesen hat.

Als sie zu der Stelle kommen, an der jedes Jahr im August ein großer Milchner sein Versteck verteidigt, sind sich die beiden Spezialisten nicht sicher, ob jemand »zu Hause« ist. In den vergangenen Tagen haben sie die Stelle beobachtet, aber niemand zeigte sich. Normalerweise, das wissen beide aus Erfahrung, zeigt sich ein Milchner, wenn er sein Laichrevier gefunden hat, dann und wann an der Oberfläche. Jetzt haben sie nur so ein Gefühl und nähern sich langsam und mucksmäuschenstill der Untiefe. Hinter der Untiefe beginnt es flacher zu werden und ein Milchner mag es nicht, sich im flachen Wasser aufzuhalten. Aus diesem Grund bewegen die Spezialisten das Boot langsam entlang der Untiefe, um den Milchner zu reizen und zu einem Angriff zu verleiten. Jomppe ist ihnen kein Unbekannter. Sie haben die Vermutung, dass Jomppe schon sein Versteck bezogen haben muss. Sie sind sich sicher, dass Jomppe sich wieder auf die lange Reise hierher gemacht hat. Schon letztes Jahr wurde deutlich, dass Jomppe einer der größten Lachse ist, die jemals an dieser Stelle ihr Revier bezogen.

Sie wissen, dass Jomppe der härteste Gegner sein wird, den sie jemals am anderen Ende der Schnur hatten. Für alle Fälle haben sie diesmal zwei Wobbler an die Schnur geknüpft, die es Jomppe besonders schwer machen sollen zu entfliehen. Da Lachsmilchner, je länger sie im Fluss sind, einen imposanten Laichhaken entwickeln, entsteht zwischen Unter- und Oberkiefer ein mehr oder weniger großer Spalt. Auf dem Rücken spezieller Wobbler sind starke Haken integriert, die es diesen Milchnern besonders schwer machen sollen loszukommen, wenn sie in ihrer Wut auf den Köder beißen.

Der Bootsführer umfasst die Rudergriffe fester und erhöht in der Wendung sichtlich das Tempo seines Kahns. Im selben Augenblick bemerkt er, dass sich an einer seitlichen Rute die Schnur langsam zur Uferseite hin bewegt.

»Er ist doch zu Hause«, flüstert Jouni. »Pass auf, gleich geht der Tanz los!« ruft er seinem Cousin zu, der sichtlich irritiert zur falschen Seite schaut. Einen Atemzug später fängt die Bremse der Multirolle an, den Ton zu erzeugen, auf den die Fischer tagelang gewartet haben. Mit sichtlicher Mühe greift sich der Rutenmann die Rute, an der der Lachs kämpft, und der Bootsführer kurbelt die übrigen Köder in Windeseile ins Boot. Noch wissen die Spezialisten nicht, mit wem sie es zu tun haben, aber nach einer Flucht von hundert Metern zeigt sich Jomppe beeindruckend in seiner ganzen Größe.

»Es ist Jomppe, der König, der alte Herr, mindestens 30 kg!«, schreit Esa, der die Rute hält. Cousin Jouni schaut ihn nur grimmig an und schreit zurück. «Halt die Spannung, er geht auf Grund!«. Jouni ahnt, was Jomppe vorhat und macht sich Sorgen.

»Er hat den falschen ...«, versucht er Esa zu erklären. Der aber schaut flussabwärts und hält mit sichtlicher Anstrengung die zum Halbkreis gebogene Rute. »Er hat den falschen Wobbler genommen!«, versucht es Jouni noch einmal. »Die Haken sind stark!«, ächzt Esa zurück, aber auch ihm ist nicht ganz wohl bei dem Gedanken, dass der alte Bursche vielleicht nur an einem Haken hängen könnte. Der riesige Lachs rührt sich nun nicht mehr von der Stelle und Esa bemerkt die eigenartigen Bewegungen.

»Er versucht die Haken zu lösen, wir müssen was tun!«, ruft er Jouni zu und der weiß sofort, was zu tun ist. Er greift zu seiner Zigarrettenschachtel und löst das Silberpapier. »Dreh die Rute zu mir, ich muss an die Schnur!«, und beugt sich nach vorne. Esa versteht nicht und schaut Jouni verwundert an. »Gib schon her, vertrau mir. Wir schicken dem König Post!«, erläutert Jouni jetzt ruhig und bindet das Silberpapier an die Schnur. »Lass es in die Strömung und unter Wasser, beeil dich.« Esa begreift schließlich. Der alte Trick, natürlich, es muss funktionieren.

Große Lachsmilchner haben für die, die ihnen nachstellen, die unangenehme Angewohnheit, sich nach einer ersten kraftraubenden Flucht in einer Untiefe auf Grund zu legen und keinen Millimeter mehr zu bewegen. Oft suchen sich Großlachse auch Stellen mit großen Steinen am Boden, mit der Absicht, sich von den lästigen Haken zu befreien. Mit heftigen Kopfbewegungen scheuern sie an den Steinen oder auch unmittelbar am kiesigen Flussgrund.

Der größte Fehler, den der Angler im Boot jetzt begehen könnte, wäre es, mit Gewalt zu versuchen, den Lachs aus seinem Versteck zu ziehen oder zu zerren.

Die richtige Lösung heißt: mit gebogener Rute abwarten. Früher oder später wird sich der Lachs wieder in Bewegung setzen. Die Länge der Wartezeit hängt von der Größe des Fisches ab und mit Hilfe eines Tricks kann man die Wartezeit entscheidend verkürzen. Unten am Grund sammelt der Lachsmilchner Kraft, und auch die Gefahr, dass sich die Haken lösen, besteht die ganze Zeit über. Es muss immer im Interesse des Fischers sein, den Lachs in Bewegung zu halten. Denn dann, und nur dann, ermüdet auch ein kräftiger und schwergewichtiger Lachs.

Wenn nun der Kontrahent sich in den Kopf gesetzt hat, sein Versteck unter keinen Umständen zu verlassen, dann greift man zu einem alten, aber wirkungsvollen Trick – man schickt dem Widersacher »Post«! Dazu knüpft man, wie bereits erwähnt, ein Stück Silberpapier von einer Zigarettenschachtel, ein Stück von einer Plastiktüte oder ähnliches, an die Schnur und lässt diese »Botschaft« mit der Strömung zum Fisch hinunter. Es dauert nicht lange und die Bremse der Multirolle wird wieder das Geräusch verursachen, das in den Ohren eines Lachsfischers wie Musik klingt. Die Nachricht ist beim Lachs angekommen und erzeugt beim unten am Grund stehenden Fisch eine heillose Panik. Nicht selten flüchtet der Großlachs mit unbändiger Kraft flussaufwärts und zieht in einer Flucht 50-100 m Schnur von der Rolle. Meistens vergeudet er auf so einer panischen Flucht seine letzten Kraftreserven. Wenn er gut gehakt ist, dauert es dann auch nicht mehr allzu lange, bis er an die Seite des Bootes geführt werden kann.

Jouni und Esa halten den Atem an. Vor lauter Spannung hat sich auch Esa hingesetzt und hält die gebogene Rute mit beiden Händen umklammert. Beide schauen gebannt auf die in ungefähr 20 m Entfernung vom Boot in die Tiefe führende Schnur. Die hochspannende Situation am Aittisuvanto-Pool ist nicht unbemerkt geblieben. Am Ufer haben sich Zuschauer eingefunden, die sichtlich erregt die Situation auf dem Fluss verfolgen. Auch oberhalb des Bootes der Cousins hat eine Bootsbesatzung den Drill bemerkt und zieht es vor, ans Ufer zu rudern, um von dort aus das Geschehen zu verfolgen.

Jouni rudert derweil flussaufwärts, um nicht zu weit abzutreiben. Beide Fischer starren in Richtung der äußerst gespannten Schnur. Jeden Augenblick ist damit zu rechnen, dass der Lachs sich wieder in Bewegung setzt.

»Wenn er weit flussaufwärts flüchtet, gebe ich dir die Rute und lass den Motor an, um ihm ...«, flüstert Esa Jouni zu, aber weiter kommt er nicht. Urplötzlich zischt die Schnur auf das Boot zu. Beide sehen die Rückenflosse und Jouni schnappt sich blitzschnell das Gaff. Er versucht den im vollen Tempo neben dem Boot schwimmenden Lachs zu gaffen und trifft auch den Rücken des riesigen Tieres. Aber das taucht ab und schwimmt mit ungeheurer Kraft flussaufwärts.

Die Bremse der Multirolle singt in den höchsten Tönen, und die Rute in Esas Händen ist beängstigend stark gebogen. »Jetzt ist er wütend!«, schreit er Jouni zu. Esa wirft Jouni einen missbilligenden Blick zu, denn der Gaffversuch war viel zu früh, und manchmal bekommt man nur diese eine Chance, einen Großlachs zu gaffen. Jouni verzieht keine Miene und schaut staunend der flussaufwärts zischenden Schnur hinterher.

»Gib mir die Rute und lass den Motor an«, brummt er und beugt sich schon nach vorne, um die Rute in Empfang zu nehmen – da passiert es! Wie in Zeitlupe lässt die Biegung der Rute nach und es passiert das Schlimmste, was in diesem Augenblick geschehen konnte.

»Er ist vom Haken los!«, presst Esa tonlos hervor. »Er hat sich befreit!«, stammelt Jouni ungläubig. Auf dem Fluss herrscht unwirkliche Stille. Auch am Ufer sagt keiner der Zuschauer ein Wort. Esa hält die Rute immer noch mit weißen Fingerknöcheln fest und kann seinen Blick nicht von der Stelle lösen, an der er den Lachs zuletzt sah. Mit bleichen Mienen fahren sie ans Ufer und begutachten den Wobbler. Einer von den an der Bauchseite angebrachten Drillingshaken ist tatsächlich aufgebogen. Der Großlachs war nur an einem Haken gehakt und dieser hatte nachgegeben. Groß ist das Erstaunen von Esa und Jouni, aber gleichzeitig empfinden sie auch einen uneingeschränkten Respekt vor der gewaltigen Kraft dieses so imposanten und erfahrenen Lachsmilchners.

Jomppe erkennt den mächtigen Felsen wieder, der in all den Jahren auch von dicksten Eisschollen nicht verschoben wurde. Direkt hinter dem Felsen am Flussgrund ist durch die Rückströmung des Wassers eine ideale Untiefe entstanden, die Jomppe als hervoragendes Versteck dient. Auch ein Bacheinlauf befindet sich in unmittelbarer Nähe zu seinem Versteck und spendet frischen Sauerstoff.

Jomppe hat es geschafft. Er hat sein Laichrevier gefunden und hat jetzt nur noch eine Aufgabe – er wartet. Er wartet auf einen großen Rogner. Er wartet auf sein Lachsweibchen. Dann ist sein Lebenswerk erfüllt. Jomppe weiß, dass dies seine letzte Reise zu seinem Laichrevier war. Aber er ist zufrieden und taucht hinunter zur tiefsten Stelle am Flussgrund. Jomppes Reise ist fast zu Ende und in wenigen Wochen beginnt der Kreislauf des Lebens von vorne. Im nächsten Sommer wird ein anderer großer Lachsmilchner seinen Platz einnehmen. Auch der mächtige Felsen wird wieder das Laichrevier beschützen, wie wohl schon seit tausenden von Jahren ...

Pekkas Kampf mit einem Milchner

Eingefügt sei an dieser Stelle eine kleine und erfolgreiche Angler-Geschichte, verfasst von meinem Freund Matikainen, die er zusammen mit Pekka Pöyhtäri erleben durfte.

Wobblermeister Pekka Pöyhtäri ist ein begeisterter Lachsfischer. Den Teno aber hat er bisher erst wenige Male besucht. Diese wenigen Male aber hatte er mit mir im Boot verbracht, und ein paar Lachse hatten wir auch schon überlisten können. Großlachse waren noch nicht dabei, doch das sollte sich ändern ...

Mit Pekka fischten wir im vorigen Sommer am Aittisuvanto-Pool, wo wir auch einen schönen Lachs von 9 kg zur Wiegestelle brachten. Also begannen wir auch in diesem Sommer unsere ersten Fischzüge dort am berühmten Aittisuvanto, ohne viel Erwartungsdruck, denn Lachse waren zwar im Fluss, aber auf Grund des langezogenen und tiefen Pools nicht sehr einfach an die Haken zu bekommen. Nach zwei Versuchen entschieden wir uns, den Abend bei ein paar Saunagängen ausklingen zu lassen und an neuen Strategien zu feilen.

»Morgen machen wir eine Marathontour, nehmen jede Menge Proviant mit und rudern vom Aittisuvanto bis Sirma. Von dort hört man gute Nachrichten und du siehst auch ein bisschen von der Landschaft, ist das okay?«, sagte ich zu Pekka. »Ja, warum nicht, du kennst dich doch aus hier!«, kam prompt die Antwort.

Nun gut, der Saisonbeginn war vielversprechend; etliche über 10 kg schwere Lachse konnte ich schon überlisten, die Chancen auf Großlachse waren nicht schlecht. Mit diesen Gedanken nahmen wir eine Mütze voll Schlaf, um uns ausgeruht in neue Angelabenteuer stürzen zu können. Am nächsten Morgen belebte ein kräftiges Frühstück unsere Sinne und wir waren bereit für unsere 28 km lange Marathontour.

Wir nahmen uns vor, die bekannten Hot Spots unter die Lupe zu nehmen und dann langsam mit der Strömung Fahrt aufzunehmen, nicht so gute Stellen zu passieren, im Boot eine Kleinigkeit zu essen und die Landschaft auf uns einwirken zu lassen.

Pekkas Frau fuhr uns zum Aittisuvanto, wo wir uns sofort mit der Ausrüstung und den wohl passenden Ködern beschäftigten. Pekka hatte neue Beggarmuster mitgebracht, und beim Testen im Uferwasser bemerkte ich sofort die interessanten Laufeigenschaften der neuen Wobbler. Nur ein leichtes Vibrieren und kurzes Ausscheren nach links oder rechts – genau wie es in diesem Sommer sein sollte. Ich war sehr zufrieden!

Pekka verabschiedete sich von seiner Frau mit der Bemerkung, dass er dann später von Sirma anruft. Es würde ein langer Trip werden und sie könnte sich einen schönen Tag machen. Dann heulte auch schon der Yamahamotor auf und wir waren auf dem Weg zu neuen Abenteuern.

Wir probierten die Utskoski-Stromschnellen, dann Palosuvanto und näherten uns Lossisuvanto, ohne nennenswerte »Action«. Weitere Petri-Jünger hatten wir noch nicht ausgemacht, lediglich ein Boot sahen wir, dass sich an der norwegischen Uferseite in die enge Karnjarga Rinne schob. Sechs Wobbler waren bei der Arbeit und weit draußen eine pinkgraue kleine Fliege, die in diesem Sommer schon viele Lachse interessiert hatte.

Kaum passierten wir die alte Floßstelle, als die Fliege gepackt wurde. Zwei kräftige Ruderschläge flussaufwärts und der Fisch hing am Haken. Pekka bekam zu tun, kurbelte die übriggebliebenen Köder ins Boot und nahm die Rute mit dem Lachs in die Hand. Der Fisch kam relativ schnell an die Seite des Bootes und wir erkannten einen vielleicht 4 kg schweren Lachs. Ein wahrlich guter Speisefisch, also den Kescher in die Hand. Problematisch war nur, dass zwei, drei Wobbler sich im Kescher verfangen hatten und ich alle Hände voll zu tun hatte, sie zu lösen. Derweil kurvte der Fisch um das Boot und als ich endlich bereit war, den Lachs zu keschern, war alles zu spät. Der Lachs sprang und weg war er.

»War wohl doch nicht so gut gehakt!«, meinte Pekka etwas geknickt, aber es half alles nichts. Schnell vergessen und weitermachen.

Die Stunden vergingen, nichts passierte. Wir bestaunten die Landschaft, alles war ruhig, aber irgendetwas lag in der Luft – eine seltsame Stimmung. Mittlerweile hatten wir Vetsikko erreicht, fuhren ans Ufer und wechselten die Köder, andere Farben, vielleicht hilft es. Uulasuvanto: nichts; auch die berühmte Kalgukoski-Stromschnelle: nichts.

»Lass uns mal bei Yläpeura die norwegische Rinne probieren, die Vääräkoski-Stromschnelle lassen wir mal aus!«, rief ich nach vorne. Gesagt, getan. Die Stelle wird selten befischt, aber schon oft genug wurden an dieser Stelle große Lachse gehakt, dachte ich und steuerte die Stelle an. Die kleinen Beggarwobbler waren ideal für das flache Gewässer, aber die Fliege kam jetzt nicht zum Einsatz. Lange dauerte es nicht und oberhalb einer Bachmündung verneigte sich eine Rute – na also, ein Grilse nahm den Wobbler und der Tag war gerettet. Schnell ein paar Fotos – und schon wieder nahm ein Grilse den gleichen Wobbler wie zuvor. Der Kescher war wieder im Einsatz. Um das Abendessen brauchten wir uns keine Sorgen mehr zu machen. Ein schneller Blick auf die Uhr. Das Ende unserer Marathontour näherte sich. Kurz probierten wir noch Palonuora und Sirma, ohne Erfolg. Das war's dann für den Tag.

Ein klein wenig darf bei einem Erfolg gefeiert werden, wenn es sich auch nur um zwei kleine Lachse handelte. Aber Lachs ist Lachs und wir stießen auf den tollen Tag an. »Kippis und Glückwunsch!«

Sirmas Silberbarren
Am nächsten Morgen hatte sich das Wetter geändert und es roch geradezu nach Großlachs. So ein richtig großer Milchner, das wärs doch jetzt, dachte ich und nahm einen wundervollen Geruch von gebratenem Lachs aus der Küche wahr. Kein Geruch von einem Großlachs, aber vielleicht würde sich dies ja noch im Laufe des Tages ändern.

»Heute bleiben wir den ganzen Tag in Sirma, heute fischen wir dort die Hot Spots präzise und mit Erfolg, du wirst sehen. Grillwurst nehmen wir nicht mit, nur belegte Brote und etwas zu trinken, zum Grillen werden wir nicht kommen«, sagte ich zu Pekka schon etwas aufgeregt. Irgendwie hatte ich es eilig. Pekka verpackte den Proviant und vergass auch nicht das Wichtigste – »Energiegetränke« für den Ruderer und zum krönenden Abschluss auch ein paar Flaschen Bier für später.

Am Ufer angekommen überlegten wir sorgfältig, welche Farbgebung die Wobbler heute haben müssten, und entschieden uns für zwei neue 55 P-Modelle von Pekkas kleinen Beggarwobblern.

Irgendwie hatte ich das Gefühl, dass heute in Sirma Lachse unterwegs sind und so fuhren wir nur ein kurzes Stück flussaufwärts. Der Eisbruch hatte im Frühjahr eine neue Kiesbank mitten im Strom geschaffen und ich beschloss, ab dort die Suvikoski-Stromschnelle zu befischen. Auf dem Fluss waren keine Boote zu sehen, keine Touristen und keine Einheimischen, ein Glücksfall für uns.

Ich ruderte mit größter Sorgfalt die bekannten Stellen, erklärte meinem Gast die wichtigsten Spots. Gute Stellen gibt es viele und jede hat ihre eigene Geschichte. Ich musste nicht einmal übertreiben, denn ich kannte die Stellen gut und war in den vergangenen Jahren oft mit Blanklachsen verwöhnt worden. Wir näherten uns langsam dem bekannten Sirmakivi-Stein und ich überlegte, von welcher Seite ich die Köder an dem Brocken vorbeiführen sollte. Früh in der Saison hatte ich etliche Lachse unterhalb des Steines gefangen, in der Nähe einer Kiesbank, so dass ich mich entschied, die tiefe Rinne auf der finnischen Uferseite zu probieren. Also mit großem Tempo an den Rand der Rinne, dann mit dem Boot seitlich an ihrer Kante vorbei, so dass die Köder direkt vor den Augen der Lachse erscheinen und dies ziemlich plötzlich. Als ich die Kante erreichte, ruderte ich mit aller Kraft auf der Stelle. Die starke Strömung ließ die

Köder wunderbar arbeiten und schon passsierte es – eine Rute auf der rechten Bootsseite verneigte sich zum Halbkreis! Die Ambassadeurrolle kreischte bedrohlich und ich versuchte, den Lachs mit ein paar kräftigen Ruderschlägen flussaufwärts zu haken.

»Jetzt haben wir einen richtigen Lachs am Haken, der ist größer …!«, ächzte ich. »Hol schnell die Köder ins Boot, dann geht der Tanz los!«, rief ich Pekka zu, der aber schon bei der Arbeit war.

Der Fisch zog mit aller Macht Schnur von der Rolle, es zischte nur so. Ich versuchte das Boot auf der Stelle zu halten, denn unterhalb von uns drohte die Sirmastromschnelle. Der Lachs flüchtete rasant um das Boot, zog immer wieder mehrere zehn Meter Schnur von der Rolle, ein Prachtbursche! Aus den Augenwinkeln sah ich plötzlich am Ufer aufgetauchte Zuschauer, die unseren Kampf verfolgten.

»Den dürfen wir jetzt nicht verlieren, wir haben Zaungäste!«, witzelte ich Pekka zu. Pekka schaute zum Ufer und sein Gesicht verriet plötzlich Anspannung. Kein Wunder, wir hatten einen großen Lachs am Haken – und auch noch mit Pekkas eigenem Wobbler gehakt. So war der Arme nervös und nicht zu Scherzen aufgelegt. In seinen Augen glühte der unbedingte Wille, diesen Lachs zu fangen. Vollgepumpt mit Adrenalin verfolgte er die Fluchten des Fisches, der seinen Wobbler, einen neuen Beggar in leuchtenden Farben, genommen hatte. Aber wie gut er gehakt war, wussten wir noch nicht. Auf jeden Fall ein Lachs über 10 kg, dachte ich mir. Wenn wir ihn doch mal zu Gesicht bekommen könnten, dann wüssten wir mehr. Pekka drillte ihn langsam näher, aber der Lachs zog jedesmal wieder davon, ein Kampf auf Biegen und Brechen. Es waren schon zehn Minuten vergangen und wir näherten uns die ganze Zeit der Stromschnelle. Panik hatte ich nicht, aber es bestand die Gefahr, dass der Lachs in die Nähe der Netzpfosten im Fluss stürmen würde. Auch die Möglichkeit, dass er in das Flachwasser flüchtete, war immer noch gegeben. Das wäre wirklich gefährlich, denn dort könnte das Boot auf Steine treffen und umkippen. Aber wir hatten zwei Paar Ruder an Bord, so das wir zusammen in tieferes Gewässer rudern könnten. Alleine wäre dies wesentlich schwieriger.

Der Lachs hatte nun genug von seinen langen Fluchten und kreiste um das Boot. Dann sahen wir ihn zum ersten Mal – jetzt war klar, dass wir einen schweren Burschen am Haken hatten! Der Wobbler saß tief und fest in der Maulspalte, so dass ich frohlockte: »Dieser Fisch ist unser, aber nicht nachlassen. Drill ihn weiter, mach Druck, vom Haken kann er ncht mehr los!«, spornte ich Pekka aufgeregt an. Pekka ließ sich das nicht zweimal sagen und verstärkte den Druck. Dies blieb nicht ohne Wirkung auf den Fisch, und er zeigte zum erstenmal seine Seite, er kippte, ein sicheres Zeichen, dass er am Ende seiner Kräfte war.

Lohn der Mühe!   Foto: *Harri Matikainen*

»Okay, jetzt führ ihn mit der Strömung an die Seite des Bootes, so das ich ihn gaffen kann, ja, genau so!«, rief ich Pekka zu. Beim ersten Versuch war der Fisch noch zu weit weg, aber dann gelang es mir, den Lachs mit Schwung in das Boot zu befördern. Die am Ufer stehenden Zuschauer hatten genug gesehen und brausten mit ihren Autos auf der Uferstraße davon. Vielleicht hatten sie es jetzt verdammt eilig, es uns nachzumachen.

Wir jedenfalls hatten einen richtig großen Lachs im Boot – ein fantastischer Silberbarren, gerade erst aus dem Meer aufgestiegen und in bester Kondition. Ein Milchner, ein Tenolachs wie aus dem Bilderbuch! Wir fuhren zum Ufer zurück und stiegen stolz aus dem Boot. Etwas zittrig war uns beiden noch zumute, das Abenteuer hatte Spuren hinterlassen. Aber dieser Fisch war unser, den konnte uns keiner mehr nehmen!

Zugabe

Mit vereinten Kräften wogen wir den Lachs. Die Digitalwaage zeigte genau 11,3 kg, daran war nicht zu rütteln. Pekkas neuer Lachsrekord am Teno und das mit seinem Wobbler. Die Freude konnte nicht schöner sein.

Wir hatten noch Zeit bis uns Pekkas Frau abholen würde und so wollten wir noch einen Versuch wagen Die Chancen standen nicht schlecht, dass ein Schwarm unterwegs war. Schnell schossen wir ein paar Fotos, versorgten den Fisch, legten ihn in einen Jutesack und in einen kleinen Bergbach. Dort würde er schön frisch bleiben bis zum Abtransport.

Wir fingen sofort an zu fischen, ohne den Außenborder anzulassen, mit den gleichen Ködern wie bisher. Wir probierten die gleiche Stelle wie vor ein paar Stunden, diesmal ohne Erfolg. Aber ich hatte noch ein paar »Joker im Ärmel«, so lockte zum Beispiel auf der norwegischen Seite, vor den Kiesbänken, der sogenannte »Patomonttu«, ein tiefer Gumpen. Die Rute auf der linken Bootsseite verneigte sich sofort als wir die Stelle erreichten. Nicht zu fassen, wir hatten wieder einen Lachs am Haken, und das Prozedere begann von vorne. Der Fisch nahm einen braun-roten Beggarwobbler und sprang sofort in die Luft. »Der ist etwas kleiner, aber das macht nichts, oder?«, lächelete ich Pekka an. Pekka grinste über alle Backen und holte die übrigen Köder ins Boot. Es dauerte auch nicht lange und der Fisch war reif zum Keschern. Alles funktionierte wie aus dem Lehrbuch und mit Schwung kescherte ich den schönen Grilse in das Boot.

»Ich glaube, es reicht für heute, sonst haben wir bald kein Getränk mehr zum anstoßen!«, lachte Pekka und ich stimmte ihm zu. Ich ließ den Außenborder an, und wir rauschten mit hohem Tempo zurück zu unserem Lagerplatz am Ufer. »Das Boot bewegte sich wirklich sehr leicht in der Strömung. Vielleicht weil wir so gut gelaunt waren, oder?«, lachte mir Pekka zu und ich lachte zurück. »Okay, jetzt nochmal wiegen und den Fisch versorgen. Wir haben noch Zeit, da können wir noch ein paar Würste grillen, bevor deine Frau kommt!«, bemerkte ich und fing an, den Fisch zu versorgen, der nicht der größte war, aber mit 2,5 kg doch für ein prächtiges Abendessen sorgen sollte. Aus dem Grillen wurde nichts. Die Würstchen hatte ich ja in der Hütte liegen lassen ...

Abends beim Saunagang ließen wir noch einmal den Tag Revue passieren und stellten fest, dass wir von insgesamt sechs Lachsen vier mit Pekkas Beggarwobblern gefangen hatten und auch noch mit den neuen Mustern. Ich kann den nächsten Sommer kaum noch erwarten, um neue Beggarwobbler testen und mit einem neu gewonnenen Freund neue Abenteuer am Teno in Angriff zu nehmen. »Kippis und herzlichen Glückwunsch!«

»Großwildjagd« am Teno

Eine wahre Geschichte über den Fang eines Großlachses am Teno

Mein Freund Esa Karpoff schrieb diese Geschichte an einem eiskalten und dunklen Winterabend.

Um vier Uhr in der Früh schau ich aus dem Fenster und zu meiner Erleichterung ist der Himmel wolkenverhangen. Endlose zwei Wochen hat die Sonne vom stahlblauen Himmel heruntergebrannt. Für die Lachsfischer geht nun eine problematische Zeit zu Ende. Die Wasser- und Lufttemperaturen bewegen sich schon in einem kritischen Bereich. Insbesondere die hohe Wassertemperatur von mehr als 20 °C macht den Lachsen arg zu schaffen, aus diesem Grund verhalten sie sich passiv. Die frisch aufsteigenden Lachse bevorzugen kühle Temperaturen, weshalb stärkere Regengüsse von den Lachsfischern immer sehnsüchtig erwartet werden. Nach langen Trockenperioden bewirkt das Steigen des Wasserstandes für die wanderlustigen Lachse immer eine Art Startschuss – sie werden wieder aktiv.

Anders sieht es bei den standorttreuen Großlachsen aus. Diese männlichen Lachse, die Milchner, haben, je weiter der Sommer voranschreitet, in der Regel schon ihre Laichreviere gefunden. Dort betreiben sie eine Art »Stellungskrieg«. Je näher die Laichzeit rückt, desto nervöser und aggressiver werden sie. Jeder Eindringling ins Revier wird gnadenlos verjagt – jetzt beginnt auch für den Großlachsexperten unter den Anglern eine spannende und interessante Zeit. Große Milchner haben die Angewohnheit, sich bisweilen an der Wasseroberfläche zu zeigen und verraten dabei ihren Standplatz. Dem aufmerksamen Schleppfischer entgeht dies nicht, er wird sich eine wohlüberlegte Schlepptaktik mit den passenden Ködern zurechtlegen.

Mein Cousin Jouni und ich wissen, dass sich im Aittisuvanto-Becken schon seit längerer Zeit ein großer Milchner in seinem Versteck aufhält, und so haben wir verabredet, an diesem Morgen zu probieren, ihn zu ködern.

Nachdem ich so leise wie möglich aus dem Bett gestiegen bin, um meine Frau und meinen kleinen Sohn nicht zu wecken, setze ich Kaffee auf. Jouni ist pünktlich, auch er zeigt sich erfreut über den Wetterwechsel. Hastig schlürfen wir den heißen Kaffee und feilen an der Taktik. Das Jagdfieber hat uns gepackt und wir verstauen unser Material ins Auto. Am Aittisuvanto-Pool studieren wir sorgfältig unsere sechs Wobblerkisten. Aus hunderten von Wobblern die passenden fünf für ebenso viele Ruten auszuwählen, ist ein schwieriges Unterfangen. Die Größe der Köder ist nicht so entscheidend, aber Farbgebung und

Laufeigenschaft müssen auf die jeweiligen Verhältnisse abgestimmt werden. Bei der wichtigsten Rute, die direkt am Außenbordmotor vorbeiführt, entscheiden wir uns für einen äußerst erfolgversprechenden Wobbler. Ich schaue mir genauestens einen grau gefärbten LJ-Wobbler an und tatsächlich verschmilzt seine Farbe genau mit den Farben des wolkenverhangenen Himmels. Für einen Augenblick versetze ich mich in die Lage eines Großmilchners, und die Wahl ist im gleichen Augenblick getroffen. Bevor es losgeht, teste ich noch die Laufeigenschaften unserer ausgewählten Wobbler und mittels einer kleinen Zange, bewege ich das Öhr am Kopf des Gebindes in die gewünschte Richtung.

Bevor wir die Ruten in die Halterungen an den Bootskanten befestigen, überprüfen wir noch die Spitze des Gaffs und stellen sicher, dass auch ein Fischtöter an Bord ist.

Wir lassen das Boot zu Wasser. Jouni sitzt an den Rudern und ich kümmere mich um die Ruten. Kein Boot ist oberhalb von uns zu sehen, und so beschließen wir den Motor gar nicht erst anzulassen, sondern sofort die Köder ins Wasser zu lassen. Wir beide haben das Gefühl, dass heute der Tag gekommen ist, auf den wir den ganzen Sommer gewartet haben.

Schon seit Jahren »regiert« ein deutlich über 20 kg schwerer Milchner eine bestimmte Untiefe nahe des norwegischen Ufers. Im Laufe der Zeit hat sich herausgestellt, dass es immer wieder die gleiche Stelle ist, an der sich meistens schon im Frühsommer ein großer Lachs einfindet. Die Sache hat einen Haken – er ist sehr schwer zu überlisten! Viele Drillingshaken sind von ihm aufgebogen und manch ein Blinker unbrauchbar zerbissen worden. Lang sind die Warteschlangen im Spätsommer am Startplatz des Aittisuvanto-Pools im oberen Stromschnellenbereich, um Jagd auf diesen legendären »Kämmenkivi«-Milchner zu machen. Einen Großlachs zu fangen ist kein Fischen auf Grilse, sondern richtige »Großwildjagd«.

Wir nähern uns langsam der besagten Stelle unmittelbar am norwegischen Ufer. Die markante Gesteinsformation hat an seiner Oberfläche eine auffallende schwarze Zeichnung, die wie eine überdimensionale Hand ausschaut. Deswegen auch die Bezeichnung »Kämmenkivi« (Handflächenstein). Wenn man nun diese Gesteinsformation ansteuert, befindet man sich direkt am Anfang einer Untiefe, die nur wenige Meter vom Ufer entfernt, 3-4 m Tiefe erreicht und sich in der Nähe des Ufers ungefähr 35 m flussabwärts hinzieht. Jederzeit ist mit einem Anbiss zu rechnen, aber darauf sind wir vorbereitet. Flüsternd erzählt mir Jouni, dass er gestern genau an dieser Stelle einen großen Lachs auftauchen sah und dies gleich mehrmals. Der »Hausherr« ist also daheim, denke ich mir noch. Soweit ich mich erinnern kann, hat in jedem Sommer ein kapitaler Lachs diese Untiefe beherrscht. Dies kann über zwei bis drei Jahre immer der gleiche Milchner sein, so lange, bis er eines Tages nicht mehr aufsteigt. In jedem Fall aber wird die Untiefe, sobald sie frei wird, wieder von einem »Nachmieter« in Besitz genommen. Dies geschieht an vielen Stellen am Teno – in der Regel in tiefen, ruhig dahinfließenden Pools.
Langsam trägt uns die Strömung am »Handflächenstein« vorbei. Nichts geschieht. Ich beobachte gespannt die Spitzen der Ruten. Leicht vibrierend zeigen sie mir an, dass die Wobbler in Aktion sind. Jeden Augenblick kann der Anbiss erfolgen, und ich höre mein Herz schlagen. Ich ertappe mich bei dem Gedanken, ob wir alles richtig gemacht haben. Hätten wir vielleicht doch ...?
Erschrocken vernehme ich hinter mir ein Wispern: »Da ist er.« Hastig suche ich die Wasseroberfläche ab. Nichts. »Nein«, erwidert Jouni leise. »An der Heckrute!« Im selben Augenblick bemerke auch ich, wie sich die Spitze der Rute langsam nach links zur Seite bewegt. Sofort ist mir klar, dass sich in wenigen Sekunden ein »Eilzug« in Bewegung setzen wird!
Der Tanz beginnt. Die Schnur bewegt sich erst in Zeitlupe, dann aber immer schneller unter den anderen Ruten flussaufwärts. Als die relativ fest eingestellte

Bremse der Multirolle zu singen anfängt, ist uns beiden klar, dass wir handeln müssen und zwar schnell!

Ich übergebe die Rute mit dem flüchtenden Lachs schnell an Jouni und kurbele in Windeseile die übrigen Köder ins Boot. Zwischendurch schaue ich nach vorne zu Jouni und stelle mit großen Augen fest, dass sich die Rolle dramatisch leert. Derweil treibt das Boot flussabwärts und der Milchner stürmt mit geballter Kraft flussaufwärts. Nachdem ich die letzte Rute im Boot verstaut habe, werfe ich den Außenborder an und rufe Jouni zu: »Du musst kurbeln, schnell!« Die Sonne blinzelt durch die Wolkendecke, so als wenn sie uns sagen möchte, dass wir alles richtig gemacht haben. Das »Tauziehen« fängt aber gerade erst an. Langsam kommen wir dem Lachs näher, und ich bemerke, dass er schlecht gehakt ist. Dies fehlte gerade noch, denn nun müssen wir behutsam vorgehen. »Jetzt bloß nicht die Bremse fester einstellen!«, rufe ich Jouni noch zu, er weiß aber schon, was zu tun ist. »Groß ist er, mindestens 15 kg, eher über 20!«, schreit Jouni, und ich stelle den Motor ab. Jouni gibt mir wieder die gebogene Rute und setzt sich an die Ruder. Inzwischen hat der Lachs seine Flucht flussaufwärts beendet und bewegt sich nicht von der Stelle. Dies gibt mir die Möglichkeit, weiter Schnur auf die Rolle zu kurbeln. Ich versuche Druck auszuüben, aber dies quittiert der Milchner mit kurzen, kräftigen Spurts flussabwärts. Am Ende eines solchen Spurtes springt er eindrucksvoll in die Luft und zeigt sich in seiner vollen Pracht. Andere Fischer meinen später, es hätte sich angehört, als sei ein erwachsener Mann von einem Boot in den Fluss gesprungen. Nach einer Viertelstunde Tauziehen sieht es schon so aus, als ob die Kräfte des Großlachses nachlassen würden. Aber sobald wir das Gaff auch nur anfassen, kehren seine Kräfte wieder zurück. Mit vereinten Kräften versuchen wir, den Lachs zur finnischen Seite der »Tiirasaari«-Insel zu dirigieren, wo der Fluss tiefer ist. Aber dieses Vorhaben müssen wir aufgeben, weil der Fisch sich mit aller Kraft für die norwegische Seite entscheidet. Da der Lachs schlecht gehakt ist, müssen wir ihm wohl oder übel folgen. Er versucht uns auszutricksen, indem er raffiniert probiert, im Slalom zwischen großen Steinen im Flussbett die Schnur um eben jene Steine zu führen und so die Gefahr heraufzubeschwören, dass diese reißt. Diesen Schachzug des Lachses lassen wir aber nicht zu. Wir bugsieren ihn in Richtung Untiefe. Jetzt beginnt er einen »Stellungskrieg«, aber die Zeit spricht für uns. Früher oder später wird der Lachs nachgeben und an die Oberfläche kommen. Soweit die Theorie, es kann aber auch ganz anders kommen. Allzu häufig rührt sich ein großer Milchner nicht von der Stelle; er versucht die ganze Zeit, den Köder loszuwerden, indem er am Flussgrund seinen Kopf auf Steine schlägt oder die Haken des Köders irgendwo festzuhaken. Oft hilft dann nur noch geduldiges Warten. Oder man probiert im Gegenteil, ihn so schnell wie möglich in Bewegung zu bringen. Der Lachs ermüdet am Flussgrund nicht, sondern sammelt nur Kräfte.

Nach ungefähr zehn Minuten ist es dann aber soweit. Der Lachs kommt an die Oberfläche, und ich pumpe ihn langsam näher ans Boot. Jouni hält das Gaff schon in seinen Händen und wartet auf den entscheidenden Augenblick. Das Gaffen muss präzise und in einer Bewegung durchgeführt werden. Wenn man Zeit hat, kann man den Lachs vom Kopf her Gaffen. Der Vorteil liegt in der Verschonung des Fischkörpers, ansonsten ist die beste Stelle zum Gaffen direkt hinter der Rückenflosse. Beim Anheben ist der Fisch im Gleichgewicht, und auch das langstielige Gaff kann nicht durchbrechen.

All dies spukt im meinen Kopf, als ich die Größe des Milchners bestaune, der jetzt ruhig neben dem Boot schwimmt. Jouni verschwendet keine Sekunde an irgendwelche Risiken – bevor ich ihn aufhalten kann, gafft er den Großlachs routiniert direkt hinter der Rückenflosse und hebt ihn ächzend mitten ins Boot. Mir bleibt nichts anderes übrig, als mich mit meinem ganzen Körper auf den Lachs zu werfen, um das Schlimmste zu verhindern. »Wo ist der Knüppel?«, schreie ich in Panik und im Rodeostil reite ich auf einem wild zappelnden Großmilchner. Irgendwie bekomme ich den massigen Fischtöter zu fassen. Jouni packt den Fisch an den Kiemenblättern und versucht, den Kopf zwischen seine Knie zu drücken. Der Lachs bockt wie ein Wildpferd und ich treffe im Durcheinander mit dem Fischtöter Jounis Knie. »Sorry!«, presse ich stöhnend hervor, aber schließlich kann ich den Fisch mit mehreren kräftigen Hieben abschlagen.

Es dauert eine Weile bis wir begreifen, was da vor uns auf dem Bootsboden liegt. Staunend und ungläubig schauen wir uns an. Wir haben es tatsächlich geschafft!

Freudestrahlend fahren wir an das nahe finnische Ufer und werden von neugierigen Zuschauern empfangen, die unseren Kampf »live« miterleben konnten. Groß ist das Staunen, als wir den Lachs auf die Steine am Ufer befördern, und auch die ersten Fotos werden schon geschossen.

Das offizielle Wiegen bestätigt ein Gewicht von 20,68 kg und die Länge des Fisches beträgt 134 cm.

Ich schaue zum gegenüberliegenden Ufer und ertappe mich dabei, wie ich schon wieder die besagte Stelle unter die Lupe nehme. »Hey, hast du gerade eben auch die Flosse gesehen?«, raune ich im Flüsterton zu Jouni. Jouni schaut mich fragend an. Nichts ist zu sehen. Dunkel und unheimlich sieht die Stelle aus, aber der Kämmenkivi leuchtet von einem Sonnenstrahl erfasst ...

Immer ein spannender Augenblick:
Das Wiegen und Vermessen des Fanges.
Hier ein Lachsmilchner von 18,5 kg Gewicht
und 118 cm Länge, gefangen beim Bootsfi-
schen.

Lachsabenteuer am Teno
Ein Meister fällt nicht vom Himmel

Fünf Wochen am Teno. Welch ein Angel-Sommer stand mir bevor! In den letzten Jahren beschränkte sich mein Aufenthalt am Teno auf kaum mehr als zwei Wochen, und nun gleich fünf Wochen hintereinander. Ich konnte mein Glück kaum fassen.

Zu Beginn meines Aufenthaltes, machte ich mir noch keine ernsthaften Gedanken, wie ich diesen außergewöhnlich langen Aufenthalt körperlich und geistig überstehen würde. Erst nach meiner Rückkehr nach Bayern sollte die physische und psychische Erschöpfung zum Vorschein kommen. Trotz langjähriger Tenoerfahrung, musste manchmal auch ich den Verhältnissen und dem ungewohnten Tag- und Nachtrhythmus Tribut zollen. Ich war froh, dass mir in gewissen Situationen einheimische Führer mit Rat und Tat zur Seite standen.

Nicht immer verläuft alles planmäßig und wie aus dem Lehrbuch. Nicht selten entwickeln sich geradezu groteske Situationen, wenn einem Gelassenheit und Routine urplötzlich aus den Händen gleiten. Nobody is perfect – und ein Lachsfischer schon gar nicht!

Theorie

Pünktlich ist er ja, denke ich mir und schaue verstohlen auf meine Armbanduhr. Es ist Punkt 17 Uhr, als Jarmo »Jame« Helander mit quietschenden Reifen auf den Hof einbiegt. Jame ist Unternehmer, Lachsfischer, Guide, Jäger in einer Person. Und Jame ist, obwohl erst Mitte 30, eine lebende Legende. Jame gehört in die Riege derjeniger Lachsfischer, die noch die Kunst des Schleppfischens mit der Fliege beherrschen. Er bindet seine Fliegen selber und gehört zu den Fischern am mächtigen Teno, die selten ohne Lachs vom Fluss zurückkehren. Grinsend steigt Jame aus seinem Kleintransporter und reicht mir die Hand. »Terve, bist du bereit?«, begrüßt mich Jame und schon sind wir unterwegs.

Der Anbiss eines Lachses kommt immer aus heiterem Himmel. Zu viele Stunden sitzt man schon im Boot. Das Hinterteil tut weh, der Harndrang ist nicht mehr auszuhalten und, obwohl man sich die dicksten Socken angezogen hat, spürt man seine Zehen nicht mehr. Man zählt die Felsbrocken am Ufer und gibt ihnen Namen. Man zählt die Rauhfußbussarde in der Luft und stellt erstaunt fest, dass es nur einer ist. Man beobachtet die Rutenspitzen von links nach rechts und von rechts nach links und unterdrückt angestrengt ein herzhaftes Gähnen. Anhand der Strömungsgeschwindigkeit kann der Angler die Uhrzeit bestimmen und er fragt sich, warum er sich das alles antut und nicht am heimischen Weiher in der Sonnenliege liegt und die Pose anglotzt. Man fragt sich, ob man schon halluziniert. Man sieht Anbisse, die nicht da sind und fragt beiläufig den Bootsführer, ob der was gesehen hat. Man fragt sich, ob er überhaupt noch rudert. Der Bootsführer sagt nichts und man nestelt vielsagend am Reißverschluss der Hose. Die Blase macht sich wieder bemerkbar und man wünscht sich ein Plumpsklo ins Boot.

Dann unvermittelt passiert es!

Im Nu ist alles anders. Der Wunsch nach einem Plumpsklo wird zurückgestellt, die Zehenspitzen melden sich wieder, und der heimische Weiher kann vorerst bleiben, wo der Pfeffer wächst.

Anbiss!

Man glaubt zu träumen, aber das Auf-und Niederwippen der Rute holt einen in die Realität zurück. Alle Sinne arbeiten auf Hochtouren. Das Kreischen der Bremse erzeugt einen himmlischen Ton, den Ton, auf den man so lange gewartet hat.

Normalerweise handelt man folgendermaßen, wenn ein Lachs den Köder attackiert hat: Der Bootsführer zieht das Boot mit ein paar kräftigen Ruderschlägen flussaufwärts, um den Lachs zu haken. Dann schaut man, wohin sich der Lachs bewegt: flussabwärts, flussaufwärts oder zur Seite. Danach nimmt der Angler die Rute aus der Halterung, an der der Lachs gehakt ist und steckt die Rute in einen freien Rutenhalter an der Seite des Bootes, falls vorhanden. Er beobachtet weiter den Lachs. Je nachdem wo sich der Lachs befindet, fängt er an, die übriggebliebenen Köder in das Boot zu kurbeln. Dies ohne Hektik, aber so schnell, wie irgendwie möglich!

So weit, so gut. Bevor wir ins Boot steigen, erklärt mir Jame ruhig und sachlich genau diese Vorgehensweise. Beim Einkurbeln solle ich aber darauf achten, die Fliege nicht bis zum Endring der Rute zu kurbeln, sondern am Korkgriff zu befestigen und anschließend ihm die Rute nach hinten zu reichen. Um das Verstauen der Ruten im Boot werde er sich dann kümmern. »Kein Problem. Bin ja nicht zum ersten Mal im Boot«, bemerke ich selbstbewusst in Richtung Jame, der mich prüfend anschaut. Mir ist sonnenklar, dass Jame hier das Sagen hat. Der einheimische Bootsführer ist immer der Kapitän und trägt die Verantwortung. Dessen Anweisungen ist immer Folge zu leisten, in jedem Falle!

Praxis

Es ist immer noch windig. Schon seit einer Woche. Immer aus der gleichen Richtung: Nordwind – beständig und kalt. Seit einer Woche bedeckter Himmel, kein Regen – nicht ein Tropfen. Wie wichtig wäre ein Wetterwechsel. Regen, Nieselregen, südliche Winde. Lachse sind im Fluss, sogar viele, aber kein Aufstieg. Irgendetwas muss passieren. Kein Lachswetter, Sauna und Kaminwetter, denke ich fröstelnd und knöpfe sorgfältig meine Jacke zu. Jame bereitet derweil das Boot vor. Akribisch, mit aller Routine. Ich stehe daneben. Will helfen, aber trete nur unschlüssig auf der Stelle. Die Fliegenschachteln. Neugierig starre ich sie an. Jame bemerkt meine Neugier und ermuntert mich. »Darfst ruhig reinschauen, die beißen nicht«, sagt er, mich freundlich ermuntert, und ich lasse mir das nicht zweimal sagen. Zwei große Schachteln voller selbstgebundener Lachsfliegen in allen Variationen und Größen. Ich bin beeindruckt und komme aus dem Staunen nicht mehr heraus.

Jame fischt in der Regel mit sechs Ruten. Dies ist eine stattliche Anzahl. Normal fischt man mit 3-4 Ruten, aber manche Könner auch mit bis zu acht Ruten. Jame erklärt mir seine Fliegenwahl. Er schaut sich den Himmel an, das Wasser und trifft seine Wahl. Äußerst sorgfältig knotet er die Fliegen an die Hauptschnur und testet jede Fliege im Uferwasser auf ihr Schwimmverhalten. Da und dort macht er noch kleine Korrekturen, dann ist er zufrieden. Wie ein Schulbänkler lausche ich James Ausführungen. Ich bin nicht zum ersten Mal am Teno und habe Erfahrung, aber jetzt halte ich es für angebracht, nur zuzuhören. Dann ist es soweit. »Alles klar, dann lass uns in See stechen«, bemerke ich jovial und steige mit einem Heidenrespekt ins Boot.

»Sirma« nennt sich der Flussabschnitt, den wir nun als Erstes befischen wollen. »Maggasuvanto«: noch nie von gehört, aber Jame kennt seinen Fluss. Ruhig und geduldig erklärt er mir Strömungsverhältnisse, mögliche Standorte von Lachsen und weiht mich in die Geheimnisse des Schleppfischens mit der Fliege ein. Das Schleppfischen mit der Fliege ist die wahre Kunst des Schleppfischens auf Lachs. Der Fliege muss Leben eingehaucht werden. Sie muss tanzen – verführerisch und verlockend. Dies erreicht man nur durch gefühlvolles, ruhiges Rudern und mit viel Fantasie. Der Bootsführer sucht in der Strömung vielversprechende Stellen und lenkt das Boot nur durch leichten Ruderschlag. Jame ist ein Meister. Ich bin tief beeindruckt!

Nach einer Weile ertappe ich mich dabei, wie ich versuche, die Zehen zu bewegen. Auch die Blase meldet sich unangemeldet. Mir ist nicht kalt, hämmer ich mir ein und ein Plumpsklo ist weit und breit nicht zu sehen.

Anbiss!

Ich bin im Nu auf »hundertachtzig«, nehme die falsche Rute in die Hand, kein Widerstand, zurück ins Rutengestell. Jetzt nehme ich die richtige, in den Rutenhalter. Bravo! Kein Lachs zu sehen. Jame sagt nichts. Wo ist der Lachs, denke ich aufgeregt. Warum sagt Jame nichts? Egal, ich kurbele die erste Fliege ans Boot. Fliege an den Korkgriff. Rute nach hinten reichen. Fertig. Bravo! Die zweite Fliege – ein Windstoß, die Fliege baumelt im Wind. Ich fische nach

der Fliege, vergesse den Lachs. Wo ist die Fliege? Kein Bravo, aber Jame sagt etwas: »Nimm die Lachsrute in die Hand«, sagt er ruhig. Ich bin taub.
»Nimm die Lachsrute und zwar schnell!«, ertönt es hinter mir schon etwas lauter. Da endlich begreife ich!
Ich habe den Lachs vergessen. Wo ist er? Kreidebleich schaue ich nach links und rechts. Im letzten Augenblick erwische ich die Rute, die im Begriff ist, das Boot zu verlassen. Die Rute ist zum Bersten gebogen. Jetzt sehe ich den Fisch. Er springt hoch in die Luft. Hoppla, denke ich, nicht von schlechten Eltern. In der anderen Hand halte ich immer noch die Rute mit der im Wind baumelnden Fliege. Bevor ich mir aber Gedanken machen kann, wie ich die restlichen Fliegen einkurbeln soll, ist alles vorbei. Kein Lachs, kein Bravo, nur Stille! Mit offenem Mund und sprachlos kurbele ich die Fliege ins Boot.
Jame schaut sich fachmännisch die Fliege an. Ein silberner Schuppen blinkt am Haken. »Hmm, war gehakt, aber an der Flanke«, diagnostiziert Jame staubtrocken.
»Aaah ...«, seufze ich sichtlich enttäuscht. » Ja, sehr schade, so um die 15 kg, vielleicht mehr«, brummt Jame. Nein, das darf nicht wahr sein; ich kann meine Enttäuschung nur schwer verbergen. So ein Pech aber auch, denke ich, aber was für ein spannender Auftakt ...

Routine

Nach dieser ersten »Heldentat« meinerseits gehen wir zur Tagesordnung über und fahren flussaufwärts zu neuen Fischgründen. Vetsikko ist das neue Ziel mit einer beeindruckenden Stromschnelle. Unterhalb befindet sich der berühmte Uulasuvanto-Pool und gleich anschließend die nicht minder bekannte Kalgukoski-Stromschnelle.
Kalt ist mir nicht mehr, aber ich hülle mich in Schweigen. Letztendlich siegt der Realist in mir. Kann passieren, kein Meister fällt vom Himmel, war halt Pech, versuche ich mir einzureden. Jame bricht das Schweigen und muntert mich auf. »Der Anbiss ist ein gutes Zeichen. Die Lachse sind aktiv«, höre ich Jame hinter mir sagen.
Jetzt erst fällt mir auf, dass das Wetter sich geändert hat. Kein Wind mehr, absolute Windstille. Sogar die Sonne ist zu sehen. Natürlich, Jame hat recht, denke ich erstaunt. Ein Wetterwechsel. Lachswetter – und ich bin mitten drin im Geschehen!
Wir beschließen, eine Kaffeepause am finnischen Ufer einzulegen. Ich schaue den Uulasuvanto-Pool hinunter. In der Ferne sieht man die Kalgukoski-Stromschnelle. Es liegt was in der Luft. Lachse springen im Pool. Wir wollen keine Zeit verlieren und machen uns fertig.

Routiniert lasse ich die Fliegen zu Wasser. Alles passt. Es riecht mal wieder nach Lachs. Mittlerweile ist es später Abend geworden und die Windstille hält an. Noch ist kein Lachs im Boot, aber das wird sich wohl bald ändern, denke ich zu allem bereit. Der Kaffee war ungemein belebend und mir ist so warm, dass ich die Jacke etwas öffne. Meine Füße glühen und das Plumpsklo ist von der Bildfläche verschwunden. Ich bin motiviert bis in die Haarspitzen!

Anbiss!

Keine Worte mehr – nur Taten. Fünf Fliegen sind schon im Boot. Zweimal Bravo! Kein Wort von Jame. Gut so, ich arbeite, routiniert, die Ruhe selbst. Nie war ich selbstbewusster. Ich bin ein Lachsfischer, immer schon gewesen. Die Lachsrute ist gebogen und ich habe einen Lachs am Haken. Triumph, Stolz, aber bloß nicht übermütig werden. Der Lachs wehrt sich. Na sowas, er fühlt sich schwer an. Ich sehe ihn nicht. Zeig dich doch, bitte ich flehend. Jetzt kommt er an die Oberfläche. Das Wasser schäumt. Ich schließe die Augen. In Gedanken schätze ich das Gewicht. Niemals 30 kg, ich bin erleichtert, aber um die 10 kg bestimmt, denke ich fröhlich. Vielleicht auch mehr?

Jame sagt nichts, wie immer. Ist auch gut so, dann ist alles in Ordnung. Aus den Augenwinkeln sehe ich hinter mir den Kescher in der Luft. Wieso Kescher? Warum nicht das Gaff? Ist der Lachs nur ein Grilse? Die Rute ist zum Halbkreis gebogen. Vielleicht doch über 10 kg, bei dem Zug, denke ich voller Hoffnung. Vielleicht sollte ich dann die Bremse fester einstellen, überlege ich krampfhaft. Nein, lass lieber die Finger davon. Jame hätte das mit Sicherheit schon rechtzeitig befohlen.

Der Uulasuvanto-Pool am Teno. Autor mit Kleinlachs an der norwegischen Uferseite, kurz nach dem Anbiss eines Großlachses, der leider verloren ging.
Einen Kilometer flussabwärts beginnt der berühmte Kalgukoski-Stromschnellenabschnitt, wo es manchmal zu unvorhersehbaren Situationen kommen kann.

Foto: Jame Helander (Utsjoki)

Der Lachs ist neben dem Boot. Er springt, schlägt Saltos, taucht unter das Boot. Ich sehe ihn nicht. Wo ist er? Hat er sich vom Haken gelöst? Nein, die Rute biegt sich weiter. Dann biegt sie sich nicht mehr. Er ist ab, denke ich verzweifelt und drehe mich zu Jame um. Nein, der Fisch liegt im Kescher am Bootsboden. Dreimal Bravo! Silberblank, eine wahre Schönheit, aber bestimmt keine 5 kg, stelle ich mit einem leichten Seufzer fest.

»Sehr schön«, sagt Jame knapp. » Vielleicht 3 kg, gut gemacht, joo, joo«, meint er und grinst über beide Ohren. James Worte gehen mir runter wie Öl. Ein Ritterschlag, ich bin bester Laune.

»Jawoll, 3 kg, mindestens, gut gemacht,okay ...«, antworte ich und bin sauer, dass mir nichts besseres einfällt. Die kleine, dunkle, auf Drillingshaken gebundene Fliege sitzt bombenfest in der Maulspalte. Jame reicht mir die Hand. Stolz wie Oskar schlage ich ein. Am Ufer erfolgt das übliche Prozedere. Wiegen, Fotos schießen, Ausnehmen und – kippis – einer kleiner Schluck aus dem Flachmann. Aber nur ein kleiner Schluck. Alte Tradition. Die Digitalwaage zeigt auf das Gramm genau 2,1 kg. Wieso nicht 3 kg? Ungläubig klopfe ich an die Waage. Nichts zu machen.

Schnursalat

Stromschnellen sind tückisch, unberechenbar, geheimnisvoll und gefährlich. Stromschnellen erhöhen die Herzfrequenz und man kontrolliert unbewusst den festen Sitz der Rettungsweste, die ein unbedingtes Muss ist beim Bootsfischen. Stromschnellen sind übersät mit Steinen in jeglicher Größe. Millionen von Steinen. Die Strömung ist gnadenlos, jeder Fehler kann böse enden. Aber nicht mit Jame, so scheint es. Jame kennt die gurgelnden Passagen, kennt jeden Felsen mit Namen, kennt die hinter großen Steinen ruhigen Kehrwasser, wo sich die Lachse ausruhen.

Jame liest die Stromschnelle wie ein offenes Buch. Er weiß, wie er das Boot führen muss. Gerade muss der Kahn in der Strömung stehen, nur unterstützt durch leichtes Korrigieren mit den Ruderblättern dirigiert er das Boot an vielversprechende Stellen.

Ich fühle mich etwas unbehaglich. Wage nicht, mich zu rühren. Ich denke an den Heimatweiher, will ans Ufer. Von Jame kommt ein knappes, aber bestimmtes Kommando. Ich fühle mich überrumpelt.

»Leinen verkürzen, fünf Züge!«, kommt der Befehl aus heiterem Himmel. »Beobachte die Rutenspitzen!«, ruft Jame klar und deutlich. »Wenn eine Rute wippt, nichts tun. Verfolge den Lachs ...!« Den Lachs verfolgen? Wie denn, wo denn? Ich sehe keinen Lachs. Gespannt beobachte ich die Rutenspitzen. Von links nach rechts und wieder zurück. Den einsetzenden Harndrang versuche ich zu ignorieren, aber verfluche mich für meinen maßlosen Kaffeegenuss am Lagerfeuer. Das Plumpsklo hat sich aufgelöst. Keiner kann mir helfen. Da musst du jetzt durch, feuere ich mich an und traue mich nicht über den Bootsrand zu schauen. – Anbiss!

»Lachs ...«, bemerke ich tonlos, ohne jegliche Euphorie. Jame sagt nichts. Die rechte seitliche Fliegenrute wippt auf und nieder. Wir sind mitten in der reißenden Strömung. Jetzt sagt Jame etwas.

»Lass noch die anderen Ruten; die Rute mit dem Lachs in den Rutenhalter.« Ich habe verstanden. An nichts Böses denkend, befolge ich den Befehl. Hochaufgerichtet im Rutenhalter beginnt sich die Rute zu biegen. Ich warte auf weitere Befehle. Es kommen keine Befehle. Für mich das Zeichen, die übrigen Fliegen einzukurbeln. Vorschriftsmäßig fange ich an zu kurbeln, was das Zeug hält. Alles im Griff, denke ich, noch die Ruhe selbst. – Dann ist es mit der Ruhe vorbei! Ich mache einen entscheidenden Fehler.

Die erste Fliege an den Korkgriff. Fertig, die Rute nach hinten. Prima, Bravo. Kein Wort von Jame.

Ich arbeite mit Routine. Knöpfe mir die nächste Rute vor. Jame räuspert sich. Ich ahne Schlimmes.

»Nimm die Rute und führe die Schnur über die anderen auf die andere Seite«, klingt es geschäftsmäßig von hinten. Ich begreife nicht. Zu spät.

»Er tanzt über die Schnüre!«, schreie ich etwas zu laut. Aus den Augenwinkeln sehe ich den tänzelnden Lachs. Wie ein Balletttänzer hüpft er über die Schnüre. Ich weiß nicht, was ich tun soll – ich bin hilflos. Jame sagt nichts, wie immer. Er hat alle Hände voll zu tun, dass das Boot sich nicht quer zur Strömung stellt. Dies wäre wirklich gefährlich. Ich vertraue ihm voll und ganz, und er vertraut mir. Ich muss was tun, denke ich grimmig. Mit zusammengebissenen Zähnen kurbele ich, ziehe mit den Händen Schnur ein, wedele mit Ruten in der Luft, kurbele die Fliegen brutal an den Endring und werfe die Ruten wahllos nach hinten. Kein Protest von hinten. Sehnsüchtig warte ich auf weitere Befehle. Nur leichtes Ächzen hinter mir ist zu hören.

Im Boot herrscht heilloses Durcheinander. Lachsfliegen hängen an meiner Jacke, an meiner Hose.

Wo ist der Lachs? Mein Angelhut rutscht mir in die Stirn. Die Lachsrute in meiner Hand ist gebogen, der Lachs ist noch am Haken. Ein Wunder! Immerhin, denke ich und: jetzt erst recht. Ein zögerliches Bravo.

Ich höre den Lachs. Er springt hinter mir, jetzt taucht er unter das Boot. Was macht Jame?

»Jame!«, rufe ich laut. »Er taucht unter das Boot. Siehst Du ihn ...?«, rufe ich heiser.

Natürlich hat Jame alles im Griff. Ehe ich mich umdrehen kann, hat er ihn schon gekeschert und auf den Bootsboden gelegt.

»Prima, gerade aufgestiegen, gut gemacht!«

Ich sage kein Wort. Mir ist eher zum Heulen. Ich ziehe meinen Angelhut noch tiefer ins Gesicht, als eine Bootsbesatzung vorrüber treibt. Sie grüßen, rufen etwas, ich drehe mich weg. Was für eine Blamage. Ein Meister fällt eben nicht so vom Himmel, stelle ich ernüchtert fest und ertappe mich aber dabei, wie ich verstohlen den wunderschönen Lachs auf den Bootsplanken bewundere.

»Ist er nicht schön? Ungefähr 6 kg wiegt der Bursche«, flötet Jame und reicht mir seine Hand. Zögerlich schlag ich ein.

»Gut gemacht, aber war ganz schön knapp«, meint Jame aufmunternd und ich grinse schief zurück.

»Lass uns schnell am Ufer ein paar Fotos machen und dann geht's weiter. Die Lachse sind aktiv. Das müssen wir ausnützen!«, ruft er mir fröhlich zu. Lustlos bestaune ich am Ufer den Schnursalat.

»Alles halb so schlimm. Keine Fliege verloren«, plappert Jame aufgeräumt und ich bekomme langsam wieder Farbe ins Gesicht.

»Naja, hast Du auch wieder recht. Tut mir leid wegen dem Schnursalat, hab nicht aufgepasst und ...«, stotter ich schon wieder, aber Jame hat beste Laune und muntert mich auf.

»Hat Spaß gemacht, oder? Heute wird gefischt bis zum Abwinken und Du bist mein Rutenmann, alles klar?«, bekräftigt Jame vergnügt und ich denke an den Heimatweiher.

Die Wetteränderung ist Gold wert. Lange haben die Lachsfischer warten müssen. Aber heute Nacht ist alles anders. Jeder, der mit dem Boot unterwegs ist, fängt Lachse. So auch wir. Eine magische Nacht!

Gegen drei Uhr morgens ist unser Fischzug zu Ende. Am Ufer angekommen, wo unser Wagen steht, schaut mich Jame an und grinst vielsagend. Ich grinse zurück, sage kein Wort.

»Nächste Woche? Same place, same time?«, fragt er lächelnd. Mit roten Backen und voller Blase nicke ich artig und schiebe eine Schnurperücke in die Jackentasche.

»Wo ist das Plumpsklo?«, frage ich zitternd ...

Vetsijoki – Mit der Spinnrute auf der Pirsch

Am Teno herrschte so etwas wie arktisches Wüstenklima. An der Lachsfront am Hauptstrom regierte Tristesse und allgemeine Ratlosigkeit. Seit einer Woche brannte die Sonne vom Firmament, kein Wölkchen trübte den Himmel und die Wassertemperatur näherte sich unbarmherzig der 20 °C-Marke. Der Lachsaufstieg war praktisch zum Erliegen gekommen. Es war Anfang Juli und viele Angeltouristen bevölkerten noch das Tenotal, aber die Fangchancen lagen fast bei Null. Jeder Lachsfischer wartete sehnsüchtig auf einen gravierenden Wetterwechsel. Aber ein Angler wäre kein Angler, wenn er sich nicht nach möglichen Alternativen umschauen würde – nach Angelalternativen. Hat er doch in den meisten Fällen eine weite Anreise in Kauf genommen, und die verbleibende Zeit möchte er nicht unbedingt in der Hütte nur mit Karten spielen oder Schlafen verbringen. Karten spielen und schlafen – so darf der langersehnte Angelurlaub nicht enden. Ja, es gibt Alternativen, sogar eine ganze Menge!

Der Vetsijoki

Es klopfte. Jemand pochte an die Tür unseres Quartiers. Die Tür ging auf und Jouni stand grinsend im Türrahmen. »Da bist du ja, wir haben schon gewartet, terve, terve«, rief Erkki und auch ich freute mich, Jouni begrüßen zu dürfen. Der Cousin meines Angelfreunds Esa ist kein Freund von großen Reden, da ist er wie die meisten Einheimischen im Tenotal. Er ist ein Mann der Tat und ein ausgesprochener Kenner der Wildnis rund um Utsjoki. Jouni ist ein richtiger Waldläufer, mit der Natur groß geworden und ein echter Spezialist, wenn es heißt, mit der Spinnrute auf die Pirsch zu gehen. Nicht selten legt er auf seinen Wanderungen entlang der Nebenflüsse des Teno beachtliche Wegstrecken zurück. 30-50 km an einem Tag sind bei ihm keine Seltenheit. Auch ich hatte schon das eine oder andere Mal die Gelegenheit, seine Ausdauer bewundern zu können. Meine erste Angelwanderung mit Jouni wird mir stets im Gedächtnis bleiben – selten zuvor war ich bis an meine körperlichen Grenzen gekommen, aber nicht nur die physischen Qualen werden mir in Erinnerung bleiben, auch die außerordentlich aufregenden Angelmomente werde ich niemals vergessen können. Wie war das doch damals ...?

Erkki lenkte sein Wohnmobil auf den Parkplatz. »Vetsituvat« stand auf dem großen Schild an der Straße und in circa 50 m sah ich eine Brücke. Wir hüpften aus dem Wohnmobil und Jouni deutete zu der Brücke, die den Vetsijoki überspannte. Neugierig folgten wir ihm. In der Mitte der Brücke beugte er sich ein wenig über das Geländer und spähte nach unten. »Seht ihr die Lachse in dem Gumpen?«, fragte er uns. Ich spähte in die Tiefe, konnte aber nicht das Geringste entdecken.

»Dort, bestimmt sechs Lachse, seht ihr sie nicht?«, Jouni grinste breit und zeigte mit seinem rechten Arm auf eine Stelle unmittelbar unter der Brücke. Dann sah ich sie – tatsächlich. Jede Menge Lachse bewegten sich unauffällig in dem kleinen, tiefen Gumpen.

»Sie sind da, die Vetsilachse, sie steigen auf, lasst uns aufbrechen«, meinte Jouni ohne eine Miene zu verziehen und ging langsam zurück zum Wohnmobil. Erkki und ich konnten uns gar nicht satt sehen an dem Anblick der Lachse unter der Brücke, aber Jouni winkte uns zum Wohnmobil.

Ich wusste damals nicht viel über den Vetsijoki. Eigentlich wusste ich damals noch so gut wie überhaupt nichts über die anglerischen Alternativen zum täglichen Lachsfischen am Teno. Jouni hatte mir von einem Fluss erzählt, eben diesem Vetsijoki, in dem man auch auf Lachse fischen könne, wenn der Lachsaufstieg am Teno zum Stoppen käme, bei ungünstigen Verhältnissen, so wie sie jetzt am Teno vorherrschten. Nicht nur auf Lachse könnte man am Vetsijoki erfolgreich sein – auch verschiedene andere Salmoniden, wie Bach- und Seeforelle, Äschen und Renken, kämen im Oberlauf vor. Für Erkki, meinem Angelfreund aus Rovaniemi, war es ebenfalls eine Premiere, an einem Nebenfluss des Teno den anglerischen Erlebnissen ein weiteres, interessantes Kapitel anzuhängen. Jouni hatte uns den Mund wässrig gemacht. Jouni erzählte uns mit leuchtenden Augen wahre Wunderdinge über den Vetsijoki: Über den Wildnischarakter des Flusses, seine Unberührtheit und die vielfältigen Möglichkeiten, mit der Spinn- oder Flugangel einzigartige Angelmomente zu erleben. Gleichzeitig warnte er uns aber auch, dass wir uns auf weite Fußmärsche gefasst machen sollten und dass das Fischen eine große Herausforderung an jeden darstelle. Listig blinzelte er uns an.

»Habt ihr gute Kondition mitgebracht? Wir müssen erst ein bisschen laufen, aber das schafft ihr schon, oder?«, brummte es aus seinem wilden Bart. Erkki und ich schauten uns an und wir mussten lachen.

»So, so, bisschen laufen, wenn das alles ist. Wir wollen fischen, also lass uns loslegen«, lächelte Erkki, aber ich hatte so ein dummes Gefühl, dass uns das Lachen wohl bald vergehen würde.

Von Esa hatte ich schon etwas über den Vetsijoki erfahren. Der Vetsijoki entspringt ungefähr 70 km von seiner Mündung in den Teno entfernt in den Bergregionen des Vetsijärvi-Seensystems und windet sich, ähnlich dem Utsjoki, durch die wilden Tundrafjellgebiete bis zum Teno. Charakteristisch sind kleine Seenketten, unterbrochen durch Stromschnellenpassagen, durchsetzt mit

Millionen von Felsen und Steinen. Ebenso wie der Utsjoki mit seinen Neben-flüssen, besitzt der Vetsijoki einen eigenen Lachsstamm. Dabei kommt es ver-einzelt vor, dass auch Lachse über 10 kg an Gewicht aufsteigen. Verbürgt ist ein Milchner von über 18 kg, der aber unweit der Mündung gefangen wurde. Relativ unbekannt ist die Tatsache, dass auch Meerforellen in den Vetsijoki zum Laichen aufsteigen. Die Durchschnittsgröße der Meerforellen bewegt sich aber bei nur knapp 1 kg. Jouni und Esa erzählten uns auch über die pracht-vollen Bachforellen im Oberlauf des Vetsi. Bis an die 2 kg schwere Exemplare hätten sie schon erbeuten können.

Nicht nur mit der Spinnrute kann man am Vetsijoki erfolgreich sein. Auch der Fliegenfischer hat am Vetsi hervorragende Möglichkeiten, seiner Passion nachzugehen. Insbesondere mit der Trockenfliege kann man aufregenden Sport erleben, wie ich in späteren Jahren noch feststellen sollte. Damals, bei meinem ersten Besuch am Vetsijoki, waren wir mit Spinnruten unterwegs, mit gutem Rückgrat ausgestatteten Spinnruten, ausgerüstet mit mittelgroßen Stationär-rollen. Bevor wir unsere Angeltour in Angriff nahmen, spulten wir noch neue, monofile, gut sichtbare, gelbe Schnur auf die Rolle, mit einer Stärke von 0,38 mm. Jouni erläuterte uns die Ausrüstung näher:

»Die Rute muss Rückgrat haben, denn es kann vorkommen, dass ihr einen ge-hakten Lachs über Felsen ziehen müsst, mit festgestellter Bremse. Bei großen Lachsen um die 10 kg, habt ihr sonst keine Chance, wenn sie stromabwärts flüchten wollen. Die gelbe Schnur kann man gut sehen, dann wisst ihr immer, wo sich der Köder bewegt. Die Schnur sollte kräftig genug sein, so 0,38-0,40 mm stark, dann könnt ihr Druck ausüben.«

Danach erklärte uns Jouni seine Angeltechnik und die taktische Vorgehens-weise beim Spinnfischen am Vetsijoki:

»Wir laufen erst einmal ein paar Kilometer flussaufwärts. Dann erreichen wir eine Schlucht, da fangen wir an. Kurze, präzise Würfe in kleine, tiefe Gumpen hinter Felsen und Steinen, aber ihr müsst die Rute sofort steil hochhalten, Kontakt zum Blinker halten, noch nicht sofort kurbeln, dann langsam kurbeln, aber immer aufpassen, dass der Blinker nicht auf Grund sinkt. Okay? Gute Stellen sind immer hinter Steinen, in tiefen Rauschen, aber nicht zu steil fluss-aufwärts werfen, eher immer leicht stromab, bis manchmal kurz vor das andere Ufer. Oft nehmen die Lachse sofort, wenn der Blinker ins Wasser taucht, ihr werdet sehen. Okay? Habt ihr verstanden? Immer auf die Felsen aufpassen, sie können rutschig sein. Wenn ein Lachs gehakt ist, aufpassen wohin er flüchtet. Wenn er stromab flüchtet, Bremse etwas fester einstellen und nicht zu schnell auf den Ufersteinen hinterherlaufen. Versucht, den Lachs über Steine zu ziehen, aber Vorsicht, nicht mit Gewalt. Okay? Dann los!«

Erkki und ich hatten aufmerksam zugehört. Wir schauten uns fragend an. Das hörte sich ja spannend an. Na gut, wir werden sehen, dachte ich. Von mir aus konnte es losgehen!

Vor dem Vergnügen ...

Es war Punkt 17 Uhr, als wir jetzt mit Angellizenzen ausgestattet, uns wieder am Wohnmobil einfanden und in aller Ruhe unsere Ausrüstung zusammenstellten. Die Angellizenz war 24 Stunden gültig und wir hatten es dementsprechend nicht eilig. Jouni hatte vor, eine Plane mitzunehmen und später am Abend, an einer passenden Stelle, ein Lager aufzuschlagen. Er riet uns, nicht zu viel mitzunehmen, nur das Nötigste im Tagesrucksack, wie Verpflegung und Kleidung zum Wechseln, falls es nötig werden würde. Ein guter Tipp von ihm war die Mitnahme einer Gürteltasche, in der man eine gewisse Anzahl an Kunstköder aufbewahren konnte. Sehr praktische Idee. Alle Köderkisten mitzuschleppen, wäre ziemlich hinderlich.

Apropos Kunstköder: Jouni hatte uns schon vorher über die fängigsten Kunstköder informiert. Lange, schlanke Blinker, von 8-18 Gramm, in verschiedenen Farben, wären die besten Köder. Paravan Salamander war das Zauberwort – norwegische Erfolgsblinker. Aber nicht nur Blinker, auch kleine Schwimmwobbler wären erfolgreich und – man höre und staune – auch kleine Spinner, wie z.B. die allseits bekannten Mepps-Spinner, wären am Oberlauf durchaus fängig, so Jouni. Gesagt, getan. Erkki und ich trafen eine Auswahl und Jouni war zufrieden. Sorgsam stellten wir unser Gerät zusammen. Dabei knüpften wir noch einen kleinen Wirbel an die Hauptschnur und an den Wirbel ein circa 1m langes, monofiles Vorfach. Dieser Wirbel verhindert entscheidend das Verdrallen der Schnur.

Es war immer noch warm. Ungewöhnlich schwül sogar. Das verhieß nichts Gutes. Die Plagegeister – sie lieben diese Wetterverhältnisse. Der Angler naturgemäß nicht so sehr. Ich sorgte vor. Mit einheimischen, bewährten Mückenschutzmitteln, aber in ausreichender Entfernung zur Rute und der Schnur. Mückenschutzmittel an der Schnur würde sich verheerend auswirken. Erkki und ich überlegten, die Gummistiefel im Auto zu lassen, aber Jounis vorwurfsvoller Blick reichte aus. Es hatte zwar schon seit zwei Wochen nicht mehr geregnet, aber Jouni hatte Gummistiefel an – das genügte. Nach einer halben Stunde Fußmarsch fing ich an zu schwitzen. Der Weg entlang des Flusses war nicht sonderlich anstrengend – für Waldläufer wie Jouni. Erkki und ich schnauften schon besorgniserregend. Kein Wunder, denn Jouni gab das Tempo vor. Er schritt mächtig aus – Jouni ist auch kein Zwerg mit seinen 1,95 m – und wir hatten Mühe zu folgen. Links von uns rauschte der Vetsijoki. An einer höher gelegenen Stelle machten wir kurz Halt, und unten im Tal erblickten wir einen beeindruckenden Wildnisfluss: Der Vetsijoki in seiner ganzen ungebändigten Pracht. Tausende, nein, Millionen von Steinen und Felsen lagen an den Ufern und im Flussbett. Wilde Stromschnellen wechselten sich mit Kehrwassern und kleinen Gumpen. Ich fragte mich, wie weit wir noch laufen müssten, um endlich fischen zu dürfen. Ich konnte es kaum noch erwarten.

Nein, Jouni stiefelte schon wieder vorneweg. Uns blieb nichts anderes übrig als zu folgen. Auch Erkki schwitzte, aber ich schwitzte wie bei einem Squashspiel. Die ersten Plagegeister nutzten die Gunst der Stunde. Es wurden immer mehr. Ooh, und auch die widerlichen Kriebelmücken bereiteten sich zum Angriff vor. Es war einfach zu warm, aber nun gut – erst die Arbeit, dann das Vergnügen!

Jouni

Jouni war verschwunden. Wo steckte er bloß? Keuchend erreichten wir eine Lichtung am Rande eines steilen Canyons. Pause, durchschnaufen. Auch Erkki war froh, kurz anzuhalten. Wo war Jouni?

Dann sahen wir ihn. Wie eine Katze schlich er die Uferfelsen entlang. Kurz hielt er an und spähte über den Fluss, taxierte die Stromschnellen. Er ging in die Hocke und warf seinen Blinker. Hoch hielt er die Rute, immer bereit, sofort auf einen Anbiss zu reagieren. Die Stelle, wo er fischte, sah einfach toll aus. Ein ungefähr 50 m langer Pool, mit einem kleinen Wasserfall oberhalb des Beckens. Erkki und ich hatten keine Eile. Gebannt schauten wir Jouni zu. Nichts passierte. Da sprang ein Lachs den Wasserfall hoch. Jouni reagierte sofort und warf zum Wasserfall. Anbiss – der Kleinlachs von vielleicht 2 kg sprang hoch in die Luft und verschwand in den Fluten. Nicht gehakt – schade, aber es ging weiter. Jouni wechselte seinen Standplatz. Er robbte sich einen großen Felsen hoch, machte sich ganz klein und warf in den Pool. Der Blinker klatschte auf das Wasser und schon hing ein Lachs am Haken. Faszinierend! Behende lief Jouni den Felsen hinab, die Rute steil in der Luft, dann war er verschwunden. Wir konnten ihn nicht mehr sehen.

Wir packten unsere Sachen und gingen den Pfad weiter bis zu einer Biegung. Nach ein paar Metern erreichten wir ein Felsplateau, direkt am Ufer des Vetsijoki. Vor uns lag eine verheißungsvolle Angelstelle. Ein riesiger Felsen in der Mitte der Strömung. Im Kehrwasser des Felsens ein tiefes Becken mit Ausmaßen eines großen Swimmingpools und einer abschließenden engen Rausche flussabwärts. Oberhalb des Pools erstreckte sich eine langgezogene Stromschnelle. Wir machten uns bereit. Jouni war nirgends zu sehen. Erkki warf seinen Blinker in den tiefen Pool. Nichts, dann noch einmal, ich schaute zu.

Wieder nichts. Ich ging zu einer Stelle oberhalb von Erkki, wollte gerade werfen. Da! Erkkis Rute bog sich zum Halbkreis. Tatsächlich, Erkki hatte einen Lachs am Haken – und was für einen Lachs! Ich wollte ihm schon zur Hilfe eilen, da erschien Jouni auf der Bildfläche, mit einem Lachs in der einen Hand und in der anderen Hand das Gaff haltend.

Erkki ächzte nur und fummelte an der Bremse seiner Stationärrolle. Was macht er bloß, dachte ich mit Schrecken. Es sah ganz danach aus, dass er die Bremse nicht lockern konnte. Der Lachs erschien an der Oberfläche. Ein mächtiger Bursche, vielleicht über 10 kg schwer, schätzte ich von meinem Standpunkt aus, ungefähr 50 m Entfernung vom Geschehen. Jouni versuchte Erkki zu helfen. Verzweifelt kämpften meine Freunde mit der Technik, aber zu spät – der Lachs gewann das Tauziehen. Sichtlich enttäuscht ließen wir uns auf dem Felsenplateau nieder. Erkki haderte mit seinem Schicksal. Jouni war trotzdem gut gelaunt.

»Ein großer Lachs, über 10 kg, macht nichts, es sind genügend Lachse im Fluss. Noch ein paar Kilometer flussaufwärts, dann fangen wir auch Bachforellen. Ihr werdet sehen, wir werden viel erleben in dieser Nacht«, versicherte uns Jouni. Und er sollte recht behalten.

Jouni machte uns Beine. Mit Siebenmeilenstiefeln machte er sich wieder auf den Weg. Wir legten keinen Halt mehr ein. Erkki und ich schnauften um die Wette. Es war immer noch warm und die Mücken schwirrten um unsere Köpfe. Für mehrere Kilometer ließen wir den Fluss links liegen und stiefelten hinter Jouni her, der urplötzlich wieder verschwunden war. Endlich erreichten wir eine Flussbiegung und machten eine wohlverdiente Pause. Jetzt war der Fluss schon schmaler, aber immer noch prägten unzählige Steine und Felsen die Szenerie. Nach einer Viertelstunde sahen wir Jouni plötzlich wieder – mit einem Lachs in der Hand. Natürlich, wie sollte es auch anders sein, dachte ich beeindruckt. Jouni winkte uns zu sich und klärte uns auf:

»Dort im kleinen Birkenwäldchen schlagen wir unser Lager auf. Machen zwei, drei Stunden Pause, nach Mitternacht ist es besser zu fischen, dann fischen wir noch etwas oberhalb des Lagers, dort sind gute Stellen, wo die Lachse auch mal Halt machen. Auch Bachforellen oder Äschen kann man dort fangen. Probiert auch mal kleine Spinner, wer weiß, okay?«

Ich fragte ihn, wann wir wieder zurückmarschieren würden und Jouni meinte nur: »In den den frühen Morgenstunden, dann grasen wir nochmal die Stellen ab, die wir jetzt ausgelassen haben.«

Ich wollte ihn noch fragen, wie viele Kilometer Marschstrecke wir wohl noch bewältigen müssten, aber Jouni fing schon an, das Lager aufzubauen. In Windeseile hatte er die Plane an zwei Birken befestigt, schnappte sich eine kleine

Axt und seine Angelrute und war verschwunden. Erkki und ich kümmerten uns um unsere Ausrüstung und bereiteten die Feuerstelle vor. Wir waren noch unschlüssig, ob wir überhaupt ein Feuer entzünden dürften und beschlossen, auf Jouni zu warten. Ohne dass wir es bemerkt hatten, hatte sich der Himmel zugezogen. Richtung Norden zeigte sich eine schwarze Wolkenwand. Es wird doch wohl nicht ..., grübelte ich. Doch schon fielen die ersten Tropfen. Welch ein Glück, dass wir die Plane dabei hatten. Eine schöne Überdachung für unsere Ausrüstung und guter Schutz, falls es doch stärker anfangen würde zu regnen. Nach einer Weile erschien Jouni wieder wie ein Geist aus dem Nichts und legte einen prachtvollen Lachs von vielleicht 4 kg auf die Tundraflechten. Erkki und mir leuchteten die Augen.

»Probiert nachher einen kleinen Mepps-Spinner, mit schwarzen Punkten und kupferfarben, okay?«, meinte er grinsend und fing an, einen mitgeschleppten, dicken abgestorbenen Ast mit der Axt zu bearbeiten. Erkki und ich schüttelten leise unsere Köpfe. Wahrscheinlich dachten wir beide das Gleiche.

Ohne Jouni hätten wir uns richtig schwer getan. Es war unser erster Besuch an diesem interessanten Nebenfluss des Teno und Jouni war uns ein willkommener Lehrmeister und Guide. Ohne seine Tipps und Ratschläge wären wir mit ziemlicher Sicherheit erfolglos geblieben.

In der zweiten Nachthälfte fingen auch wir unsere ersten Lachse mit schlanken Blinkern und kleinen Spinnern. Oft nahmen die Lachse beim ersten Wurf. Wenn in einem Pool nicht sofort ein Anbiss erfolgte, zogen wir weiter. Es lohnt nicht, die Gumpen allzu lange mit Würfen zu bombardieren – die Fische werden nur vergrämt. Einige Lachse flüchteten flussabwärts und es gelang uns tatsächlich, Jounis Ratschläge in die Tat umzusetzen, indem wir die Rollenbremse feststellten und den Lachs dadurch über Steine ziehen konnten. Fast alle unsere gefangenen Lachse waren gleicher Größe. Kleinlachse um die 2 kg, nur Jouni konnte Lachse bis an die 4 kg landen. Auch Bachforellen gehörten zu unserer Beute. Leider nicht in kapitalen Größen, aber doch wunderschön gezeichnete Salmoniden.

In den Morgenstunden erreichten wir erschöpft die Straße und unser Wohnmobil. Insgesamt hatten wir ungefähr 16 km zu Fuß zurückgelegt. Für Jouni nur ein Spaziergang, aber für Erkki und mich schon eine bemerkenswerte Leistung. Es sollte nicht unser letzter Besuch am Vetsijoki bleiben. Bei dieser ersten Angeltour wurden uns aber auch Grenzen aufgezeigt. Gut zu Fuß sollte man schon sein und auch an das Gleichgewichtsgefühl wurden hohe Ansprüche gestellt, wenn man entlang der unzähligen Ufersteinen balanciert. Man kann sich auch auf den Trampelpfaden entlang des Vetsijoki fortbewegen. Aber zumindestens beim Rückmarsch, an den Ufersteinen entlang, kann man richtiges

Wanderangeln erleben – eine verheißungsvolle Stelle folgt der nächsten. Jouni war ein perfekter Ratgeber und Guide. Von ihm lernte ich, wie man an so einem Gewässer erfolgreich fischt. Jouni ging mit höchster Konzentration und Präzision zu Werke und verlor keinen einzigen Blinker! Erkki und ich hatten einen respektablen Verlust an diesen Ködern, aber das war uns dieser Ausflug wert.

Auf der Pirsch – Wanderangeln am Vetsijoki. Bei meinem nächsten Besuch am Vetsijoki hatte ich meine Fliegenrute dabei – aber das ist eine andere Geschichte ...

Wanderangeln am Vetsijoki – immer wieder eine besondere Herausforderung und Abwechslung.
In jedem kleinen Gumpen stehen Lachse, die man mit Spinn- und Fliegenrute befischen kann.
Besonders spannend ist das Fischen mit der Trockenfliege, wie der Autor zufrieden feststellte.

Foto: Heikki Lyttinen (Jorvas)

Die Lachsfliegen

Die Tradition, am Teno mit der Fliege zu fischen, ist wesentlich älter, als mit Wobbler oder Blinker zu arbeiten. Die Zeiten, in denen nur mit großen, klassischen »fully dressed« Fliegen bis zur # 7/0 gefischt wurde, neigen sich dem Ende entgegen. Heutzutage ist die klassische Lachsfliege fast schon eine Seltenheit. Das traditionelle Material ist nicht mehr leicht zu bekommen und auch das Binden erfordert viel Zeit und Geduld.

Die einfacher und schneller zu bindende Haarfliege beherrscht zusehenst den Markt und hat sich als sehr fängig erwiesen. So auch am Teno.

Wer allerdings in seiner Fliegenschachtel klassische Lachsfliegen vorweisen kann, der darf sich glücklich schätzen. Traditionelle Muster wie Black Doctor, Mar Lodge, Jock Scott, Silver Grey, Dusty Miller, Thunder and Lightning, Green Highlander oder March Brown werden immer noch benutzt und haben von ihrer Fängigkeit nichts eingebüßt. Auch einheimische, traditionell gebundene Fliegen, die teilweise 60-70 Jahre alt sind, erfreuen sich immer noch großer Beliebtheit.

»Villenvillapaita« von Jame Helander ist eine der fängigsten Hairwingfliegen am Teno.

Foto: Jame Helander (Utsjoki)

Bis vor wenigen Jahren durfte am Teno nur mit der einschenkligen Fliege ab der Größe 2/0 und größer gefischt werden. Mittlerweile hat sich vieles verändert, es gibt keine Größenlimits und auch doppelhakige sowie mit Drillingshaken bestückte Fliegen dürfen eingesetzt werden.

Eine immer wieder geäußerte Theorie besagt, dass eine bestimmte Lachsfliege nur bei ganz bestimmten Verhältnissen fängig ist. Diese Aussage steht auf wackligen Beinen. Nach Meinung vieler erfahrener Lachsfischer vom Teno kann mit ein und derselben Fliege bei Hochwasser, bei Niedrigwasser, in der Nacht, bei Regen oder auch beim hellsten Sonnenschein ein Lachs gefangen werden. Andererseits gilt auch für die Fliegenauswahl der ähnliche Grundsatz wie bei der Wobblerauswahl. Bestimmte Kriterien gelten nach wie vor. Entscheidend sind die aktuellen Verhältnisse, etwa Wetter, Wasserstand, Temperatur, Umgebungsfarben, Ortslage und der Verlauf der Saison.

In vielen Fällen kann man ein und dieselbe Fliege am Oberlauf wie am Unterlauf anbieten. Aber die Größe der Fliege ist entscheidend. Am Oberlauf werden meist kleinere Fliegen angeboten, aufgrund der schwächeren und flacheren Strömung. Am Unterlauf dagegen kann eine kleine Fliege nicht ausreichend tief geführt werden kann, bedingt durch die großen und tiefen Strömungsverhältnisse.

Der Bootsfischer hat gegenüber dem Fischer am Ufer den großen Vorteil, dass er Strömungsabschnitte oder große Pools systematisch befischen kann. Insbesondere am Unterlauf des Teno gibt es für das Fliegenfischen vom Ufer aus nur bestimmte Stellen, an denen der Angler seine Fliege erfolgversprechend aufsteigenden Lachsen präsentieren kann. Ganz hervorragende Chancen hat er an den Alaköngäs-Stromschnellen und den unterhalb der Schnellen gelegenen Kiesbänken (Boratbokca). An diesen Stellen hat der Lachs, aufgrund der starken Strömung, nicht viel Zeit, eine Fliege zu begutachten, und er ist als blanker Frischaufsteiger auch nicht sonderlich wählerisch, was die Art der Fliege betrifft. Wichtig ist, dass der Fliegenfischer an den Stellen seine Fliege präsentiert, an denen die Lachse aufsteigen.

Mystik und Wahrheit

Es gibt viele Beispiele für Lachsfliegen, die mehrere Sommer unschlagbar waren, aber urplötzlich, aus welchem Grunde auch immer, nicht mehr funktionierten. Auch am Teno gab es sagenumwobene Fliegen, die berühmt waren für ihre Fängigkeit, unabhängig vom Wetter sowie saisonalen Einflüssen. Ein Beispiel ist die weißgeflügelte »Sweep«, die mehrere Sommer ihre Fängigkeit bewies, aber dann war der Zauber plötzlich verflogen. Auch in heutigen Zeiten gibt es diese Beispiele, wobei nur die kleinste Veränderung an einer Fliege diese zu einer »Legende« macht.

Das Allerwichtigste für den Lachsfischer ist ein hundertprozentiges Vertrauen in die Fliege, mit der er fischt. Wenn man nur ein kleines bisschen unsicher ist, ob die Fliege richtig schwimmt oder die Farbe auch passt, dann kann man sicher sein, dass man nichts fängt.

Viele Lachsfischer binden selber ihre Fliegen. Es gibt Sommer, in denen man in seiner Fliegenschachtel einfach nicht die Fliege findet, die die Verhältnisse gerade verlangen. Aber der Angelfreund gleich nebenan fängt einen Lachs nach dem anderen. Wenn man dann Bindestock und Material dabei hat, bindet man an Ort und Stelle eine passende Fliege. So entstehen auch am Teno, in der Hütte oder an den Ufern, die Fliegen des Sommers. In Wahrheit entscheidet aber immer der Lachs, ob er eine Fliege nimmt oder verschmäht ...

Fazit

Allgemein kann man feststellen, dass der am Teno angelnde Fliegenfischer (ob er vom Boot oder auch vom Ufer aus operiert), mit relativ wenigen Mustern auskommt. Natürlich kann man auch sein gesamtes Fliegensortiment mitbringen, man hat die Qual der Wahl.

Wichtig ist allein die Tatsache, dass man, wenn möglich, für die jeweils herrschenden Bedingungen (abhängig von der Saison) passende Fliegenmuster dabei hat. Die farblichen Nuancen sind nicht so entscheidend, wohl aber die Größen und die unterschiedlichen Kontrastalternativen.

Besonders in dunkleren Nächten (auch Mittsommernächte können bei dichter Bewölkung und Regen ziemlich dunkel sein) ist die Farbgebung nicht so bedeutsam. Eher schon der Kontrast und die Silhuette einer Fliege, die sich vom Lachs aus gesehen, vom helleren Nachthimmel abzeichnet. Oft lösen kleine, farbige Reizpunkte, an einer ansonsten schlicht gebundenen Fliege, den Beißreflex eines Lachses aus.

Ähnlich wie beim Schleppfischen mit Wobblern, gelten auch für den Fliegenfischer einige Grundregeln:

Zu Beginn der Saison bei noch kalten Temperaturen und hohem Wasserstand sind große Fliegen bis # 5/0 und farbige, fast leuchtende Farben mit viel Kontrast. (z.B. Black Doctor) angebracht.

Bei sinkendem Wasserpegel und klarer werdendem Wasser werden die Fliegen kleiner (jetzt auch mit Doppel- oder Drillingshaken bestückte Fliegen), silberfarbene gebundene Körper (z.B. Silver Grey) oder auch einschenklige Fliegen bis max. # 2/0 kommen zum Einsatz. Bewährt haben sich auch in sonnigen Morgenstunden und bei einer Wassertemperatur unter 14 °C Fliegenvariationen der Silver Doctor.

Zur Mittsommernachtzeit, bei normalem Wasserstand und Temperaturverhältnissen (ca. 10-14 °C) und schönem Wetter sind jetzt auch Fliegen in Umgebungsfarben mit grün/goldenen Kontrast und in verschiedenen Größen erfolgreich. In sonnigen Morgenstunden: gelb/grüne Muster (z.B. Green Highlander), klassisch oder als Haarfliege. Auch große einschenklige, klassische Muster von # 2/0-6/0 (z.B. Mar Lodge) für große Lachse. In nächtlichen Stunden: dunklere Muster mit giftgrünem oder schwarzem Hakenkörper und starken Kontrastfarben (z.B. Thunder and Lightning). Tagsüber bringen kleine, mit Doppel- oder Drillingshaken gebundene Haarfliegen von # 6-10 gute Erfolge. Bei Morgennebel kann man weißgeflügelte Fliegen (z.B. Royal Coachman) in verschiedenen Größen anbieten und bei Regen oder Niesel Fliegen mit silbernen Körpern (z.B. Dusty Miller) bis zur # 5/0 klassisch gebunden oder als Haarfliege mit Doppelhaken in kleineren Größen.

Bei Niedrigwasser und hohen Wassertemperaturen wird es problematisch. Mit kleinen, kontrastarmen Fliegen von # 6-10 und mit relativ dick gebundenen Körpern kann man es trotzdem versuchen. In kupfer- und weinrotfarben gebundene Körper haben sich gut bewährt. Bei sehr hohen Wassertemperaturen (über 20 °C) muss man in die Trickkiste greifen und den passiven Lachsen aussergewöhnliche Fliegen präsentieren. Die Fliegengröße sollte klein sein und die Farbgebung ruhig kontrastreich (gelb/rot oder orange/gelb/schwarz). Eine immer gute Wahl ist die klassische Jock Scott. Auch fluoreszierende Farben kommen zum Einsatz.

Zum Ende der Saison (August) werden die Fliegen wieder größer und die Farben sanfter. Sehr gute Wahl sind dunkel-olive, weinrote und violette Farben. Für die »Jagd« auf Großmilchner über 20 kg werden in der Regel dunkle bis schwarze Fliegen verwendet. Aber auch kräftig gefärbte Reizfliegen, wie zu Beginn der Saison, können einen Großmilchner am Tage zum Anbiss verleiten. In dunklen Augustnächten sind Kontrastfliegen mit ausgeprägter Silhuette immer erste Wahl. Auch vereinzelte, silberblanke Aufsteiger sind noch im Fluss, und Fliegen wie zu Saisonanfang können eingesetzt werden.

Sehr hilfreich ist es für den erstmaligen Tenobesucher, einmal einem einheimischen Lachsfischer über die Schulter zu schauen. Viele Lachsfangunternehmer sind erfahrene Fliegenfischer und geben bereitwillig Auskunft und Tipps, welche Fliegen man bei welchen Verhältnissen einsetzen sollte. Man kann sich glücklich schätzen, mit einem erfahrenen Bootsführer im Boot zu sitzen, um so in die Geheimnisse des Lachsschleppfischens mit der Fliege eingeweiht zu werden.

Petteris Spezialfliege

Petteri Valle – Einheimischer und Betreiber des Blockhüttendorfes »Poronpurijat« am Teno in Utsjoki – zeigte mir eine selbstgebundene Lachsfliege der Hakengröße 2/0 mit einem violettfarbenen Körper und braunen Flügeln. Die Fliege erregte sofort meine Aufmerksamkeit!

Das Gesamtbild der Fliege ließ mein Herz höher schlagen – das Gebinde hatte das gewisse Etwas, etwas worauf ich bei der Auswahl des richtigen Lachsköders für bestimmte Verhältnisse immer besonders Wert lege. Die Fliege roch geradezu nach einer Erfolgsfliege. Ich hatte das Gefühl, dass ich mit dieser Fliege einen großen Milchner bis zur Weißglut reizen könnte.

Ich musste diese Fliege auf der Stelle am Kordsam-Pool ausprobieren – an dem Lachspool, der berühmt ist für seine großen Milchner, die jeden Sommer im Laufe der Saison dort Station machen, um entweder weiter flussaufwärts zu wandern oder ihre Laichverstecke gleich dort in den Untiefen des Pools aufzusuchen. Ich wusste, dass sich im Pool schon einige große Lachse aufhielten, darunter auch ein Brocken von schätzungsweise 28-30 kg an Gewicht, der mich schon im letzten Sommer geärgert hatte. Nicht nur mich, sondern auch etliche andere Bootsfischer, die den Lachs zu Gesicht bekamen oder sogar schon direkten Kontakt mit dem Herrscher des Pools hatten. Er war wieder da – ich war mir hundertprozentig sicher.

Vor mir ruderten Angel-Touristen und ich war dicht hinter ihnen, vielleicht sogar ein bisschen zu nahe. Direkt hinter dem vor mir treibenden Boot kam plötzlich ein gewaltiger Lachs an die Wasseroberfläche – wie ein U-Boot aus der Tiefe. Der Milchner attackierte ohne zu zögern die von Petteri ausgewählte Lachsfliege. Ich sah die weitgeöffneten, weißen Kiemendeckel unmittelbar vor der Fliege. Der Lachs nahm den Köder und tauchte ab. Die Schnur verschwand in die Tiefe, aber straffte sich zu meiner Überraschung nicht, im Gegenteil, sie gab nach. Noch einmal griff der Milchner an und ich ruderte mit aller Kraft flussaufwärts, um mit diesem »Monster-Fisch« Kontakt zu bekommen. Wasser spritzte ins Boot und ich befand mich schon weit vor dem Boot mit den anderen Anglern, die mir verdutzte Blicke zuwarfen. Die Schnur straffte sich einfach nicht, es war kaum zu glauben!

Der Milchner hatte die Fliege ausgespuckt. Ich sackte völlig fertig im Boot zusammen und konnte es einfach nicht begreifen, dass dieser riesige Lachs mich ausgetrickst hatte.

Ich fuhr sofort zurück zu Petteri und erzählte ihm von meinem Erlebnis. Petteri fackelte nicht lange, band noch eine identische Fliege und fuhr auf der Stelle mit seinem Boot nach Kordsam, um sich diesen Lachs einmal vorzunehmen.

Wenn nicht Petteri den Milchner überlisten konnte, wer dann. Aber: Ihn ereilte das gleiche Schicksal wie mir. Alle einheimischen Spezialisten waren einhellig der Meinung, dass die Fliege gut sei, aber ein Lachs in dieser Größe sei nun mal ein schwerer Gegner.

Eine Woche verging und eines schönen Morgens gegen 5.30 Uhr fuhr ich mit einem Bekannten aus Helsinki wieder nach Kordsam, um dem weitgereisten Gast das Schleppfischen auf Lachs näher zu bringen. Auch einige andere, aber kleinere Milchner hatten in den zurückliegenden Tagen schon an Petteris Fliege ihr Interesse bekundet, aber meine Gedanken kreisten nur um diesen einen gewaltigen Fisch. Am Startplatz der Bootsfischer angekommen, konnte ich in meinen Fliegenschachteln Petteris Fliege nicht finden. Ich war ratlos – war die Fliege in falsche Hände geraten, oder hatte ich sie schlichtweg auf einem Uferstein liegen lassen? Es war zum Haare raufen, aber nicht zu ändern; die Fliege blieb verschwunden. Zum Glück hatte ich noch einige spezielle Lachsfliegen des ehemaligen Bindeweltmeisters Toni Kakkuri dabei, wovon ich drei auswählte und an die Hauptschnüre knüpfte. Es ging los und ich gab meinem Bekannten das Zeichen, die Köder zu Wasser zu lassen.

Der Pool war unser – keine weiteren Boote zu sehen. Mein Angelgast war aufgeregt. Ich nicht, ich war enttäuscht und sauer. Wo war bloß Petteris Fliege? Die seitlichen, langen Teleskopruten lagen fertig in den Halterungen, es fehlte nur noch die letzte in der Mitte am Außenborder vorbei, da bog sich schon die erste Rute. Nein, nicht hier, dachte ich grimmig. »Das war zu früh, die falsche Stelle«, rief ich meinem Bekannten zu. Die Bremse der Rolle sang in den höchsten Tönen – der Lachs stürmte flussabwärts. Dann bog sich die Rute nicht mehr. »Hat sich vom Haken befreit«, sagte ich tonlos und versuchte, enttäuscht zu wirken. »Lass es uns weiter probieren, die richtigen Stellen kommen erst noch«, versuchte ich meinen Gast zu trösten. Am Ende des Ruderabschnittes befindet sich ein großer Stein mitten im Pool. und genau dort bemerkte ich eine leichte Bewegung an der Wasseroberfläche. Nur das geübte Auge erkennt an den kleinen Wellen eine Rücken- oder Schwanzflosse eines großen Lachses. Er war da, wo ich ihn erwartete. Der große Milchner hatte sein Versteck verraten.

Langsam und so leise wie möglich näherte ich mich dem aus der Strömung ragenden Stein und ließ die Fliegen tief in das Reich des Riesen sinken. Ich ließ das Boot fast an Ort und Stelle treiben, nur durch leichte seitliche Bewegungen und kurze Ruderschläge ließ ich die Fliegen vor dem Stein tanzen. Ein sich wiederholender, gleichförmiger Rhythmus. Nichts passierte, alles blieb ruhig, kein Laut war zu hören, keine Lachse waren zu sehen. Wenn ich doch jetzt Petteris Fliege hätte, dachte ich verzweifelt. »Wir haben noch ein bisschen Zeit, aber um 6.45 Uhr muss ich zur Arbeit«, sagte ich leise zu meinem Gast.

Große Fliegen für große Lachse! Beim Bootsfischen auf große Milchner kann man getrost längst vergessene Hakengrößen bis # 3/0 oder größer einsetzen. Auch klassische »fully dressed« Lachsfliegen wie z.B. die Jock Scott oder Mar Lodge können für so manche Überraschungen sorgen. Auch völlig verrückte buschige schwarze Streamer wie im Bild oben abgebildet, haben schon so manchen großen Milchner bis zur Weißglut geärgert.

Der Glaube war noch da, aber die Uhr tickte unnachgiebig und scheinbar immer schneller.

»Wie spät ist es?«, fragte ich genervt. »6:35 Uhr«, kam prompt die Antwort von einem schon etwas enttäuschten Angler. Ich ruderte entlang des finnischen Ufers und die alten Polizeihütten waren schon in Sichtweite. Hier in der Nähe des Ufers kannte ich das Versteck eines anderen, aber viel kleineren Milchners. Sein »Häuschen« lag ebenfalls im Bereich eines großen Steins und ich vollführte die schon genannten Bootsmanöver. Die zum Stein zeigende Rute fing an zu wippen und bog sich beängstigend. »Jetzt haben wir ihn!«, rief mein Gast triumphierend. Ich tat nichts. Ich weiß nicht warum und was mich bewegte, einfach nichts zu tun und das Boot treiben zu lassen. Die Rute bog sich nicht mehr. »Ich muss zur Arbeit!« rief ich laut.

»Das war aber ein wirklich großer, oder?«, hörte ich von vorne.

»Ja, wahrscheinlich«, sagte ich leise zu mir selber und schaute ins Leere. Ich kurbelte die Köder ins Boot. Mein Gast blieb stumm und schaute resigniert auf seine Uhr.

Hätte ich doch Petteris Fliege dabei gehabt, waren meine einzigen Gedanken und ich fuhr mit Vollgas ans Ufer ...

Übrigens: Mein Gast kam bei nächster Gelegenheit doch noch zu »seinem Fisch«!

(Finnischer Originaltext von Esa Karpoff)

Abenteuer und Romantik vermischen sich am Teno.

LJ-VAAPPU – Leo Juntunen und seine Wobbler
Die Auswahl eines Lachswobblers ist eine Kunst

Wer nicht mit Sorgfalt einen Lachswobbler auswählt, kann auf einen Anbiss lange warten. Manchmal findet man den richtigen Wobbler durch Zufall, aber der erfahrene Lachsfischer beachtet bei der Durchsicht seiner Kunstköder- und Fliegenschachteln sämtliche relevanten Kriterien.

Leo Juntunen ist solch ein erfahrener Lachsfischer – viele Jahre ist er dieser Spezies der Salmoniden schon auf der Spur, und eines Tages begann er eigene Wobblermodelle zu entwickeln. Letztendlich stellte er Wobbler in Eigenregie her und gründete seine eigene Firma LJ-VAAPPU in Kajaani – der Siegeszug der inzwischen legendären LJ-Wobbler konnte beginnen.

Leo Juntunen – genannt Leksa – berücksichtigte schon in den Anfängen seiner Tätigkeit die Ratschläge und Erfahrungen alter, erfahrener Lachsfischer. Insbesondere wie sich Wetterbedingungen und Umgebungseinflüsse auf die Beißwilligkeit der stromaufwärts ziehenden Lachse auswirken.

Juntusens Ratschläge

Leksa kennt den kristallklaren Teno im Norden Finnlands wie seine Westentasche: »Wenn im Frühjahr Hochwasser am Teno herrscht und das Wasser humusfarben ist, ist das Wasser kalt, so um die 4-6 °C. Dann knüpft man ans Schnurende große Wobbler. Die Farben der Wobbler sollten aggressiv sein und sich gut unterscheiden. Jetzt spiegeln sich auch noch keine Umgebungsfarben im Wasser.«

Juntunen fasst mit einer kleinen Zange die Kopföse eines Frühjahrwobblers (durch Bewegen der Kopföse kann man die Laufeigenschaft eines Wobblers beeinflussen) und trimmt den Köder so, dass er nur wenige Bewegungen im Testbecken ausführt.

»Heftige seitliche Bewegungen des Wobblers sind im Frühjahr nicht so gut«, fährt er fort und schaut sich genau die Bewegungen des Objekts im Testbecken an.

Der Sommer bringt »Umgebungsfarben«

Je weiter der Sommer voranschreitet, desto mehr beeinflussen Umgebungsfarben die Auswahl der Köder für den Lachsfang. Insbesondere bei Fliegen und Wobblern sind die Möglichkeiten der Farbgebung nahezu unbegrenzt. Bestimmte Farben, die sich über lange Zeiträume bewährt haben, werden natürlich immer in die Auswahl mit einbezogen. Im Verlauf des Frühsommers steigt die Wassertemperatur und die humusfarbige Trübung des Wassers wird weniger.

»Jetzt ist die Zeit gekommen, kleinere Wobbler anzubieten«, rät Juntunen und deutet auf die, wie er es nennt: »Umgebungsfarben«-Wobbler. Was ist die Besonderheit bei diesen Ködern?

»Die Umgebungsfarben sind die Farben, die man für die seitliche Farbgebung der Wobbler auswählt; dass heißt man schaut sich genau die Farbnuancen des Uferbewuchses, die Himmelsfarben und die Farbgebung des Wassers an. Alle Farben, die sich im Wasser spiegeln und ins Blickfeld des Lachses geraten.«

Bevor ich weiterfragen kann, fährt er erklärend fort: »Wenn z.B. ein Sonnenstrahl einen Goldglanz auf den Körper des Wobblers wirft und von den Tundrabirken sich ein Grünschimmer im Wobblerkörper spiegelt. Wenn der Himmel tiefblau ist, dann gibt man auf die Unterseite des Wobblerkopfes einen Tupfen blaue Farbe, das ist es!«

Wobblermeister Juntunen kramt aus einer Kiste routiniert zwei kleine Wobbler zur Ansicht.

Von der Mystik zur Wahrheit

Gegen Mittsommer steigt die Wassertemperatur immer noch langsam, aber stetig an. Jetzt trimmt man die Wobbler dahingehend, dass der hintere Körper des Wobblers leichte Bewegungen nach links und rechts ausführt. Die Farbgebung der Wobbler ist nicht mehr so aggressiv und die Wobbler sind klein. Bewährte Farben sind z.B. braun und olive. Abhängig von trockenen oder nassen Sommern, verwendet man in der Regel »gut gehende«, also bewährte Farben.

»Und nach Regengüssen immer Umgebungsfarben einsetzen«, betont Leksa. Man soll sich immer daran erinnern, dass es eine Weile dauert, bis nach einem starken Regenguss das Wasser wieder seine ursprüngliche Klarheit erreicht hat. Beim Fischen sollte der Angler also immer die Farben der Umgebung, des Wassers, des Flussgrundes und natürlich die Witterungseinflüsse im Auge behalten. Ein gutes Beispiel sind die Farbspiele in der Abenddämmerung, wenn kupferne und violette Farbtöne vorherrschen.

»Der aufmerksame Lachsfischer sorgt für diese Fälle immer vor, indem er unterschiedliche Farbmuster mit ins Boot nimmt«, bekräftigt Juntunen und gräbt mit beiden Händen eine große Auswahl farbiger Wobbler aus seiner schier unerschöpflichen Kiste.

Wenn die Nächte dunkler werden

Leksa wandert im Kalender weiter. »Im August, wenn man auf die sogenannten Standortlachse fischt, sollte der Angler sich daran erinnern, dass der Lachs sein kommendes Laichrevier verteidigt und jegliche Eindringlinge vehement attackiert. Die Wobbler dürfen unterschiedlich groß sein, aber die Farbgebung muss bedrohlich wirken. So ein »hässlicher« Wobbler sollte schwarz- und braunfarben sein und mit zusätzlich kleinen, silbernen Pünktchen versehen.« Diese Wobbler haben in Leksas umfangreicher Sammlung den Codenamen »F9« bekommen. »Diese Codierungen braucht man auch unter den hunderten verschiedenen Modellen, sonst kommt man in arge Schwierigkeiten«, seufzt der Meister und beginnt sogleich über die Laufeigenschaft eines Wobblers zu erzählen, die vielleicht noch wichtiger sei, als die farblichen Alternativen.

Die Bewegung des Wobblers

Als erstes geht man von einem fast bewegungslosen Wobbler aus; nur bei hohem Tempo und starken Wendungen des Bootes vollziehen sie schwache Bewegungen.

Im Sommer darf der Wobbler mit kleinen seitlichen Bewegungen »wobbeln«, aber in der Regel trimmt man den Wobbler in der Zeit starker Lachsaufstiege so, dass er unregelmäßige starke Bewegungen zur Seite ausführt und auch durch Kippen in der Längsachse seine Flanken zeigt. Sehr erfolgreich ist auch eine starke, stakkatoartige Bewegung des hinteren Bereiches des Köders. Heutzutage besitzen schon alle vorgefertigten Wobbler eine gewisse Grundeinstellung. Die Feineinstellung wird immer erst an der Kopföse eines Wobblers vorgenommen. Zur Laichwanderung der Lachse empfiehlt es sich, den Lachsen alle möglichen Laufeigenschaften zu präsentieren. Frischaufsteiger nehmen erfahrungsgemäß wahllos und vehement dargebotene Köder.

Mit einem kleinen Messer, so Leksa, könne man den Körper oder die Tauchschaufel durch Abschaben so beeinflussen, dass sich die Laufeigenschaft verändert. Juntunen empfielt aber Korrekturen nur durch Fachleute durchführen zu lassen. Ein zu viel korrigierter Wobbler kann unter Umständen unbrauchbar werden. Juntunen geht beim Trimmen eines Wobblers immer sehr umsichtig und vorsichtig vor und schafft es, bei einem neu angefertigten Wobbler immer die richtige Laufeigenschaft herauszufinden.

»Die alte Vorgehensweise des Abschabens eines Wobblers kommt aus einer Zeit, in der die Wobbler eher steife Bewegungen ausführten«, erläutert Leksa und erinnert daran, dass man bei Hochwasser große Wobbler verwendet, bei Niedrigwasser eher kleine. So entstanden seine unterschiedlichen Modelle.

Auch die Größe spielt eine Rolle

Bei der Frage nach der »richtigen« Größe eines Wobblers, erzählt Leksa, mit den Armen rudernd, dass er einen 10 cm langen Wobbler kreiert hat, der einen verletzten Fisch imitieren soll. Besonders in Schweden und Norwegen habe man mit dieser Version gute Erfolge erzielen können. Wenn der Lachs zur Laichwanderung in den Fluss aufsteigt, attackiert er noch mutig größere

Wobblermeister Leo Juntunen (li.) bei seiner Lieblingsbeschäftigung: »Die Auswahl des richtigen Köders ist eine Kunst«.

Foto: Hannu Räisänen

Kontakt: LJ-Vaappu
Tanskasentie 16, FIN-87250 Kajaani
leo.juntunen@lj-vaappu.com, www.lj-vaappu.com

Ein Prachtkerl von Lachsmilchner:
23 kg schwer und 128 cm lang.
Angeltechnik: Schleppfischen, Köder: Wobbler
Stolzer Angler: Harri Matikainen
Foto: Archiv H. Matikainen

Wobbler und das gleiche wiederholt sich im August, wenn er beginnt, sein Laichrevier zu verteidigen. Die längere Wobblerversion hat sich auch als sehr fängig gegenüber Raubfischen wie Hecht und Zander erwiesen. Das Gleiche kann man auch von den 7,5 cm langen, »Tissi«-Wobblern sagen. Die »Tissi«-Wobbler haben die Besonderheit, dass sie an beiden Seiten, im vorderen Bereich, eine kleine Ausbuchtung nach außen besitzen und so eine natürliche, verlockende Schwimmbewegung unter Wasser vollführen.

»Die Idee, die »Tissi«-Wobbler etwas zu vergrößern, spukte schon lange in meinem Hinterkopf, aber als der dreimalige ›Lachskönig‹ vom Teno, Antti Länsman, mir die Vorteile einer Vergrößerung eingehend erläuterte, fiel mir die Entscheidung leicht«, versichert Juntunen.

Dem Kunden zuhören

Juntunen ist immer sehr an den Erfahrungsberichten erfolgreicher wie erfolgloser Lachsfischer interessiert und hört genauestens zu, wenn es Verbesserungsvorschläge gibt. Viele seiner Wobblermodelle sind mit Hilfe von Kundenwünschen und -erfahrungen entstanden. Ob bei Neubestellungen oder beim Entwickeln neuer Modelle nutzt er den Erfahrungsschatz der Angel-Praktiker.

Wobblermeister Juntunen wiederum versteckt auch sein großes Wissen nicht in einer Schublade; seine Ratschläge und Tipps könnten ein ganzes Buch füllen. Im Winter hat Leksa mehr Zeit für seine Kunden, es wird viel telefoniert und viele Klienten besuchen ihn auch in Kajaani. Bei einem Kaffee werden dann tiefgreifende Gespräche geführt. Ratschläge und Tipps bekommt man bei Interesse auch über das Internet.

Wo man Leo Juntunen im Sommer vorwiegend findet? Natürlich irgendwo am Teno!

(Finnischer Originaltext von Hannu Räisänen)

Die Hoffnung stirbt zuletzt
Erlebnisse an einem großen Lachsfluss

Welch eine Genugtuung und Freude für meine Kameraden und mich. Ausgelassen wie junge Teenager hüpften wir am Ufer des Teno um das hellleuchtende, nächtliche Lagerfeuer und konnten uns gar nicht mehr beruhigen. Was mich besonders erstaunte und auch amüsierte, war die ehrliche Freude und Ausgelassenheit meiner Mitangler, die ich in dieser Form nicht erwartet hatte. Leo »Leksa« Juntunen, der urwüchsige Naturbursche und erfahrene Lachsfischer, war ganz aus dem Häuschen, immer wieder krachte eine Pranke von ihm auf meine Schultern, so das mir schon die Luft wegblieb. Mein Bootsführer Ismo Tiittanen, den ich erst vor wenigen Minuten kennengelernt hatte, war äußerlich ruhig, aber strahlte über das ganze Gesicht. Dafür aber hüpfte seine Frau Sari umso heftiger um uns herum, und bediente ihre Digitalkamera ununterbrochen. Unser zweiter Bootsführer, Pietu Länsman, ortsansässiger und absoluter Experte für das Fischen mit dem Boot in Stromschnellen, grinste ebenso breit wie der Rest der Truppe.

Hannu »Hanski« Räisänen, war zu Anfang nicht bei der allgemeinen Freudenfeier zugegen, aber so wie ich ihn kannte und schätzen gelernt hatte, kümmerte er sich bei aller Freude über einen gelungenen kleinen Fischzug zuerst immer um sein Equipment. Hanski filmte ja seit etlichen Sommern unsere Lachsabenteuer am Teno und dies mit besonderer Intensität. Erst einige Zeit später sollte er sich zu uns gesellen und uns darüber aufklären, warum er so lange mit seiner Filmkamera beschäftigt war. Was hatte ich nicht bisher schon alles mit und Dank jetzt guter Freunde am und auf dem Teno für kleine und großw Angel-Abenteuer bestehen dürfen. Wie viel hatte ich lernen müssen, wie viel schon erleben können. Meine Gedanken führten mich zurück ...

Stromschnellen und Lemminge

Der Sommer im Tenotal neigte sich langsam dem Ende zu. Es war Anfang August. Die Tage wurden kürzer und nachts verhüllte schon die Dunkelheit für einige Stunden das Tal und die umliegenden Bergrücken. Die Lachssaison am Teno hatte ihren Höhepunkt überschritten, was aber nicht hieß, dass keine Lachse mehr im Fluss waren – denn immer noch stiegen Blanklachse vom Eismeer flussaufwärts, zwar nicht mehr in so großen Runs wie zur Mittsommerzeit, aber immer noch als letzte Welle, bevor die Laichzeit im Oktober/November ihren Höhepunkt erreichen sollte. Hinzu kam die Tatsache, dass jetzt Anfang August viele Standortlachse ihr Laichrevier gefunden hatten und mit entsprechenden Ködern hauptsächlich vom Boot aus befischbar waren.

Jetzt gegen Ende der Saison waren nicht mehr so viele Touristen vor Ort und darauf hatten die Einheimischen nur gewartet. Unter den örtlichen Bootsführern gibt es am Teno viele Experten, die es auf die die wirklich großen Lachse, sprich: Milchner über 20 kg, abgesehen haben und durch jahrelange Erfahrung wissen, wie man man diese Superlachse mit der richtigen Rudertaktik erfolgreich befischt. Die einheimischen Bootsführer kennen ihren Fluss und ihre Lachse. Sie wissen um die Standorte und Verstecke der Fische, sie beherrschen ihre Boote spielerisch und sind jeder Situation gewachsen. Für einen ambitionierten Hobbyangler und jemanden, der das Bootsfischen auf Lachs erlernen möchte, gibt es nichts besseres, als jetzt eingeladen zu werden, mit einem Einheimischen im Boot zu sitzen, sei es nur als Passagier oder auch aktiv beteiligt, um an spannenden Fischzügen teilzunehmen.

Auch ich hatte etliche Male das Privileg, mit im Boot zu sitzen und die Kunst dieser Bootsführer bewundern zu dürfen, wie sie ihr Gefährt beherrschen, wie sie mit dem Außenborder hantieren, als hätten sie schon einen solchen in die Wiege gelegt bekommen. Wie sie gleichzeitig mit den Angelruten in reißender Strömung operieren, als wäre dies alles das Einfachste auf der Welt. Dazu kommt noch die außerordentliche Begabung, das Boot einfühlsam und vorsichtig mit den Rudern zu bewegen. Jeder einheimische Bootsführer beherrscht die Kunst, das Boot nicht nur über verheißungsvolle Stellen zu rudern, nein, sie beherrschen die Kunst, mit dem Boot zu fischen.

Das sie ebenso behend mit dem Kanu umzugehen verstehen, sei nur am Rande vermerkt. Sie »lesen« die Strömung, sie besitzen die Gabe, anhand der Oberflächenstruktur der Strömung zu erkennen, wie es unter der Wasseroberfläche ausschaut. Ein gewöhnlicher Bootsfischer erkennt dies nicht; er erkennt nicht, dass in vielleicht drei Meter Tiefe überhaupt keine Strömung vorhanden ist, dass sich hinter Steinen Kehrwasser bilden, Rückströmungen und Ruheplätze für die Lachse, die man von oben nicht erkennen kann. Der erfahrene Ortskundige aber weiß dies, rudert und führt das Boot mit seinen hinter dem Boot schleppenden Ködern in dem Wissen, dass, nur durch sein gekonntes Rudern, die Köder unter Wasser richtig »arbeiten«, er dadurch bei so manchem Lachs den Beißreflex auslösen kann.

Der Fliegenfischer wird dies kennen. Er hat die Möglichkeit, seine Fliegen mit unterschiedlichen Leinen und Schussköpfen zu präsentieren. Aber woran erkennt er, dass er seine Fliegen in der richtigen Tiefe präsentiert? Er muss die Strömung interpretieren und dies ist nicht immer einfach. Ob bei einer relativ engen Stromschnelle, ob bei einer Stromschnelle wie dem Alaköngäs am Teno, der fast einen halben Kilometer von einem zum anderen Ufer breit sind, gilt im Grunde immer der gleiche Grundsatz: Jeder Köder, ob Wobbler, Blinker oder Fliege, sollte in der Tiefe angeboten werden, in der auch der Lachs schwimmt. Einige Faktoren spielen dem Lachsfischer in die Karten, etwa der Wasserstand. Grundsätzlich kann man sagen, dass der Lachs immer versucht, die für ihn »einfachste« Route zu nehmen. Besonders bei Hochwasser kann man dies am Teno häufig beobachten. Auffallend oft steigen große Lachse, auch sehr nahe der Ufer flussaufwärts. Bei Niedrigwasser oder normalem Wasserstand sucht sich der Lachs, je nach Länge einer Stromschnelle, oft Stellen zum Ausruhen.

Dies kann etliche Meter hinter großen Steinen sein, eher seitlich an der Strömungskante, so gut wie nie direkt hinter einem großen Stein, aber sehr häufig vor Steinen. Oft erkennt man tiefe Stellen an einer spiegelglatten Oberfläche, auch die Farbgebung der Wasseroberfläche ist häufig sehr dunkel. Dort in mehreren Metern Tiefe kann das Wasser sehr ruhig sein und deswegen auch einen idealer Ruheplatz für aufsteigende Lachse darstellen. An manchen dieser Standorte kann ein Lachs über mehrere Tage verweilen, besonders im Spätsommer. Diese Stellen werden vom Bootsfischer genau unter die Lupe genommen. Der Angler am und vom Ufer hat manchmal das Problem, dass er genau diese vielversprechenden Punkte nicht erreichen kann. Aber er kann sich trösten, es gibt unzählige Stellen in seinem Wurfbereich, die sich lohnen, befischt zu werden. Der Uferangler, in diesem Fall ein Fliegenfischer, muss auch nicht unbedingt ein Weitwurfweltmeister sein oder bis zur Brust in die Strömung waten. Nein, wie schon erwähnt sucht sich ein aufsteigender Lachs in der Regel die einfachste und kraftsparendste Route flussaufwärts, und deshalb lohnt es sich für den Uferfischer, zuerst vielversprechende ufernahe Stellen zu befischen. Im Übrigen ist es, wie gesagt nicht unbedingt immer nötig, bis zur Brust in die Strömung zu waten. Ich steige selten tiefer als bis zu den Knien ins Wasser und fange trotzdem Lachse. Oft ändern Blanklachse ihre Route bei aufgewirbelten Sandflächen oder Kieselsteinchen, denn dies ist den Lachsen suspekt. Die Geräusche, die beim Waten entstehen, sind den Lachsen nicht geheuer. Den Sicherheitsaspekt beim Waten sollte man sehr ernst nehmen. Ist es aus irgendeinem Grunde doch nötig, sehr tief ins Wasser zu steigen, dann sollte man bitteschön zumindest einen Watstock bei sich führen und sich einen Gürtel um die Hüfte schnallen. So kann zumindest kein Wasser in die Wathose eindringen, wenn ein Malheur passiert. Mehrfach schon hat eben dieser Gürtel ein Menschenleben gerettet! Wenn denn nun ein Angler zum ersten Mal an das zu befischende Uferareal kommt, sollte er sich ein Stündchen Zeit nehmen, sich einen schönen Platz suchen und die Strömung beobachten. Eine notwendige Orientierung, die sich auszahlt!

Geduld und nochmals Geduld

Generell kann man sagen, dass sich ein Bootsfischer, ob touristischer Gast oder Einheimischer, am Teno immer Zeit nimmt, bevor es richtig losgeht. Und dies ist auch gut so. In meinen früheren Erläuterungen habe ich schon auf dieses traditionelle Prozedere der Bootsfischer hingewiesen. Dieses Ritual ist wichtig, aber auch gewöhnungsbedürftig, wie ich in meiner Lehrzeit oft feststellen musste. Es ist tatsächlich so, dass, wenn man eine Zeit zum Fischen vereinbart hat, am Ufer für die Vorbereitungen man noch locker eine Stunde einkalkulieren muss, bis es endlich losgeht. Für manch einen Touristen schwere Kost, man will doch fischen und nicht am Ufer wertvolle Urlaubszeit vergeuden. Aber auch der Urlauber wird dieses Prozedere nach einigen Fischzügen verstehen lernen.

Nicht verstehen wird er wahrscheinlich den Aufwand und die Präzision einheimischer Guides bei der Vorbereitung zum Schleppfischen mit dem Boot. Am meisten Zeit vergeht bei der Auswahl der richtigen Köder für die jeweils herrschenden Verhältnisse. Dies ist eine Wissenschaft für sich und der Leser darf mir glauben, dass ich in meiner Lehrzeit viel Geduld aufbringen musste und mich ernsthaft wunderte, wie lange es manchmal dauerte, bis der ortsansässige Führer restlos zufrieden war mit seiner Auswahl der Köder und wie penibel genau das Schwimmverhalten, ob Lachsfliege oder Wobbler, im Uferwasser getestet wurde.

Einmal, ich kann mich gut erinnern, wagte ich etwas zu skeptisch zu schauen. Ich glaube, es war der erste Fischzug mit Esa Karpoff, einem der einheimischen Großlachsexperten. Wie dem auch sei, Esa bemerkte meinen fragenden Blick, grinste nur und holte Luft.

»Okay, machen wir Folgendes: Such dir eine Fliege oder einen Wobbler aus, ganz egal welche Farbe. Ich knüpfe den Köder so wie er ist an die Schnur, ja? Wenn wir mit dem Köder einen Lachs fangen, sind wir genauso schlau wie vorher, nicht wahr? Der Lachs entscheidet, welchen Köder er nimmt oder nicht, so ist es immer, aber wir können seine Entscheidung beeinflussen. Wir können ihn zu einer Entscheidung animieren, wir können es ihm leichter machen zuzubeißen. Weißt du wie? Durch das Trimmen der Köder, wir beeinflussen das Schwimmverhalten der Wobbler durch die kleine Zange. Wir verändern das Laufverhalten des Wobblers, indem wir die Kopföse ganz leicht verbiegen, wenn es die Bedingungen verlangen. Der Wasserstand, die Temperaturen, die Umgebungsfarben. Auch Lachsfliegen kann man trimmen und den Verhältnissen anpassen. Nehme ich eine große klassische oder eine kleine mit Doppelhaken? Die Farbgebung der Köder – eher bunt und aggressiv oder nur matt und eher dunkel gefärbt? Das Wetter spielt eine große Rolle beim Lachsfischen und auch der Saisonverlauf.

Der Lachs verändert sein Verhalten, weißt du. Er kann aggressiv sein oder auch nur passiv. Und das spielt alles eine große Rolle bei der Köderwahl, denn wir wollen ihn überlisten, aber das gelingt uns nur selten. Und das ist auch gut so, denn sonst wäre Lachsfischen langweilig. Eines darfst du nie vergessen – bleibe immer Optimist, sei überzeugt von deiner Köderwahl und glaube an den Erfolg. Habe Geduld und dies nicht zu knapp. Du musst zäh sein, dann wird aus dir noch ein feiner Lachsfischer und du wirst belohnt werden!« Esa beendete seinen Vortrag mit einem bekräftigenden Kopfnicken.

Tja, so weit, so gut. So fing alles an, und in den folgenden Jahren musste ich oft an Esas Worte denken. Geduld ist ein großes Wort und allzu oft wurde diese Tugend in meiner Anfangszeit am Teno auf eine harte Probe gestellt. Mehr als ein Mal, gab es beim Bootsfischen Situationen, in denen ich einfach nicht mehr konnte, ausgelaugt und todmüde nah daran war aufzugeben. Aber dann, nach endlosen Nächten, durchgefroren und nass bis auf die Haut, nur noch beseelt von dem Wunsch, in die Sauna zu kommen und zu schlafen, hungrig und das Hinterteil nicht mehr spürend, dann endlich bog sich die Rute, die Rolle sang in den Tönen, auf die man so gewartet hatte. Ein Weckruf, der schöner nicht sein könnte, und alles Leidige war vergessen! Alle Sinne arbeiteten auf Hochtouren – ein Lachs kämpfte am anderen Ende der Schnur! Oft genug konnte sich der Lachs wieder befreien, aber alleine die Tatsache, dass ein Lachs einen Köder akzeptiert hatte, entfachte sofort Begeisterung und jedwede Müdigkeit war mit einem Schlag verflogen! Um einem Missverständnis vorzubeugen muss ich an dieser Stelle klarstellen, dass man natürlich nicht stundenlang im Boot sitzt, den Unbilden der Witterung ausgesetzt ist, um, koste es was es wolle, unbedingt den Lachs seines Lebens zu fangen. Im Gegenteil. Es ist schlichtweg unnötige Energievergeudung und unsinnig, mit Gewalt zu versuchen, einen Atlantischen Lachs auf diese Weise an die Haken zu bekommen. Auch ich, ebenso wie unzählige weitere passionierte Angler wie Touristen, habe die Erfahrung machen müssen, dass man gut beraten ist, sich in der ersten Zeit eines Tenoaufenthaltes zuerst einmal mit den Örtlichkeiten vertraut zu machen. Sich ein Bild zu machen von dem Abschnitt des Flusses, den man befischen möchte, ob mit dem Boot oder vom Ufer aus.
Natürlich ist das Kennenlernen eines Flussabschnittes davon abhängig, wieviel Zeit man mitbringt. Der weitgereiste Tourist, der vielleicht gerade einmal für eine Woche Zeit hat, möchte natürlich nicht tagelang nur einen Flussabschnitt studieren und am Ufer entlang wandern. Nein, er möchte natürlich fischen und stolz seine Beute präsentieren. Diesem Fischer kann aber geholfen werden, vorausgesetzt er akzeptiert die Tatsache, dass ein Atlantischer Lachs, und dazu

auch noch ein wilder Lachs, sich nicht im geringsten dafür interessiert, wieviel Zeit der Urlauber mitgebracht hat, und, manchmal Bedingungen herrschen, die für einen erfolgreichen Fischzug nicht sehr förderlich sind. Der Angelfreund sollte sich zumindest für die erste Zeit einen einheimischen Guide leisten. Er wird dies nicht bereuen. Gerade beim Bootsfischen ist einiges zu beachten, und wenn ein ortskundiger Bootsführer mit im Kahn sitzt, hat der Tourist viele Vorteile. Nicht nur, dass er den Fluss kennenlernt, zumindest den Abschnitt, den es sich lohnt zu befischen, auch seine Fangchancen erhöhen sich deutlich. Einen Fang kann ihm auch ein Bootsführer nicht versprechen, auch bei besten Bedingungen nicht, aber der Gast wird durch die Anwesenheit eines Bootsführers so viel lernen, dass er vielleicht noch in der Woche seines Aufenthaltes oder sonst beim nächsten Besuch, sich zutrauen wird, ohne einen Guide mit dem Boot zu fischen. Es gibt aber auch etliche Stammgäste, die Sommer für Sommer zurückkehren und sich immer wieder die gleiche Unterkunft mit Guide-Service reservieren. Nicht wenige Besucher engagieren auch Jahr für Jahr den gleichen Bootsführer und nutzen dessen Erfahrung und Ortskenntnis. Nicht selten entstehen so Freundschaften fürs Leben.

Mein Ratschlag: einen Flussabschnitt gründlich kennenlernen, sich die Strömungsverhältnisse und Kolke einprägen. Sich Besonderheiten wie große Steine und einmündende Bachläufe merken und sich ganz besonders die Fahrtlinien einzuprägen. Insbesondere die Nutzung des Bootes mit Hilfe eines Außenborders fordert viel Aufmerksamkeit. Tiefe Pools stellen in der Regel keine großen Anforderungen, aber Stromschnellen sind tückisch und erfordern große Konzentration beim Navigieren. Je nach Wasserstand sollte man die vorgegebenen Fahrtlinien unbedingt einhalten, dies gilt für den gesamten Flussverlauf des Teno. Der Angler sollte sich nicht zu schade sein und sich zu Beginn des Aufenthaltes von Einheimischen diese Fahrtlinien genauestens erklären zu lassen. Genauso verhält es sich mit den Startplätzen, die nirgends an den Ufern vermerkt sind. Diese Startplätze sind immer anzufahren, auch wenn nur ein Boot am Ufer geparkt ist. Es ist geplant, diese Startplätze für Bootsfischer anhand von Schildern zu kennzeichnen.

Mit den Örtlichkeiten vertraut entwickelt sich das eigentliche Fischen zu einem Genuss. Ich verspüre keinen Druck mehr, ich weiß die Bedingungen einzuschätzen und dementsprechend zu handeln. Ich habe gelernt zu akzeptieren, habe gelernt mich anzupassen, habe gelernt der Natur meinen Respekt zu zollen. Zeit ist ein kostbares Gut, und Zeit sollte man sich beim Lachsfischen nehmen. Manche Stunde verbrachte ich am Ufer des Teno nicht mit Fischen, sondern habe beobachtet, habe mir die Strömung angeschaut und versucht, mich in das »Innenleben« eines Lachses hinein zu versetzen.

Piltamo (samisch: Bildan) bei Nivajoki

Wenn ich einen Flussabschnitt am Teno so gut wie meine Westentasche kenne, dann ist es ohne Zweifel der Abschnitt bei Utsjoki (samisch: Ohcejohka), also ab der gleichnamigen Stromschnelle in unmittelbarer Nähe der Samenbrücke bis ca. 6 km flussaufwärts, bis Radnukuoppa oberhalb des Aittisuvanto und des Aittikoski. Dieses Stück Teno kennen zu lernen, bis ich beinahe jeden Stein kannte, kostete mich fast sechs Sommer. Zur Vorstellung dieses Flussabschnittes komme ich später noch.

Um sich einen Fluss wie den Teno mit seinen fast 360 km Länge vollständig »anzueignen«, würde mein Leben, fürchte ich, nicht ausreichen. Aber einige interessante Stellen flussaufwärts und -abwärts habe ich in den letzten Jahren doch mehr oder weniger intensiv erleben dürfen. Immer zur Seite standen mir erfahrene einheimische Lachsfischer, und dies war auch gut so.

Jetzt möchte ich Sie zunächst an einen Ort entführen, der es in sich hat – zu den berühmten Alaköngäs-Stromschnellen am Unterlauf des Teno. Genauer gesagt: nach Piltamo.

Piltamo bei Nivajoki liegt ungefähr 50 km Wegstrecke von Utsjoki in Richtung Nuorgam entfernt. Auf beiden Seiten des Tenotales ist der Ort bequem mit dem Pkw zu erreichen und in jeder Saison ein besonderer Anziehungspunkt für zahlreiche Lachsfischer.

Piltamo markiert den oberen Bereich der 6 km langen und reißenden Alaköngäs-Stromschnellen, die für Bootsfischer tabu sind, aber vom Ufer aus für Fliegen- und Spinnfischer eine willkommene Herausforderung darstellen. Die Stromschnellen sind die erste große Hürde für die vom Tenofjord aufsteigenden Eismeerlachse, und immer wieder kommt es vor, dass ein schwerer Lachs in der Stromschnelle gehakt wird – aber meistens Sieger bleibt, außer der Lachsfischer hat flinke Beine und eine gute Kondition, wenn er dem Lachs manchmal über mehrere Kilometer flussabwärts folgen muss.

Der obere Flussabschnitt bei Nivajoki und Piltamo ist dagegen mit dem Boot befischbar, aber in der Regel nur mit einheimischem Bootsführer. Dies hat seinen Grund, denn nur der erfahrene Einheimische ist in der Lage, sein Boot in der immer stärker werdenden Strömung zu hundert Prozent zu beherrschen. Viele Faktoren sprechen für den Ansässigen: seine Ortskenntnisse, die Erfahrung, das Operieren mit dem Außenborder in starker Strömung und das routiniert-geschickte Rudern. Das Hantieren mit der Angelausrüstung und das sofortige Reagieren auf einen Anbiss erlauben keine Fehler. Der Bootsführer muss manchmal in Sekundenbruchteilen eine Entscheidung treffen und das Boot so manövrieren, dass nicht die Gefahr besteht, dass sein Kahn sich quer-stellt oder auf einen Stein oder Felsen trifft. Wenn einen erst einmal der Sog

Bevor der Teno zur Mündung hin immer breiter und ruhiger wird, muss er sich noch durch einen engen Canyon durchzwängen – die Alaköngäs-Stromschnellen.

Foto: Hannu Räisänen

der Stromschnelle einmal gepackt hat, muss sich der Bootsführer voll auf sein Equipment verlassen können. Äußerst fatal wäre es, wenn der Außenborder nicht sofort anspränge. Niemals würde ein einheimischer Bootsführer sich in die Strömung wagen, wenn nicht der Außenborder sorgfältig gewartet wäre und absolut verlässlich funktionieren würde.

Der große Unterschied zum Schleppfischen in ruhigen Pools liegt darin, dass man beim Stromschnellen-Fischen häufig mit zwei Paar Rudern operiert. Dies ist sehr hilfreich. Zum Einen kann man mit einem zweiten Paar den Bootsführer unterstützen, wenn er an einer geeigneten Stelle den Motor abstellt und die Köder zu Wasser lässt, und zum Zweiten auch beim eigentlichen Fischen den Bootsführer an heiklen Stellen helfen, das Boot zu manövrieren. Bei allem Handeln gilt aber immer der Grundsatz: niemals ohne das Kommando des Bootsführers irgendetwas eigenmächtig tun!

Im Gegensatz zum Fischen in ruhigen und tiefen Pools übernimmt der Bootsführer fast alle Tätigkeiten im Boot. Der »zweite Mann« sitzt vorne im Bug und nicht wie üblich im Heckbereich bei den Angelruten. Der Bootsführer muss unmittelbar in der Nähe des Außenborders sitzen, um sofort reagieren zu können. Er hantiert mit den Angelruten, lässt die Köder zu Wasser, befestigt die Ruten in den Rutenhalterungen und bedient die vorderen Ruder. Der Gast sitzt sozusagen als Passagier vorne im Boot und hat nichts weiter zu tun, als zu staunen und auf einen Anbiss zu warten.

Es gibt noch einen gravierenden Unterschied zum Schleppfischen in Pools. Manche Könner fischten (auch alleine) in Pools mit bis zu 8(!) Ruten. Damit ist es jetzt vorbei: Seit 2010 ist die Anzahl der Schleppruten, die man beim Schleppfischen einsatzen darf auf 3 Ruten begrenzt. Beim Fischen in Stromschnellen operiert man in der Regel mit höchstens vier Ruten und wesentlich kürzeren Leinen. Je nach Angelköder betragen die Schnurlängen mit den Schleppködern zwischen 8-15 m. Jeder einheimische Schleppfischer hat so seine eigene Art zu fischen und seine Köder auszuwählen, immer abhängig von den lokalen Verhältnissen und dem Saisonverlauf. Manche fischen nur mit Wobbler, manche nur mit Lachsfliegen und manche fischen sowohl als auch mit beiden Ködern. Es gibt auch heutzutage noch Könner, die nach alter Tradition mit schweren Blinkern fischen und dies insbesondere an etliche Meter tiefen Kolken hinter großen Steinen und Felsen. Diese erfahrenen »alten Hasen« fischen zum Teil nur mit einer Rute und mit eben jenem Blinker, der vielleicht schon hundertemal erfolgreich war.

Der Countdown läuft

Pietu Länsman, ein mir schon bekannter Guide aus früheren Jahren, lud uns ein, an seinem großen Gartentisch Platz zu nehmen.

»Ihr wollt doch sicher Kaffee?«, begrüßte er uns gut gelaunt. Es war ein wunderschöner Spätsommertag und da heute Montag und damit Ruhetag am Teno war, hatten wir, Leo »Leksa« Juntunen, Hannu Räisänen und ich, uns entschieden, eine kleine Rundfahrt mit dem Auto zu machen. Wir besuchten Nuorgam, eine kleine Ortschaft nahe der norwegischen Grenze, und nahmen die Gelegenheit wahr, Pietu zu besuchen, der hier wohnte. Pietu, ein wirklich lustiger Kerl in den Dreißigern, im Unterschied zum »typischen« Einheimischen redselig und sehr kontaktfreudig, ist ein sehr gefragter Angelguide und absoluter Spezialist für das Schleppfischen mit dem Boot in schwierigen Stromschnellen. Besonders die Gegend um Piltamo ist praktisch seine Hausstrecke, wo er seit seiner Kindheit den Lachsen nachstellt. Pietu ist einer der ausgesuchten Bootsführer, mit denen Leksa eng kooperiert bei der Herstellung neuer Wobblermodelle. Pietu testet während des Sommers die Neukreationen bei unterschiedlichen Verhältnissen. »Ich ahne schon, warum ihr hier so auftaucht. Das kann nur eines bedeuten: Ihr braucht mich. Habe ich recht?« Mit listigem Blick schaute Pietu von einem zum anderen. Ich erwiderte seinen Blick und fragte erstaunt zurück. »Wie kommst du denn darauf? Das Wetter war so schön und ...«

Weiter kam ich nicht. Leksa übernahm das Kommando und kam sofort zur Sache.

»Hast du Zeit heute abend? Piltamo, so ab 19 Uhr?«

»Na jaa, eigentlich müsste ich noch ...,« aber weiter kam auch der Angesprochene nicht.

»Also dann bis heute abend, sei pünktlich!«, sagte Leo, stand auf, bedankte sich für den Kaffee, und wir folgten dem Chef brav zum Auto. Pietu rief uns noch etwas zu.

»Gut, ich komme so um halb acht, okay? Parkplatz Nivajoki, wie immer!«

Im Auto mussten wir lachen. Pietu brauchte man nicht lange zu überzeugen, das wussten wir. Wir wussten aber auch, dass Pietu ein sehr gefragter Guide am Teno ist, sich jedoch immer die Freiheit nimmt, sich seine Gäste auszusuchen. Wir wussten, dass er kommt. Er würde uns keinen Korb geben, dafür kannten wir ihn zu gut. Ich freute mich auf den Abend. Die letzten Male war ich immer nur Zuschauer am Ufer gewesen, wenn Pietu und Leksa die Stromschnellen befischten. Ich leistete Hannu Gesellschaft, der vom Ufer aus filmte und fotografierte. Auch das Zuschauen hatte etwas lehrreiches.

Ich wollte mit ins Boot. Der Augenblick war gekommen: Diesmal wollte ich unbedingt mit dabei sein.

Stromschnellenfischen auf Lachs. Ich war ein kleines bisschen aufgeregt!

Das Wetter hatte sich gehalten. Den ganzen Tag über schien die Sonne, es war angenehm warm, so um die 20 °C, und dies erleichterte uns die Wahl der Bekleidung. Selbstverständlich hatten wir auch warme Sachen dabei, man weiß ja nie, besonders hier am Teno kann das Wetter schnell umschlagen und dementsprechend muss auch das Outfit gewählt werden. Die Augustnächte sind hier in diesen Breiten in der Regel recht kalt, und es gibt nichts unangenehmeres, als im Boot zu frieren. Aber diesesmal war alles anders. Ein Bilderbuchwetter strahlte über die Region. Schon seit zwei Tagen zeigte sich der Himmel wolkenlos und die Temperaturen waren angenehm warm. Eigentlich nichts Ungewöhnliches für Anfang August. Einen Sommer zuvor herrschte am Teno Anfang August gar fast ein Wüstenklima mit Temperaturen von fast 30 °C. Zum Glück waren die jetzigen Bedingungen nicht ganz so ungünstig, denn damals machte die Hitzewelle das Lachsfischen zu einem Lotteriespiel.

Punkt 19 Uhr trafen wir auf dem Parkplatz bei Nivajoki ein. Pietu liess noch auf sich warten. Wir packten unsere Ausrüstung zusammen und schlenderten zur Bootsrampe. Am Ufer bei den Booten begrüßte uns ein bekanntes Gesicht. Antti Niiles Länsman, eine weitere einheimische Lachsfischer-Legende, schüttelte jedem von uns die Hand, und wir unterhielten uns über dieses und jenes.

Natürlich war das Hauptthema die aktuelle Lage am Fluss. Wer auch anders wie Antti Niiles, der sein ganzes Leben am Fluss verbracht hatte, konnte die Gegebenheiten richtig einschätzen und uns vorab noch schnell aktuelle Tipps geben.

»Joo, joo«, sagte Antti Niiles und fummelte weiter an einem Außenborder herum. »Der Wasserstand sinkt, das ist gut, das ist gut«, murmelte er. Lange Pause. Keiner von uns sagte ein Wort. Jeder schaute ihn an und wartete. »Aber vielleicht auch nicht ...« Wieder lange Pause. »Vielleicht ist morgen besser, aber es sind große Lachse im Fluss, hab' sie gesehen, erst heute morgen, dort auf der norwegischen Seite und ...« Wieder machte er eine Pause und schaute auf den Fluss. Wir schauten mit und folgten seinem Blick. Kein Lachs zu sehen.

»Joo, zeigt mal eure Wobbler,« forderte er uns auf. Darauf hatte Leksa nur gewartet. In Nullkommanix holte er seine Wobblerkisten hervor und alles beugte sich über den Inhalt. Antti Niiles setzte sich auf einen flachen Stein, nahm eine der Boxen in die Hände und fing an zu studieren. Ich überließ den Profis das Prozedere und kümmerte mich um die Ausrüstung. Pietu war auch schon eingetroffen und gesellte sich zu den Haudegen. Mittlerweile war das Auswahlverfahren der Köder in vollem Gange. Etliche Wobbler lagen auf einem Stein und wurden im Flachwasser auf ihre Laufeigenschaften hin unter die Lupe genommen. Immer wieder kam eine kleine Zange zum Einsatz, womit die Kopföse eines Wobblers in die eine oder andere Richtung gebogen wurde, bis man mit dem Resultat zufrieden war.

Pietu meldete sich: »Da wir zu viert sind, muss ich zweimal fahren.« Er wandte sich an mich. »Ich komm dich gleich holen. Zuerst fahre ich Leksa und Hannu nach Piltamo an das finnische Ufer. Also bis gleich,« rief er mir zu und ich gesellte mich wieder zu Antti Niiles. Antti wollte meine Fliegenschachteln begutachten. Schnell kramte ich sie aus dem Rucksack und gab sie ihm.

Ich frohlockte, denn was gab es besseres, als dass ein alter Hase mir Fliegen auswählte. Die nach seiner Meinung richtigen Fliegen für jetzt und hier, diesen Tag, dieses Revier.

Antti Niiles nahm sich Zeit. Ich saß andächtig neben ihm und sagte kein Wort. Ab und zu ließ er ein Brummen vernehmen, nahm diese und jene Fliege in eine Hand, drehte und wendete sie, schaute zum Fluss und legte sie auf einen Stein. Letztendlich waren es gerade mal fünf Muster, die er jeweils von einem Seufzer begleitet so beiseite legte. Das wars wohl, dachte ich. Aber nein, noch einmal schaute er sich ein Muster an und tauschte es aus. Dann war er anscheinend zufrieden.

»So«, sagte er. »Wenn ich du wäre, würde ich die hier probieren. Da kannst du nicht viel falsch machen. Kannst du den Turleknoten?«, fragte er mich. Ich bejahte. »Gut, zieh ihn immer gut fest, am Bootsrand, so fest du kannst. Hast du einen Schleifstein?« Ich bejahte wieder. »Schärfe die Hakenspitze, immer wieder.« Ich nickte, mehr war nicht zu sagen.

Pietu rauschte heran. Jetzt war ich an der Reihe. Ich drehte mich noch einmal um, aber Antti Niiles war schon wieder an seinem Außenborder am Werkeln. Schnell packte ich meine Sachen ins Boot, hüpfte hinein und Pietu gab Vollgas.

Überraschender Einsatz

Für mich markierte dieser Flussabschnitt des Teno eine Premiere. Aufmerksam nahm ich das Terrain unter die Lupe. Hier bei Nivajoki war der Fluss sehr breit, vielleicht einen halben Kilometer. Auf der gegenüberliegenden Seite von der Bootsrampe aus gesehen, befand sich eine riesige Sandbank, die mit Rentieren förmlich übersät war. Die Strömung war relativ stark, aber die Wasseroberfläche völlig eben. Weit unterhalb von uns war das norwegische Ufer zu erkennen, wo der Fluss langsam einen Bogen nach rechts macht und schmaler wird. Spätestens an dieser Stelle verändert sich der Charakter des Flusses. Hier nimmt der Teno rasch Fahrt auf. Hinter mehreren hervorstechenden großen Steinen in der Strömung, die sich bis hierhin gleichmäßig und ruhig gebärdet, beginnt die eigentliche rauschende, fast 6 km lange Alaköngäs-Stromschnelle, die hier im oberen Bereich noch mit dem Boot zu befischen ist. In der Regel beginnt man aber schon ungefähr einen halben Kilometer vor dem Sog und der Felsenbarriere mit dem Schleppfischen. Dies wusste ich aber jetzt noch nicht, als ich vorne im Bug des Bootes saß und die Landschaft bewunderte. Urplötzlich verlangsamte Pietu das Boot und wendete flussaufwärts. Nanu, dachte ich, was hat er vor? Ohne ein Wort zu sagen, hantierte Pietu mit den Angelruten, stellte den Motor ab und deutete mir, die Ruder in die Hand zu nehmen, also das zweite paar Ruder vorne am Bug. Jetzt fiel bei mir der Groschen, natürlich, ich sollte rudern, damit er die Köder zu Wasser lassen konnte. Meine liebe Güte, dachte ich überrascht, er will jetzt schon fischen und ich war nicht vorbereitet!

»So, wollen doch mal sehen!«, rief er mir zu. »Wir fischen jetzt ein kleines bisschen, dann lernst du am besten. Ruder einfach ganz gerade gegen den Strom, ich lasse die Köder zu Wasser, zwei Wobbler und zwei Fliegen, okay? Wenn ich fertig bin, übernehme ich das Rudern. Du brauchst nichts zu machen, schau nur zu!«

»Ahaa!«, brachte ich nur mühsam heraus. Ich musste diesen überraschenden Einsatz erst mal verdauen und zog unbewusst die Gurte der Rettungsweste fester. Pietu übernahm das Kommando. Wie er im Stehen die Köder zu Wasser ließ, mit den Ruten hantierte und sie in den Halterungen befestigte, das war bemerkenswert. Das ging ruck-zuck. Dann setzte er sich auf den flachen Stuhl und nahm sein Ruder wieder auf.

»Okay, alles klar, kannst aufhören zu rudern!«, rief er. »Wir probieren mal kurz die Stelle vor den Steinen, dann fahren wir ans Ufer zu den ande ...«, Pietu verstummte. Was, um Himmels willen, au Backe, die linke seitliche Fliegenrute bog sich und bog sich. Ich wollte etwas sagen, aber Pietu ruderte schon mit aller Kraft flussaufwärts. Ooh, was für ein Zug, gewaltig, ich vergaß fast zu atmen, schaute nur gebannt auf die Multirolle, die in den höchsten Tönen kreischte. Was soll ich tun, was soll ich tun, dachte ich aufgeregt. Aber Pietu sagte keinen Ton, stand schon im Boot und hatte bereits die erste Rute in der Hand. Blitzschnell kurbelte er die übriggebliebenen Köder zum Boot und grinste nur.

»Joo, iso lohi, iso lohi!«, grinste er mir zu. Ein großer Lachs also, das war jetzt klar, und der hatte eine Fliege gepackt. Und das nur wenige Minuten, nachdem wir die Köder zu Wasser gelassen hatten. Jetzt wurde es langsam etwas hektisch. »Nimm die Ruten, schnell, schnell und nimm die Ruder, ruder Richtung Ufer!«, rief er mir jetzt laut zu. Pietu grinste nicht mehr – es wurde ernst. In dem Augenblick, als er mir die Rute mit dem zappelnden Fisch geben wollte, sahen wir einen gewaltigen Lachs springen – vielleicht so um die 50-70 Meter vom Boot entfernt und mitten in der Strömung.

Pietu ließ nur ein »Hohhoijaa!« ertönen, gab mir die Rute und setzte sich an die Ruder. Ich hatte jetzt die Angel in der Hand, aber fühlte keinen Widerstand.

»Er ist weg, da ist kein Lachs!«, sagte ich tonlos zu mir selbst. »Was ist los?«, schrie Pietu.

»Er, er hat sich, ich glaube ...«, versuchte ich zu begreifen. Dann war alles schon vorbei. Ich kurbelte die Fliege an das Boot.

»Hm, joo«, meinte Pietu lediglich, hörte auf zu rudern und ließ den Außenborder an. Dabei grinste er mich an und schüttelte den Kopf. Ich konnte mich nur schwer beruhigen, nickte ihm aber tapfer zu und schüttelte ebenso den Kopf. Mit Vollgas fuhren wir zu unseren Freunden an das finnische Ufer.

Lemminge

Die Jungs hatten derweil ein Lagerfeuer entzündet, standen beide am Ufer und sahen uns zu, wie wir uns im hohen Tempo näherten. Bis zur Steinbarriere fuhr Pietu Vollgas, dann aber verringerte er das Tempo und umkurvte mit aller Routine die in der Strömung liegenden Hindernisse. Er kannte sich hier aus, das war unverkennbar und das war auch gut so. Kurz vor dem Ufer stellte er den Motor ab, und Leksa nahm uns in Empfang. Fragend schauten uns die Freunde an.

»Wir dachten schon, ihr habt es euch in Nivajoki gemütlich gemacht und ein paar Dosen Bier verdrückt? Wo wart ihr denn?«, fragte Hannu. Pietu und ich gingen schweigend zum Feuer.

»Habt ihr uns nicht gesehen, dort oben vor den Steinen?«, fragte Pietu. Wortlos schüttelten Leksa und Hannu die Köpfe. Ich zog derweil meine Jacke aus. Mir war entschieden zu warm, ich hatte glühende Wangen und musste mich erst einmal hinsetzen.

»Wir haben schon ein bisschen getestet«, sagte Pietu und grinste über alle Backen. Jetzt wurden Leksa und Hannu doch hellhörig. Pietu erzählte unser kleines Abenteuer und meine Kameraden bekamen große Augen. Tja, der Abend hatte vielversprechend begonnen und bei Leksa setzte natürlich sofort der Jagdtrieb ein. Er war nicht mehr zu halten, und es dauerte auch nicht lange, da waren Pietu und Leksa auch schon unterwegs. Für mich hieß dies Pause machen, wahrscheinlich für die ganze Nacht, denn wenn Leksa erst einmal »Witterung« aufgenommen hat, dann ist er nicht mehr zu bremsen.

Wie groß der Lachs wohl gewesen ist? Immer eine schwierige Frage und man kann nur schätzen. Pietu äußerte sich dazu, ganz Profi, sehr bestimmt. Nach dem Sprung zu urteilen taxierte er den Lachs auf 17-18 kg, und es war ein Blanklachs in bester Kondition. Dieser vermutlich männliche Lachs, hatte wohl gerade erst die Stromschnellen hinter sich, machte gewohnheitsmäßig kurze Rast oberhalb der Stromschnelle und packte eine von Pietus selbstgebundenen Lachsfliegen. Eine der Rusty Rat ähnelnde auf Doppelhaken gebundene Fliege der # 4. Warum der Lachs abkam, ist eine schwierige Frage. Ein möglicher Grund mag der Sprung gewesen sein, oder er war einfach nicht gut genug gehakt, vielleicht nur mit einer Spitze gehakt und beim Sprung löste sich der Haken. Am Ufer überprüften wir die Fliege sehr genau, aber sie war ohne Makel, die Haken messerscharf. Nun ja, der Lachs war uns nicht gegönnt, aber das gehört zum Geschäft. Auf jeden Fall war es für mich ein Erlebnis, an das ich noch lange zurückdenken werde!

Stunden später kehrten auch Leksa und Pietu ohne Beute zurück. Frustration und Enttäuschung wichen schnell bei einer Tasse heißem Kaffee.

Ein Boot mit zwei Insassen näherte sich unserem Lagerplatz. Leksa winkte und rief dem Bootsführer etwas zu. Anscheinend kannten sich die zwei und so kamen die Bootsfischer langsam zum Ufer. Mir waren die Angler unbekannt und erst beim näheren Hinsehen erkannte ich, dass vorne im Bug eine Frau saß. Wir machten uns gegenseitig bekannt. Ismo Tiittanen, ein einheimischer Bootsführer, und seine Frau Sari machten es sich bei uns am Lagerfeuer gemütlich und wir luden sie selbstverständlich zu einem Kaffee ein.

Wir hatten keine Eile und bestaunten die Massen an Lemmingen, die überall herum huschten. Es war unglaublich, aber diese Berglemminge (lat: Lemmus lemmus) kannten keine Furcht und liefen uns über die Stiefel. Dabei machten sie komische Geräusche und entblößten ihre imposanten Nagezähne in furcht-erregender Weise. Hannu nahm dies zum Anlass, die Lemminge zu fotografieren und zu filmen. Etliche dieser Nager stürzten sich auch in die Fluten, um zur anderen Uferseite zu schwimmen, todesmutig, war die norwegische Ufer-seite hier an dieser Stelle doch bestimmt 300 Meter entfernt. Es kehrten auch

Lemminge überall: An Land, in den Booten, auf Ufersteinen ...

Fotos: Hannu Räisänen

einige wieder zurück und schimpften am Ufer angekommen. Solch agressive kleine Kerlchen hatte ich noch nie vorher gesehen, anscheinend war eine Mas-senwanderung im Gange, die alle Jubeljahre mal vorkommt, wenn in den Tun-draregionen nicht genügend Nahrung vorhanden ist. Ein Naturspektakel sondergleichen! Später stellte sich heraus, dass in jenem Sommer tatsächlich eine größere Massenwanderung in der Finnmark stattfand, die größte seit fast 30 Jahren. Am Ufer musste man tatsächlich aufpassen, wohin man trat, sie waren überall, auch im Wasser, beim Schleppfischen sah man sie in der Strö-mung, sogar auf den Ruderblättern wollte so manch ein Exemplar eine kurze Pause machen und giftete uns mit weit geöffneten Maul an. Es war wirklich faszinierend!

Wildes Wasser

Während Leksa und Pietu sich erneut aufmachten, um ihr Glück zu versuchen, blieben wir vier an der Feuerstelle, kochten frischen Kaffee und genossen die Atmosphäre. Es war einfach unbeschreiblich – eine fantastische Stimmung herrschte über dem Tenotal, es war warm, kaum Wolken am Himmel und auch die geflügelten kleinen Plagegeister hatten sich jetzt Anfang August aus dem Staub gemacht. Vor ein paar Nächten sank die Temperatur schon unter 0 °C und dies ist normalerweise für die Mücken hier im hohen Norden Zeichen, dass die Saison gelaufen ist.

So lagen wir also da und erfreuten uns an der friedvollen Stille, unterhielten uns und schauten ab und zu nach den beiden Freunden in der Stromschnelle, ob sich bei ihnen eventuell etwas tut. Ismo erklärte uns den Piltamo-Flussabschnitt etwas genauer.

»Seht ihr, dort wo die Jungs jetzt sind, dort gibt es ein paar sehr gute Stellen. Dort in der Nähe des norwegischen Ufers«, er zeigte mit seinem rechten Arm in die entsprechende Richtung. »Seht ihr die Felsen dort und die Strecke bis zu den nächsten Steinen, dort lohnt es sich, die tiefen Gumpen zu befischen, immer am Rande der Strömung entlang. Dort kann man auch probieren, mit dem Boot hinter einem großen Stein zu ›parken‹ und die Köder an den Strömungskanten zu präsentieren. Ab und zu kann man auch wieder zurück in die Strömung, dann müssen aber beide rudern, sonst treibt man zu sehr ab. Kurz in die Strömung und dann wieder zurück auf den ›Parkplatz‹.«

Wir schauten gebannt in die beschriebene Richtung, und Leksa und Pietu waren jetzt genau in dieser Parkposition. Jeden Augenblick konnte ein Anbiss erfolgen, aber nichts passierte.

»Tja,« meinte Ismo. »Nicht immer sind dort Lachse, aber wenn man Glück hat, dann kann man mit wirklich großen Burschen rechnen. Besonders jetzt in der Spätsaison. Mit Sari hatte ich vorgestern einen so mächtigen Lachs gehakt, genau an der Stelle, aber wir hatten keine Chance. Der riesige Prachtkerl stürmte sofort in die Strömung und die Schnur war zuende, bevor ich ›Hoppala‹ sagen konnte. Nun ja, so etwas kennt ihr ja.«

Ich meldete mich. »Nun sag mal Ismo, was soll man machen, wenn in der Strömung ein großer Lachs gehakt ist? Soll man vielleicht ...?« Ismo antwortete sofort.

»Also, ich kann nur für mich sprechen, aber viele Bootsführer agieren genauso: Bei einem Anbiss versucht man zunächst festzustellen, wie groß der Fisch ist. Mit kleineren Lachsen hält man sich nicht lange auf, die werden so schnell wie möglich in das Boot geholt. Einer rudert und der andere holt den Fisch an Bord. Mit großen, also über 10 kg schweren Lachsen, ist es nicht ganz so einfach. Je nachdem wie und wohin der Lachs flüchtet, wird hier in der starken

Strömung sofort das Ufer angesteuert. Wenn der Lachs flussaufwärts stürmt, hält der Fischer, der die Rute hat, Kontakt zum Fisch, und der Bootsführer rudert und holt blitzschnell die übrigen Köder ins Boot. Stürmt der Lachs flussabwärts, versucht man den Lachs zu bremsen. In beiden Fällen rudert man aber zum Ufer, um von dort aus den Lachs zu drillen. In der Strömung wäre dies viel zu gefährlich.

Am Ufer angekommen springt derjenige, der den Lachs drillt, aus dem Boot und läuft dem Lachs am Ufer hinterher. Dabei aber muss er sehr genau aufpassen, dass er nicht auf den Steinen zu Fall kommt. Im Idealfall kommt er ›unter‹ den Lachs, also der Lachs hat seine Flucht gestoppt und schwimmt wieder flussaufwärts. Das ist sehr gut, denn jetzt ermüdet der Fisch relativ schnell und man kann ihn langsam zum Ufer pumpen. In der Endphase, wenn der Lachs ausgedrillt ist, bewegt sich der Angler langsam von der Uferkante weg und pumpt den Lachs näher, so dass der zweite Fischer die Möglichkeit bekommt, den Fisch zu landen, meist mit dem Gaff. Je nach Größe des Tieres kann man auch eine Handlandung versuchen, dann muss der Lachs aber todmüde ausgedrillt sein. Das ist alles.«

»Na das hört sich ja spannend an,« sagte ich und wusste in diesem Augenblick noch nicht, was mir in den nächsten Minuten blühen sollte. Gut, jetzt war ich wieder schlauer, aber Theorie ist Theorie. In der Praxis würde es sich ja dann zeigen, dachte ich und hatte eine Gänsehaut.

Leksa und Pietu kamen zurück zu unserem Lagerplatz. Erneut ohne Beute. Aber das Blatt konnte sich jederzeit wenden ...

»Dort, bei Patokuoppa, stieg ein ziemlich großer Lachs nach der Fliege, hinter der ersten Felsenreihe,« erklärte uns Pietu. »Habs nochmal versucht, so ganz listig, aber na ja.«

»Joo«, grummelte Leksa und setzte sich zu uns. »Hol doch die Wobblerkiste aus dem Boot«, sagte er zu mir und ich sprintete, ganz Laufbursche, zum Boot. Leksa gibt nicht so schnell auf, das wusste ich, und wenn er so in seinen Bart nuschelte, war mit ihm nicht zu spaßen. Leksa war jetzt in seinem Element! Urplötzlich stand Ismo auf.

»So Kari, lass es uns mal probieren. Komm, nur so zum Zeitvertreib,« sagte er zu mir und grinste mich an. Er meint mich, dachte ich. Oh lala, jetzt wird es ernst. Ich war ziemlich verdattert.

»Brauchst keine Jacke, in einer halben Stunde sind wir wieder zurück, mit einem Lachs versteht sich, oder?«, lachte Ismo und wir stiefelten zum Boot. Eine Jacke brauchte ich nicht, es war noch warm genug, aber eine Rettungsweste und meine Digitalkamera. Au weia, die hätte ich fast vergessen, ich stürmte nochmal zurück zum Lagerplatz.

Mit Vollgas brausten wir kurze Zeit später flussaufwärts. Ismos Boot war etwas breiter als hier am Teno üblich, dies fiel mir sofort auf. Alles lag an seinem Platz. Vier Ruten standen aufrecht in den Halterungen, alle waren schon mit Ködern bestückt. Zwei Wobbler und zwei Fliegen konnte ich erkennen. Kurz vor der ersten Steinbarriere, also ziemlich mitten in der Strömung nahe am norwegischen Ufers, verringerte Ismo das Tempo. Er wird doch wohl nicht, dachte ich, aber genau das, wovor mir ein bisschen gruselte, genau das hatte Ismo vor. Ich hatte angenommen, dass wir viel weiter flussaufwärts in der ruhigen Strömung anfangen zu fischen, aber da hatte ich mich getäuscht!

Ismo dachte gar nicht daran, den Außenborder auszumachen, sondern tuckerte auf der Stelle und ließ langsam einen Köder nach dem anderen zu Wasser. Dabei ließ er die Wobbler auf beiden Seiten des Außenborders in die Strömung und die zwei Fliegen an längeren Ruten seitlich links und rechts des Bootes zu

Kurz vor Mitternacht und immer noch auf Beutezug. Bootsführer Ismo Tiittanen mitten in der Strömung bei Piltamo

Wasser. Etwas irritiert war ich von der Tatsache, dass Ismo den Motor nicht abstellte, aber so war es natürlich wesentlich einfacher, die Köder ins Feuchte zu entlassen, als in dieser starken Strömung zu rudern. Ich hatte nichts zu tun und so nutzte ich die Zeit, ein paar Fotos zu schießen.

Aber dann kam schon das Kommando von Ismo: »Nimm jetzt die Ruder, ruder einfach auf der Stelle, ich übernehme gleich!«, rief er mir zu und ich verstaute schleunigst meine Kamera im Rucksack, nahm die Ruder und fing an wie geheißen. Ismo stellte den Motor ab, überprüfte noch die Bremsen der Multirollen und ließ sich auf den flachen Stuhl nieder. Derweil rauschten wir schon mitten in der Strömung, und ich gab mein Bestes, das Boot gerade zu halten im wilden Wasser.

»Okay!«, kam das kurze Kommando von vorne und mein Einsatz war fürs Erste beendet – jetzt übernahm der Bootsführer und dies war mir auch ganz recht. Ismo steuerte das Boot geschickt näher an das norwegische Ufer und wir unterhielten uns ganz entspannt. Ganz geheuer war mir aber dennoch nicht. Die Strömung war wirklich mächtig, schon hier, am Anfang des gewaltigen Alaköngäs. Ich hatte einen Heidenrespekt und malte mir erst gar nicht aus, wie es wohl wäre, wenn ein großer Lachs auch noch beißen würde. Jetzt waren es zum Ufer nur noch vielleicht 10 m. Ismo hatte eine ruhige Stelle hinter einem großen Felsen angesteuert und dann ging alles ganz schnell!

»Übernimm mal das Rudern,« sagte Ismo in aller Ruhe, hörte auf zu pullen und setzte sich zum Außenborder. Nanu, dachte ich, will er schon wieder aufhören? Anscheinend nicht, er nahm eine Heckrute aus der Halterung, hielt sie kurz in den Händen, beugte sich mit einem Ohr zur Schnur und sagte grinsend: »Jahaa, ich glaube, wir haben da was!« Ich hatte keine Ahnung, was los war und ruderte weiter. Jetzt kam Tempo in das Geschehen. Ismo kurbelte wieselflink die übrigen Köder zum Boot und legte die Ruten an die Innenseite des Kahns. Ich verstand immer noch nicht und sagte kein Wort. Dann nahm er die letzte Rute aus der Halterung, beugte sich zu mir und gab mir das Gerät, ohne ein Wort zu sagen. In einer fließenden Bewegung setzte er sich wieder an die vorderen Ruder und fing an zu pullen. Jetzt aber zur Flussmitte. Und dann begriff ich – schnell die Ruder über die Bootskante. Mit der linken Hand hielt ich die Rute, die sich auf einmal mit ungeheurer Kraft bog. Jetzt nahm ich auch meine rechte Hand zu Hilfe. Es gab keinen Zweifel. Wir hatten einen Lachs am Haken und ein richtig prächtiges Exemplar!

Wie zur Bestätigung hörte ich Ismo sagen: »No niin, hyvä lohi, iso lohi!«, frei übersetzt: »So, guter Lachs, großer Lachs!«

Der Fisch, der sich schwer anfühlte, war jetzt direkt hinter dem Außenborder in tiefen Wasser, so in vielleicht 10 m Entfernung. Ismo ruderte weiter quer zur Strömungsmitte in Richtung des finnischen Ufers. Mittlerweile schwamm der Lachs auf der rechten Seite des Bootes flussaufwärts, immer noch in der Tiefe, aber sehr ruhig, keine Flucht in irgendeine Richtung. Ich hielt weiterhin die gebogene Rute in den Händen und machte auch keine Anstalten aufzustehen. Dies wäre hier in der reißenden Strömung viel zu gefährlich, und dies hätte der Bootsführer auch niemals erlaubt. Ismo ruderte weiterhin ruhig quer zur Strömung, schaute ab und zu, wo sich der Lachs befand und ob der Weg frei war. Er konzentrierte sich ganz auf die sicherste Route zum Ufer, sagte kein Wort, gab mir keine Ratschläge und dies fand ich bemerkenswert. War es doch für mich das erste Mal, dass ich in einer Stromschnelle mit ihm im Boot saß. Wir kannten uns gerademal erst wenige Minuten als Bootsteam, aber er vertraute mir voll und ganz. Außergewöhnlich! Einen großen Lachs durfte ich schon einmal in einer Stromschnelle drillen – vor ein paar Sommern hatte ich mit Leksa das Vergnügen, einen wirklich mächtigen Burschen in der Aitti-koski-Stromschnelle zu drillen, den wir leider nach 45 Minuten und großem Kampf verloren. Jetzt hatten wir den gehakten Lachs noch nicht zu Gesicht bekommen, aber das sollte sich bald ändern.

Mittlerweile sahen wir auch am finnischen Ufer »Action«. Dort hatten unsere Freunde wohl endlich mitbekommen, dass wir einen Lachs am Haken hatten, und sie hüpften jetzt aufgeregt an der Uferkante entlang. Noch war der Kampf nicht entschieden, wir hatten alle Hände voll zu tun. Ismo ruderte mit aller Kraft, und auch ich begann zu schwitzen. Es war immer noch warm, obwohl Mitternacht schon vorbei war, aber es war schon relativ dunkel. Nur noch schemenhaft konnte man die Bergrücken erkennen und auch die Stromschnelle an sich war flussabwärts nur undeutlich auszumachen. Urplötzlich kam Leben in den Lachs. Er stürmte abwärts, links an uns vorbei, und die Rolle sang ihr Schrillstes. Ich hielt dagegen, pumpte den Fisch wieder näher. Bloß nicht in die Stromschnelle, dachte ich und dirigierte den Lachs wieder neben das Boot.

»Huhuh!«, hörte ich Ismo sagen. »So ist gut, er wird müde, mach weiter Druck, gleich sind wir am Ufer und dann springst du raus, okay?«

Vom Ufer hörte ich jetzt wildes Stimmendurcheinander. Auch Leksa brüllte irgendwas, ich verstand kein Wort, konzentrierte mich völlig auf den Drill, nahm nur noch den Fisch wahr.

Nur noch ein paar Meter, dann sprang ich mit hoch aufgerichteter und gebogener Rute aus dem Boot, entfernte mich etwas flussabwärts, der Lachs schwamm in ungefähr 15 m Entfernung flussaufwärts und stürmte plötzlich wieder zur Flussmitte. Oha, dachte ich, hat der noch Kraft und bremste mit dem Daumen. Wieder musste ich pumpen, langsam kam der Lachs näher zum Ufer. Aus den Augenwinkeln sah ich Pietu, der sich dem Ufersaum näherte. Leksa rief wieder irgendetwas.

»Pietu macht das, Pietu macht das!« oder so ähnlich. Langsam ging ich rückwärts. Der Lachs buckelte im Uferwasser und es war wirklich kein kleines Exemplar. Immer noch ging ich rückwärts, den Lachs im Schlepptau, wagte kaum zu atmen. Nur nichts falsch machen, dachte ich, jawoll, was für ein schöner Lachs, bitte-bitte, und dann war alles vorbei.

Pietu, der erfahrene Heimische, hatte nicht lange gefackelt und den Lachs mit einem beherzten Schwanzwurzelgriff gelandet. Ein großes Hallo von allen Beteiligten, während ich atemlos die Schnur auf die Rolle kurbelte. Pietu legte den prächtigen Lachs ins Ufergras und schlug ihn ab.

Es war geschafft! Hannu fotografierte und jeder lachte und umarmte sich. Leksa strahlte und haute mir mehrmals auf die Schulter. Jeder wollte mir die Hand schütteln, aber mir war das etwas unangenehm – der Hauptanteil des Erfolges gebührte dem Bootsführer. Ohne Ismo wäre ich ziemlich hilflos gewesen. Ich ging zu Ismo und drückte ihm wortlos die Hand. Er verstand, nickte nur freudestrahlend, mehr war nicht zu sagen. Es war ein prachtvoller Fang! Ein weiblicher Lachs, ein Rogner von genau 12,070 kg und in bester Kondition.

In dem tiefen Gumpen nahe der norwegischen Uferseite (Patokuoppa) hatte dieser Fisch wohl schon sein Revier gefunden und biss auf einen Wobbler der Marke Eigenbau von Ismo.

Einziger Wermutstropfen in unserer Freude war die Tatsache, dass die Filmaufnahmen von Hannu wegen eines Defekts an seiner Kamera leider nicht gelangen. Laut Hannu war wohl die Feuchtigkeit schuld, er war untröstlich, konnte sich nur schwer beruhigen, aber wir halfen ihm so gut es ging über seine Enttäuschung hinweg. Nun also hatte ich Piltamo kennengelernt. Stromschnellenfischen mit dem Boot in den gefährlichsten und berühmtesten Schnellen des Teno. Eine Herausforderung!

Wenn nicht heute, dann morgen ... (Traumstrecke von Radnu bis Onnela)
Herzlich willkommen zu einer Traumstrecke in unmittelbarer Nähe zum Kirchdorf und zum Geschäftszentrum Utsjoki! Sechs Kilometer Lachsgewässer für den Fliegenfischer und Bootsfischer warten auf Sie!

Nachdem wir nun einen kurzen Besuch am Unterlauf des Teno hinter uns haben, möchte ich Ihnen eine Flussstrecke vorstellen, die man in mehrere Abschnitte unterteilen kann. Beginnen möchte ich ungefähr 6 km flussaufwärts von Utsjoki aus gesehen an einem kleinen, aber feinen Lachspool oberhalb von Kortsam gelegen. Diesen Flussabschnitt, Radnukuoppa genannt, kann man wunderbar direkt von der Straße her auf der finnischen Uferseite einsehen. Häufig halten hier an dieser Stelle auch Autos mit Neugierigen, um den Lachsfischern bei ihrer Arbeit zuzuschauen, ob Bootsfischern oder Fliegenfischern. Flussabwärts gesehen liegen die Abschnitte Kortsam, Aittikoski, Aittisuvanto und zum Abschluss, unmittelbar im Bereich der Samenbrücke bei Utsjoki, folgt dann noch Onnela.

Zunächst einmal ist noch erwähnenswert, dass man entlang des gesamten Flusslaufes des Teno nur an sehr frequentierten Stellen Hinweisschilder über die

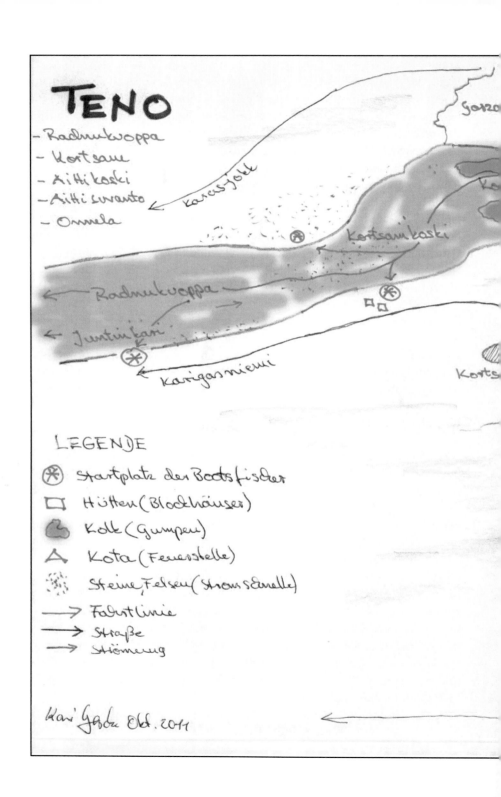

TENO

- Radnukuoppa
- Kortsam
- Aittikoski
- Aittisuvanto
- Onnela

Karasjokk

Kortsam koski

Radnukuoppa

Juntinkan

Karigasniemi

Kortso

LEGENDE

✳ Startplatz der Bootsfischer
▭ Hütten (Blockhäuser)
🫘 Kolk (Gumpen)
△ Kota (Feuerstelle)
⣿ Steine, Felsen (Stromschnelle)
→ Fahrtlinie
→ Straße
→ Strömung

Kari Gabz Okt. 2011

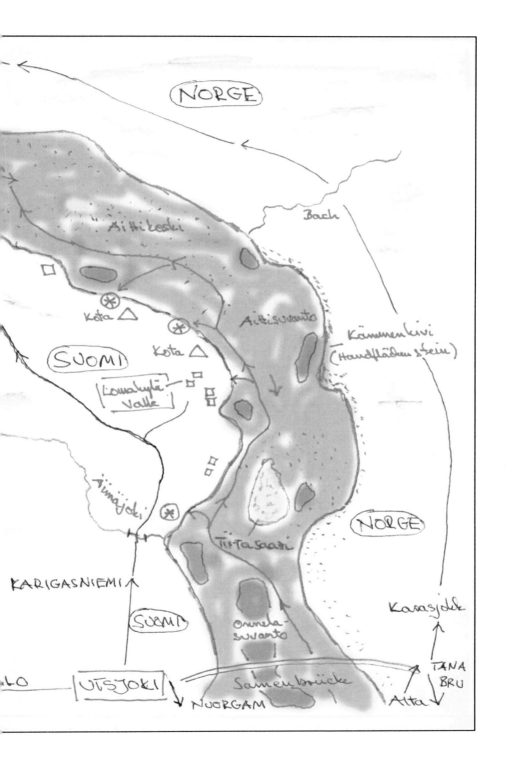

NORGE

Bach

Aittikoski

Aittisuvanto

Kämmenkivi
(Handflächenstein)

Kota △

SUOMI

Kota △

Lomakylä
Valle

Äimäjoki

NORGE

Tirrasaari

KARIGASNIEMI

Karasjok

SUOMI

Onnela-
suvanto

TANA
BRU

LO

UTSJOKI

Samenbrücke

Atta

NUORGAM

Örtlichkeit findet, sehr rar sind Hinweisschilder auf einen bestimmten Fluss-abschnitt. Daran kann man sehen, dass diese Region im äußersten Norden Europas noch vom Massentourismus verschont geblieben ist. Dies ist den Ein-heimischen nach meiner Erfahrung auch ganz recht, obwohl etliche Unter-nehmen und Angeltourismusanbieter auf finnischem Teritorium gerade auf weitgereiste Touristen und Stammgäste angewiesen sind. Auf der norwegischen Seite findet man Anbieter und Unterkunftsmöglichkeiten nur spärlich. Ein Grund mag die reiche Anzahl an Lachsflüssen im nördlichen Norwegen sein, die Auswahl ist riesig. Auch die Tatsache, dass in Finnland von ehemals über 50 Lachsflüssen nur noch drei oder vier übriggeblieben sind, mag erklären, warum auf der finnischen Seite des Teno die Palette an Anbietern und Unter-kunftsmöglichkeiten eher groß ist.

Festzustellen ist, dass trotz Bemühungen einzelner Unternehmen, in größtem Stil Werbung in eigener Sache zu machen, die Region am Teno und um Utsjoki im Großen und Ganzen noch ihre Ursprünglichkeit bewahrt hat. Auch die Zurückhaltung und Distanziertheit der meist samischen Bevölkerung mag ein Grund sein, dass zumindestens bis zum heutigen Tage das Lachsfischen am Teno in vergleichsweise ruhigen Bahnen verläuft. Besonders im Vergleich zu etlichen stark frequentierten und berühmten Lachsflüssen in Norwegen (Gaula, Namsen, Alta usw.) oder auf der russischen Kola-Halbinsel, ist das Fischen noch relativ preiswert und nicht überreguliert. Das heißt aber nicht, dass nicht Jahr für Jahr über Änderungen der Angelbestimmungen nachgedacht wird oder auch neue Bestimmungen erlassen werden. Dies liegt in den Händen der nor-wegisch-finnischen Grenzkommission, die jedes Frühjahr zusammenkommt, sich berät und Entscheidungen trifft.

Aber zurück zu den Namen der Flussabschnitte des Teno. Jeder bestimmte Flussabschnitt am Teno hat seine Bezeichnung. Sei es ein ruhig dahinfließen-der, tiefer Abschnitt oder eine Stromschnelle. Seit Jahrhunderten gibt es diese Bezeichnungen in samischer Sprache, im Laufe der Zeit dann auch auf Fin-nisch. Der einzige Unterschied liegt in der Genauigkeit der Ortsangaben – in der samischen Sprache werden sogar einzelne Besonderheiten, wie ein großer Stein, ein Felsen oder ein Bacheinlauf näher bezeichnet. Manche Örtlichkeiten oder Stellen benennen unter Umständen auch eine historische Besonderheit. Den Namen einer Fischerlegende oder ein ganz bestimmter Platz, an dem vor vielleicht hundert Jahren oder mehr ein riesiger Lachs gefangen wurde. So sind entlang des Flusslaufes mit der Zeit Namen entstanden, die auch in der heu-tigen Zeit einen Lachsfischer aufmerken lassen, wenn er zufällige gerade an solch einem geschichtsträchtigen Ort seine Köder auswirft. Manche berühmte Örtlichkeit am Teno hat sich im Laufe der Jahrzehnte kaum verändert, hat immer noch eine magische Anziehungskraft bei den Lachsfischern. Manche Stellen, obwohl sie noch die alte Bezeichnung besitzen, verändern ihr Aussehen jedes Jahr, nur der Name bleibt. Bei dem sich in jedem Frühjahr wiederholenden Eisbruch können sich etliche bisher fangträchtige Stellen entscheidend verändern. Riesige Steine verschwinden von heute auf morgen, es entstehen neue Sand- oder Kiesbänke, neue Aufstiegsrouten für die Blanklachse, neue Laichverstecke und Reviere, immer abhängig davon, wie sich Hochwasser und Eisgang (meist Anfang Mai) entwickeln.

Es gibt etliche Beispiele in der finnischsprachigen Angelliteratur, in denen der gesamte Flussverlauf des Teno mit seinen spezifischen Abschnitten vorgestellt wird. Die Übergänge dieser Abschnitte sind in der Praxis fließend und, wie schon erwähnt, ohne Orientierung bietende Beschilderungen auf beiden Uferseiten des Flusses. Ich habe während meiner Aufenthalte am Teno so manche angeregte Diskussion mit dem Betreiber eines bereits geannten Blockhüttendorfes in unmittelbarer Nähe von Utsjoki führen dürfen. Petteri Valle, ein waschechter, traditionsbewusster Same, hat die Zeichen der Zeit erkannt. Er ist einer der wenigen Unternehmer entlang des Tenotales, der verstanden hat, dass er nur durch einen perfekten Service und mit klugen Investitionen sein Klientel an Stammgästen halten und neue Gäste nur durch verstärkte Bewerbung seiner Dienstleistungen anlocken kann.

Auch meinen vorsichtig formulierten Vorschlag einer detaillierteren Ortsbeschilderung des zu befischenden Areals für seine weitgereisten Gäste fand er durchaus überlegenswert. Für neuankommende, noch nie dagewesene Gäste auch aus dem Ausland wäre eine Infotafel am Ufer des Flusses ein sinnvoller, hilfreicher Service. Stammgäste kennen sich aus, aber Neuankömmlinge stehen doch manchmal recht ratlos am Ufer des Aittisuvanto-Pools und sehnen sich einen Guide herbei. Gegen einen Führer ist nichts einzuwenden, im Gegenteil, einen ortskundigen Guide zu engagieren ist für einen Touristen, wie schon mehrfach betont, fast schon ein Muss!

Nun aber zur Vorstellung der Flussstrecke, die mir in den letzten Jahren besonders ans Herz gewachsen ist und die ich mit Hilfe Einheimischer genauestens unter die Lupe nehmen konnte. Ich beginne am oberen Flussabschnitt.

Radnukuoppa (samisch: Radnugohpi)

Der Flussabschnitt Radnukuoppa ist ein relativ kurzer, befischbarer Pool von ungefähr 300 m Länge. Die norwegische Seite ist uninteressant, da relativ seicht, ohne besondere Struktur am Flussgrund. Dafür aber ist der finnische Abschnitt mit seiner felsigen Uferkante, direkt unterhalb der Straße, für Boots- und Uferfischer umso interessanter.

Die Strömung ist bei normalem Wasserstand recht flott, auch Fliegenfischer kommen vom Ufer aus auf ihre Kosten. In der Regel befindet sich der Start-platz der Bootsfischer etwas oberhalb eines kleines Bächleins, dass sein kris-tallklares Wasser aus den Bergregionen hier in die Fluten des Teno entlässt. Wenn idealerweise kein Boot am steinigen Ufer geparkt ist, könnte man sofort mit dem Fischen beginnen, aber nur dann, wenn sich von flussaufwärts kein Boot nähert und Köder im Wasser hat. Aber normalerweise, auch wenn man weit und breit kein anderes Boot sieht, fährt man trotzdem ans Ufer, um eine kurze Pause zu machen. Rituale!

Radnukuoppa ist insbesondere bei Einheimischen dann sehr beliebt, wenn zur Hochsaison viele Boote mit Angel-Touristen den Fluss bevölkern. Die Touris-ten bevorzugen eher die Region unterhalb von Radnu und von Kortsam bis Onnela und aus diesem Grund sind die Wartezeiten an den Startplätzen dort manchmal recht lang. Der Einheimische aber weiß um die Klasse von Lach-spools wie Radnu und Kortsam und erspart sich die Wartezeit am Ufer. Oft ist man gerade dort fündig, wo erfolgversprechende Becken nicht von rauf unf runter fahrenden Booten »verdorben« werden.

Wie schon erwähnt, ist der Abschnitt Radnu ein kurzer Pool, der aber »richtig« befischt, für tolle Überraschungen sorgen kann. Entlang der steinigen Ufer-kante zeigen sich da und dort zur Flussmitte hin einzelne große Steine in der Strömung, die man bei normalem Pegel gut sieht, aber bei hohem Wasserstand nur anhand von Verwirbelungen im Wasser erkennen kann. Diese Barrieren ziehen die Einheimischen Bootsführer magisch an. Durch geschicktes Rudern werden die Köder zentimetergenau um die Steine herum geführt. Oft eher seit-lich und vor dem Stein platziert, nicht genau hinter dem Stein, da dort Kehr-wasser herrschen. Diese Steine bieten bevorzugte Ruheplätze für Lachse, darunter Exemplare die durchaus 15-20 kg an Gewicht vorweisen können! Ab und zu lohnt auch ein kurzer Abstecher zur Flussmitte hin. Anhaltspunkte sind wiederum einzelne Steine, die mehr oder weniger oberhalb der Wasser-oberfläche zu erkennen sind. Am Ende des Pools wird die Strömung wieder stärker. Es naht die kurze Stromschnelle Kortsaminkoski (samisch: Gorzan-guoika) zwischen Radnu und Kortsam und es wird Zeit, die Köder einzuholen. Wir nähern uns Kortsam, dem sagenumwobenem Pool der Großlachse!

Angeltechnik am Radnukuoppa:
Fliegenfischen vom Ufer aus und Schleppfischen mit dem Boot.
Beste Zeit: Fliegenfischen >Mittsommerzeit (Ende Juni-Mitte Juli).
Schleppfischen > ganze Saison.

Der Radnukuoppa-Abschnitt ist für den mobilen Fliegenfischer, der mit dem Auto unterwegs ist, eine sehr bequem zu erreichende Angelstrecke. Die Straße von Utsjoki nach Karigasniemi verläuft unmittelbar am Flussufer. Zwar gibt es nur ein oder zwei Parkbuchten, aber die sind in den seltensten Fällen von Fahrzeugen zugeparkt.

Der Fliegenfischer hat nun die freie Wahl. Wartezeiten oder ein Rotationsprinzip braucht er nicht zu fürchten, dieser Flussabschnitt wird von der Masse der Fliegenfischer nicht frequentiert, man hat sozusagen den gesamten Abschnitt für sich alleine. Theoretisch ist die gesamte Uferstrecke – mit wenigen Ausnahmen – von Radnu bis zur Samenbrücke bei Utsjoki mit der Fliege befischbar. Ich habe dies einmal nachts während der Mittsommerzeit ausprobiert und denke heute noch oft an diese wunderbare Nachtwanderung entlang des Teno.

Zurück zur Angeltechnik. Der Fliegenfischer am Radnu trifft auf ein steiniges Uferareal. Festes Schuhwerk ist die beste Wahl. Watstiefel oder Wathosen kann er getrost im Auto lassen. Den Fischer erwartet durchgehend tiefes Wasser, auch bei Niedrigwasser. Entlang der gesamten Strecke am Radnu gibt es immer wieder tiefe Kolke und Gumpen. Besonders die Bereiche um die großen Steine sollten genauestens »abgegrast« werden. Wie erwähnt ist Waten nicht erforderlich und auch keine großen Wurfweiten sind erforderlich. Überkopfwürfe sollte man aufgrund der steilen Uferböschung vermeiden. Gefragt sind Unterhand-, Roll- und Speywürfe. Sehr vorteilhaft ist das Einstrippen der Schnur bis unmittelbar vor die Uferkante. Oft genug wurde auf diese Weise noch ein Lachs direkt am Ufer gehakt.

Bei günstigen Bedingungen (Niedrigwasser und Wassertemperatur über 14 °C) lohnt es sich, auch einmal die Trockenfliege zu präsentieren.

Das Schleppfischen mit dem Boot erhöht die Chancen des Lachsfischers um ein Vielfaches. Mit dem Boot können unterschiedliche Köder (Lachsfliegen und Wobbler) angeboten werden, und auch der Wirkungskreis des zu befischenden Bereiches ist erheblich größer als der vom Ufer aus. Radnukuoppa ist im Vergleich zu anderen Angelstrecken für den Bootsfischer jedoch ein relativ kurzes Vergnügen. Je nach Rudertechnik dauert ein Fischzug in der Regel zwischen 45 und 60 min.

Dabei wird hauptsächlich ein relativ schmaler Bereich an der finnischen Uferseite im Zickzack durchkämmt, unterbrochen von kurzen Abstechern zur Flussmitte und wieder zurück zur finnischen Seite. Dabei werden, wie schon erwähnt, besonders die Steingruppen unter die Lupe genommen. Einheimische Bootsführer wissen um diese Hotspots und steuern das Boot besonders behutsam um diese Hindernisse, immer den Blick auf die Rutenspitzen gerichtet, um sofort bei einem Anbiss reagieren zu können. Wenn sich nichts tut, und das kommt oft vor, holt man die Köder vor dem Sog der Kortsamkoski-Strom-schnelle ein, lässt das Boot mit der Strömung ein kurzes Stück bis zum Start-platz des Kortsam-Abschnittes treiben, um dort ans Ufer zu steuern. Oder man lässt den Außenborder an, um wieder zurück zum Ausgangspunkt des Radnu-kuoppa zurückzukehren.

Kortsam (samisch: Gorzan)

Kortsam ist einer von wenigen Lachspools am Teno, der auch noch bei etlichen lebenden Lachsfischer-Veteranen die Augen leuchten lässt. Sie können sich noch an so manche überlieferte haarsträubende Geschichte erinnern, die sich an diesem Lachspool zugetragen hat. Im Gegensatz zum Radnukuoppa-Be-cken, das einen leichten Bogen beschreibt und eine gleichmäßige Strömung vorweist, ist der Kortsampool eher von relativ kesselartiger Form mit unter-schiedlichen und wechselnden Strömungsverhältnissen. Man kann sagen: ein »klassischer« Lachspool mit zwei Stromschnellen am Beginn und am Ende. Die sich oberhalb befindliche kurze Einlaufstromschnelle ist eher unbedeutend, aber die unterhalb befindliche lang gestreckte Aittikoski- Stromschnelle ist für das Ansehen des Kortsam-Pools schon entscheidender. Warum ist dieses Be-cken so berühmt?

Zum Einen erfüllt der Pool alle Voraussetzungen für einen sogenannten Hol-ding-Pool. Die fast 3 km lange Aittikoski-Stromschnelle fordert von den vielen aufsteigenden Lachsen ihren Tribut und der nun folgende ruhige und dunkle Pool lädt geradezu zum Ausruhen und Luftholen ein. Oft genug war ich in den letzten Jahren Zeuge, wie ein größerer Run an Blanklachsen sich bis hier-her durchgekämpft hatte und der eine oder andere Lachs sich dann an der Wasseroberfläche bemerkbar machte.

Zum Zweiten prägen den Pool tiefe Kolke, die jeden Sommer von wirklich kapitalen Milchnern in Beschlag genommen werden. Der Großteil der Blank-lachse verweilt in der Regel nur eine kurze Weile und zieht weiter, aber etliche laichbereite Lachse – Rogner wie Milchner – haben ihr Endziel im Kortsami-Gewässer erreicht und beziehen ihre Laichverstecke. Dort aber herrschen raue Sitten: Der Größte hat das Sagen! Mein Freund und Lehrmeister Esa Karpoff konnte etliche Male beobachten, wie große Milchner (groß bedeutet über 20 kg!) sich »handfest die Meinung sagten«. Auch ich habe einige dieser »U-Boote« aus dem Nichts auftauchen sehen, mit gewaltigen, schwarzen Rücken, um dann wieder lautlos in die Tiefe abzutauchen.

Zwei sogenannte Hotspots sind an dieser Stelle besonders hervorzuheben: Zu-nächst der Bacheinlauf (Gorzanjokka) auf der norwegischen Uferseite unter-halb der großen Kiesbank und dann ein ca. 150 m langer, tiefer Kolk mitten im Pool. Diese zwei Stellen werden von den Bootsfischern immer genauestens in Augenschein genommen. Hier werden an den Ruderer höchste Ansprüche gestellt!

Bei meinem »ersten Mal« hier am Kortsam-Pool hatte ich die Ehre, mit Esa Karpoff im Boot zu sitzen. Unterhalb des Bacheinlaufs begann sich eine Rute mit Urgewalt zu verbeugen, langsam aber sicher, aber dann passierte nichts mehr. Groß war mein Staunen, als wir den Wobbler überprüften – alle Drillingshaken waren gerade gebogen! Am gleichen Abend wurde an gleicher Stelle von einem Einheimischen ein Milchner von 27 kg erbeutet. Nebenbei bemerkt fingen wir kurz nach dem gewaltigen Anbiss noch einen Lachs von knapp 9 kg.

Einige Jahre später konnte ich noch eine magische Nacht am Kortsam-Pool erleben. Innerhalb weniger Stunden landeten drei Boote in tiefster Dunkelheit fünf große Milchner zwischen 12,8 und 18,5 kg!

Angeltechnik Kortsam:
Fliegenfischen vom Ufer aus und Schleppfischen mit dem Boot.
Beste Zeit: Fliegenfischen > Mittsommer bis zum Ende der Saison.
Schleppfischen > die ganze Saison mit Ausnahme bei Hochwasser. Auf standorttreue Großmilchner ab Anfang August bis Saisonende (vorwiegend in der Dämmerung und bei Dunkelheit).

Für den Fliegenfischer ist die gesamte Strecke ab der Kortsamkoski-Strom-schnelle bis zum unteren Ende des Kortsam-Abschnittes interessant. Jetzt sind auch Watstiefel hilfreich. Besonders zu Beginn des Abschnittes an der kleinen Stromschnelle besteht bei Niedrigwasser die Möglichkeit, weiter Richtung Flussmitte zu waten. Die Strömung ist an der finnischen Uferseite durchgehend recht kräftig. Auch der Weitwurfspezialist kommt auf seine Kosten, sind doch die Ufer offen und man hat keine Böschung im Rücken. Der Fliegenfischer wird sich wieder die Augen reiben, ist doch weit und breit wahrscheinlich kein weiterer Uferfischer zu sehen, und er kann sich in aller Ruhe auf seine Tätigkeit konzentrieren. Hier in Kortsam ist die Zweihandrute fast ein Muss, mit entsprechender Rolle und Schnurkapazität. Sind doch die Chancen, einen Fisch über 15 kg zu haken, hier in diesem Lachspool recht realistisch!

Der Schleppfischer muss auf alles gefasst sein – die Magie wird einen spätestens dann erfasst haben, wenn aus den dunklen Tiefen des Pools urplötzlich ein schwarzer Rücken die Wasseroberfläche durchbricht und im nächsten Augenblick schon wieder verschwunden ist. An manchen Stellen ist das Wasser tiefschwarz und es liegt eine unheimliche Stille über dem Becken. Besonders im August, wenn die Nächte wieder dunkler werden und schwerer Nebel über dem Pool wabert, kann man die Spannung fast mit Händen greifen. Jederzeit kann er dann passieren – der lang erwartete Anbiss eines Superlachses, eines gewaltigen Milchners, der sich seit Wochen nicht von der Stelle gerührt hat, aber zum Ende des Sommers jeden Eindringling in sein Revier beherzt angreift.

Der Kortsam-Pool ist vom Boot aus einfach zu befischen, man muss nur die Ruderlinie kennen und die Stellen, an denen es sich lohnt, mal genauer nachzusehen. Kortsam hat eigentlich zwei Startplätze, je einen auf der finnischen und der norwegischen Seite. Gegenüber dem finnischen Startplatz ist eine große Kiesbank zu erkennen, die bei Niedrigwasser noch anwächst. Dort ist der »inoffizielle« Einstieg. Aber lassen Sie uns den »offiziellen« nehmen. Die übliche Route führt vom Startplatz schräg über die kurze Stromschnelle bis zum Bacheinlauf am norwegischen Ufer. Dort ist die Strömung schwach, aber ein geübter Bootsführer bewegt die Köder verlockend mit ruhigen Ruderschlägen nur einige Meter vom Bacheinlauf entfernt. Langsam dirigiert er das Boot flussabwärts, auch mal auf der Stelle rudernd, immer nur wenige Meter vom Ufer entfernt. Kommt jetzt kein Anbiss, wird das Boot wieder langsam Richtung Flussmitte gesteuert, bis zum tiefen Kolk, der sich ungefähr 150 m schräg flussabwärts hinzieht. Gerade dieser Bereich vom Bacheinlauf am tiefen Kolk entlang ist »gefährliches« Terrain! Oftmals wird in diesem Bereich einer der größten Lachse des ganzen Sommers gefangen und dies Jahr für Jahr. Je nach Wasserstand kann man nun auch mal die Nähe des finnischen Ufers aufsuchen, um dann wieder im Zickzackkurs Richtung norwegisches Ufer zu rudern. Einige markante Steine sind auf dieser Route zu sehen, die auch einen Besuch lohnen. Der stark zunehmende Sog der Aittikoski-Stromschnelle beendet in der Regel dann den Fischzug bei Kortsam.

Aittikoski (samisch: Aihteguoika)

Zunächst ist anzumerken, dass der obere Abschnitt der Aittikoski-Stromschnelle, auf der norwegischen wie auf der finnischen Uferseite, für passionierte Fliegenfischer äußerst interessant ist. Insbesondere bei normalem, aber auch bei etwas höherem Wasserstand, ziehen aufsteigende Lachse nahe der Ufer flussaufwärts. Dabei muss man nicht unbedingt bis zum Bauchnabel in der Strömung waten, sondern kann von beiden Ufern aus verlockende Stellen befischen. Der Fliegenfischer hat jetzt die Möglichkeit, über nahezu 2 km Wegstrecke ungestört und ohne Wartezeiten am Ufer sein Glück zu versuchen. Oftmals sind die Chancen vom Ufer aus sogar beträchtlich höher als vom Boot aus.

Der Bootsfischer peilt in der Regel, von Kortsam aus kommend, den Startplatz an der finnischen Uferseite an. Einige Einheimische lassen aber auch im oberen

Im Hintergrund der heilige Berg der Samen, der Ailigas mit der Samenbrücke bei Utsjoki. Im Vordergrund der untere Abschnitt des berühmten Aittisuvanto-Pools.

Foto: Hannu Räisänen

Teil der Stromschnelle ihre Köder ins Wasser, ohne das Ufer anzusteuern, in der Hoffnung, dass am Startplatz keine Boote geparkt sind. Dann ist dies möglich, aber nur wenn am Ufer kein Boot auf seinen Fischzug wartet und Vorfahrt hat.

Angeltechnik Aittikoski:
Fliegenfischen vom Ufer und Schleppfischen mit dem Boot.
Beste Zeit: Fliegenfischen > Mittsommerzeit (Ende Juni – Mitte Juli).
Schleppfischen > ganze Saison.

Der Fliegenfischer kann nun zu seiner Zweihandrute auch eine etwas leichtere Einhandrute der Klasse 5/6 einsetzen. Besonders auf der norwegischen Seite finden sich interessante Äschenreviere. So kann man ab dem kleinen Bacheinlauf bis zu einer Felsspitze kurz vor dem eigentlichen Beginn des Aittisuvanto-Pools mit prächtigen Äschen rechnen. Auf der finnischen Uferseite ist die Strömung stärker. Etwas oberhalb des Startplatzes der Bootsfischer beginnt für den Zweihandfischer eine lohnende Strecke bis zum Auslauf der Stromschnelle in das ruhige Becken des Aittisuvantos. Hier ist immer mit Lachsen zu rechnen, auch mit kapitalen über 10 kg, die überraschenderweise relativ nahe am Ufer aufsteigen. Bei Niedrigwasser empfiehlt sich die Wathose, dann sind auch potentielle Stellen nahe der Flussmitte hervorragend zu befischen.

Für den Bootsfischer gibt es nur eine Devise: vom Startplatz aus, in der kräftigen Strömung, so schnell wie möglich die Köder ins Wasser lassen und zur Flussmitte rudern. Hat man erst die Köder in der Strömung, kann sich der Ruderer auf sein Können konzentrieren, diese an verlockenden Stellen zu präsentieren. Dazu hat er nun genügend Gelegenheit, denn zahlreiche aus dem Wasser ragende Steine gilt es nun anzusteuern und dementsprechend die künstlichen Reize an erfolgsversprechende Stellen heranzuführen. Oftmals erfolgt ein Anbiss in der ersten Phase, unmittelbar dann, wenn die Köder zu Wasser gelassen worden sind. In dieser ersten Phase ist der kleine Bacheinlauf auf der norwegischen Seite das Ziel. Erfahrungsgemäß ein sehr guter Platz mit einem tiefen Kolk in der Nähe der Bachmündung. Besonders im Spätsommer wird dieser Ort von großen Milchnern aufgesucht und wenn man Glück hat, ist diese Stelle auch schon in den Vorjahren in Besitz genommen worden.

Die Aittikoski-Stromschnelle ist bei den Angeltouristen beliebt. Das Blockhüttendorf Lomakylä Valle ist nahe, das Terrain ist relativ einfach mit dem Boot zu befahren, die Ruderlinie auch für nicht so Erfahrene zu halten, die Chancen einen Lachs an den Haken zu bekommen groß. Was für viele Gastangler wichtig ist: Am Startplatz auf der finnischen Uferseite findet sich eine Feuerstelle und oberhalb dieses Lagerplatzes eine aus Holz gebaute Lappenkota mit der Möglichkeit, ein Nickerchen zu halten oder bei Schlechtwetter Schutz zu finden.

Der untere Abschnitt der Stromschnelle geht nahtlos in den Aittisuvanto-Pool über. Die Strömung lässt nach und der Bootsfischer konzentriert sich jetzt eher auf die norwegische Fluss-Seite.

Aittisuvanto (samisch: Aihtesavu)

Das in Anglerkreisen sagenumwobene Aittisuvanto-Becken gehört zu den bekanntesten Pools des gesamten Tenostromes. Tatsache ist, dass in diesem Pool die weitaus meisten der über 25 kg schweren Milchner im Teno gefangen worden sind. Das gesamte Becken von ungefähr 2 km Länge ist wie geschaffen für einen Lachspool der Extraklasse. Besonders entlang der norwegischen Uferseite reiht sich ein tiefer Kolk an den anderen, die bevorzugten Reviere der Männchen, wenn sie einen geeigneten Platz für die herbstliche »Hochzeit« suchen. Viele Jahre beherrschte ein gewaltiger Milchner eine bestimmte Stelle in diesem Pool und verjagte mit äußerster Aggressivität jegliche Rivalen. Dies konnten nicht minder große Lachse von 20 kg oder mehr sein, war doch der Beherrscher des Pools ein Milchner von nahezu 30 kg mit der Kraft einer Lokomotive und mit der Angel fast unmöglich zu überlisten.

Ich hatte das Vergnügen, mich mit alten, erfahrenen Einheimischen über den Pool zu unterhalten, die die Strecke seit Jahrzehnten beobachten und befischen. Sie erzählten von wahrhaft dramatischen Anbissen dieser Lachsgiganten. Meist blieb der Lachs der Sieger, aber es gibt auch noch Bildbeweise gefangener Riesenlachse vergangener Tage, wo die Waage nahezu 40 kg anzeigte. Diese Zeiten sind allerdings vorbei, aber Großlachse bis an die 30 kg sind in geringer Zahl noch mögliche Fänge auch in heutiger Zeit.

Im Gegensatz zur Stromschnelle ist das Fischen mit dem Boot im Pool recht einfach, teilweise auch recht eintönig. Jetzt heißt die Devise: ruhiges und kontrolliertes Rudern. Die Strömung ist so gut wie nicht mehr vorhanden, und nun gilt es für den Ruderer, Leben in seine Köder zu bekommen. Bei Wendungen etwas Fahrt aufzunehmen, um dann wieder genau das Gegenteil zu machen. Fantasie ist gefragt. Bevorzugt rudert der Perti-Jünger nun entlang der felsigen Uferseite mit seinen tiefen Kolken. Ein Hotspot am norwegischen Ufer ist besonders erwähnenswert: eine tiefe Stelle nahe dem Ufer, ungefähr auf Höhe der Bootsrampe auf der finnischen Seite. Diese Stelle hat bei den Bootsfischern am Teno schon einen besonderen Ruf. Zum Ersten ist die Stelle leicht zu finden und zum Zweiten wird hier fast Jahr für Jahr der wohl kapitalste Lachs im Aittisuvanto-Pool gefangen. Ein besonderes Merkmal am Ufer zeichnet diese Stelle aus – ein großer abgerundeter Felsen mit seltsam anzuschauenden schwarzen Streifen: der sogenannte »Kämmenkivi«, was übersetzt soviel wie ›Handflächenstein‹ bedeutet. Schon ungefähr hundert Meter vor dieser markanten Stelle stellen sich die Bootsfischer auf einen gewaltigen Anbiss ein. Die leise Unterhaltung wird eingestellt, der Ruderer taucht die Ruder möglichst leise ein und hält den Atem an. Immer wieder kommt es an dieser Stelle zu wahrhaft dramatischen Anbissen großer Milchner. In vielen Gesprächen hat mir Johan Niiles Valle, der Vater des Blockhüttenbetreibers Petteri Valle, von Ereignissen erzählt, die sich hier in seinem langen Leben zugetragen haben. Auch er selber hatte etliche Male das Vergnügen, große Milchner jenseits der 25 kg am Haken zu haben, aber oftmals ohne greifbaren Erfolg. Auch die einheimischen Fischer Esa Karpoff und »Kala-Harri« Matikainen, haben schon am eigenen Leib erfahren, was es heißt, sich mit dem Kämmenkivilachs anzulegen.

Ab und zu rudert der Angler nun auch zur finnischen Seite, macht einen kleinen Abstecher, um die Köder in Fahrt zu bringen; besonders auf Höhe des Blockhüttendorfes sollte man dies beherzigen. Insbesondere frisch aufsteigende Lachse wählen eher die Mitte des Pools. Etliche Male konnte ich Zeuge sein, wie aufsteigende Fische die Wasseroberfläche durchbrachen, manche Lachse buckelten wie Delfine. Toll anzuschauen und man kann den nächsten Fischzug kaum erwarten.

Filetieren von Meisterhand: Jouni Helander zeigt, wie es fachgerecht geht.
Und abends gibt es dann leckeren Flammlachs.

Beim Fischen über den Kolken muss absolute Ruhe herrschen, kein Geklapper im Boot, auch kein lautes Unterhalten. Dies ist Voraussetzung beim Fischen auf große Milchner. In der Regel fischt man mit Wobblern, auch beschwerte Wobbler werden eingesetzt, um in den Kolken auf Tiefe zu kommen. Könner fischen auch mit schweren Blinkern, dann aber nur mit maximal zwei Ruten und nur mit Blinkern. Bevor der Sog der Strömung kurz vor der Tiirasaari-Insel das Boot erfasst, muss man allerdings geschwind die Köder wechseln, denn es wird immer seichter. Nun kommen wieder Schwimmwobbler und Lachsfliegen zum Einsatz. Ungefähr 200 m vor der Insel muss man eine Entscheidung treffen, welchen Seitenarm entlang der Insel man befischen möchte. In der Regel wird die finnische Seite bevorzugt, aber auch der norwegische Seitenarm hat seinen Reiz und ist bei passendem Wasserstand fast noch erfolgreicher zu befischen als die finnische Passage. Die Einheimischen wissen dies, und sobald der Wasserstand es zulässt, lohnt sich immer ein Fischzug in dieser Strömung. Auch der Fliegenfischer kommt hier auf seine Kosten – kann man doch mit kapitalen Äschen über 2 kg rechnen sowie mit aufsteigenden Lachsen. Auf der finnischen Seite des Pools macht der Fliegenfischer eine Pause. Es herrscht so gut wie keine Strömung und das Gewässer ist sehr flach. Hier empfiehlt es sich, das Blockhüttendorf zu passieren und auf Höhe der Insel wieder mit dem Werk zu beginnen. Bis zur Brücke kann der Angler nun nach Herzenslust fischen.

Onnela (samisch: Gieddesavu)

Onnela ist ein kleiner, aber feiner Lachspool. Unterhalb der Insel Tiirasaari beginnt eine für den Bootsfischer interessante Angelstrecke. Auf der finnischen Seite, unmittelbar an der Mündung des Äimejoki, befindet sich wieder einmal ein Startplatz für die Bootsfischer. Auch hier gilt wieder die Regel: Ist kein Boot am Ufer, darf man weiterfischen. Onnela ist tief, bis kurz hinter der Samenbrücke an mehreren Stellen 4-5 m. Besonders unmittelbar unter der Brücke ist es besonders tief und die »Gefahr«, hier einen kapitalen Lachs zu haken, ist recht groß. Onnela ist einfach zu befischen und zu befahren. Der Bootsfischer kann im Zickzackkurs die ganze Breite des Flusses ausnutzen. Hotspot ist wie erwähnt der Bereich unter der Brücke, aber auch wenige hundert Meter hinter der Flussquerung lohnt es sich, einen kleinen tiefen Kolk auf der finnischen Seite anzusteuern. Erfolgt hier kein Anbiss, beendet man das Fischen und fährt wieder flussaufwärts. Für den Fliegenfischer ist erst wieder die Angelstrecke an der Utskoski-Stromschnelle interessant. Dort hat er wieder realistische Chancen den »König der Fische« an den Haken zu bekommen.

Beste Zeit: Fliegenfischen ganze Saison. Schleppfischen > Mittsommer und auf Großlachse im Aittisuvanto-Pool im August.

Für den weitgereisten Angelgast, der nicht auf gewohnten Komfort und Nähe zum Fischgewässer verzichten möchte, ist die »Traumstrecke« von Radnukuoppa bis zur Samenbrücke bei Utsjoki wahrscheinlich die idealste Angelstrecke am gesamten Teno. Keine ermüdenden Anfahrtswege, Unterkünfte unmittelbar am Fluss, Einkaufsmöglichkeiten in der Nähe und das Beste: Es besteht realistische Chancen, einen Lachs an den Haken zu bekommen, ob mit dem Boot oder vom Ufer aus. Nicht nur der Lachsfischer kommt hier auf seine Kosten; auch der Spinn- und Fliegenfischer, soweit er gerne auf edle Salmoniden in den Tundraregionen rings um Utsjoki fischen möchte. Etliche einheimische Unternehmer bieten als Alternative zum Lachsfischen geführte Angeltouren in die Wildnis bei Utsjoki an. Einem solchen Ausflug sollte man sich nicht entgehen lassen. In der Tundra warten fantastische Gewässer mit gemessen an mitteleuropäischen Standards unglaublichen Fischbeständen!

Spinn-und Fliegenfischen rund um Utsjoki

Utsjoki ist die nördlichste Gemeinde Finnlands. Nur knapp 1.350 Menschen bewohnen ein Gebiet von rund 5.370 qkm, eine Fläche gut doppelt so groß wie das Saarland. Die drei Hauptorte sind Utsjoki, ca. 640 Einwohner, Karigasniemi, ca. 310, Nuorgam, ca. 210 Einwohner. Besiedelt sind fast ausschließlich die Flusstäler des Teno und des Utsjoki-Flusses. Utsjoki ist die einzige Gemeinde Finnlands, in der die Samen die Bevölkerungsmehrheit stellen, ca. 70 % ethnische Samen. Rentierzucht und Fischerei sind wichtige Erwerbszweige. Im Sommer blüht insbesondere der Hauptort Utsjoki auf, wenn eine Vielzahl von Angeltouristen diesen Ort im hohen Norden aufsuchen. Sie haben es hauptsächlich auf die Tenolachse abgesehen. Aber die Region hat den Petri-Jüngern noch weit mehr zu bieten. In den Bergregionen rund um Utsjoki herrschen aus der Warte des Anglers teilweise noch paradiesische Zustände.

Unterschiedlich große kristallklare Seen mit ebenso glasklaren Bächen in arktischer Wildnis beherrschen die Szenerie. Leitfisch der Region ist der Saibling (Salvelinus alpinus) in verschiedenen Unterarten. Der Saibling kann, je nach Gewässer und Unterart, beeindruckende Stückgewichte von 4-5 kg erreichen. Zahlreich vertreten sind auch Bach- und Seeforelle, die auch in kleinsten Gewässern bis zu 8 kg an Gewicht erreichen können. Natürlich ist auch die Äsche in den Bergregionen zahlreich vertreten. Die maximalen Stückgewichte des Teno werden zwar nicht ganz erreicht, aber bis 2 kg schwere Exemplare werden jedes Jahr immer wieder auf die Schuppen gelegt. Interessant sind auch die Coregonenbestände mit ihren Unterarten. Stückgewichte von erstaunlichen 5 kg sind möglich. Seltsamerweise sind in einigen Seen auch Hechte anzutreffen, die in diesen Breiten eigentlich nicht vorkommen sollten. Laut Berichten von Einheimischen können diese ein Gewicht von bis 10 kg erreichen.

Der Utsjoki und seine Zuflüsse

Bei einem Nebenfluss des Teno in unmittelbarer Nähe zum Kirchdorf Utsjoki, lohnt es sich, genauer hinzuschauen. Die Rede ist vom gleichnamigen Utsjokifluss mit seinen Zuflüssen.

Der Utsjoki, in der samischen Sprache »Ohcejohka« genannt, ist der größte und bedeutendste Nebenfluss des mächtigen Teno mit ungefähr 100 km Länge. Er entspringt in der rauen Bergwildnis des Hevosvaara-Gebietes, führt kristallklares Wasser und fließt von Süden nach Norden. Berühmt ist der Utsjoki für seine außergewöhnliche Vielfalt an Naturschönheiten und seinen canyonartigen Charakter. Immer wieder wird der Utsjoki von Stromschnellen und Seenketten unterbrochen und fließt schließlich kurvenreich in unmittelbarer Nähe vom Kirchdorf Utsjoki in den Teno. Der Unterlauf des Utsjoki wird während der Lachssaison von vielen Anglern (in der Hauptsache Fliegenfischern) frequentiert. Der Grund ist einfach: zum Lachsstamm des Utsjoki gehören auch großwüchsige, bis an die 20 Kilo schwere Exemplare.

Fischereilich außerordentlich interessant sind die Nebenflüsse des Ohcejohka, wie z.B. der Kevojoki oder der Tsarssejohka, die beide fast an gleicher Stelle in den See Kevojärvi münden. Beide Nebenflüsse beherbergen einen eigenen Lachsstamm, mit durchschnittlichen Stückgewichten um die 2 kg, wobei auch immer wieder vereinzelte Lachse von 5-6 kg gelandet werden können. Auch Bach- und Seeforellen sind in tiefen Gumpen anzutreffen, oft unterhalb von Stromschnellen oder in kleinen Seenketten. Die Äsche kommt zwar auch vor, aber nicht in so kapitalen Größen wie in der Bergregion oder im Teno.

Zum Thema Fliegenfischen in dieser Region wird mir ein Angelerlebnis lange in Erinnerung bleiben ...

Nächtliches Fliegenfischen am Tsarssejohka

Noch eine kurze Steigung, dann hatten wir es geschafft. Nach ungefähr 4 km holpriger Wegstrecke durch einen Kiefernwald, unweit von Patoniva am Utsjoki, erreichten wir eine kleine Lichtung auf einer Anhöhe. Harri, mein Angelkamerad und Guide, stoppte den Transporter. Stumm grinste er mich an und nickte vielsagend. Aha, dachte ich mir, jetzt geht es wohl zu Fuß weiter. Harri, von jedem nur »Lintu-Harri« (Vogel-Harri) genannt, ist kein Mann der großen Worte, eben ein typischer Finne, aber ein angenehmer Zeitgenosse und meisterhafter Fliegenfischer. Harri kennt sich im weitläufigen Gebiet von Utsjoki bestens aus, wie ich schon auf einer herbstlichen Schneehuhnjagd feststellen konnte, als wir uns zum ersten Mal begegneten. Damals erzählte mir Harri von eben diesem Tsarssejohka und den hervorragenden Möglichkeiten, Lachse mit der Trockenfliege zu befischen.

Jetzt war es also soweit. Rasch packten wir unsere Ausrüstung zusammen und stiefelten los. Ich hatte keine Ahnung, wie weit wir marschieren mussten, bis wir am Ufer des Tsarssejohka stehen würden. Nun gut, geschenkt bekommt man gar nichts, und aus eigener Erfahrung wusste ich schon von früheren Angelabenteuern, dass man Fußmärsche schon in Kauf nehmen musste, um an verheißungsvolle Stellen zu gelangen. Das Wetter war einfach ideal für eine Wanderung. Jetzt zu dieser Abendstunde, so um 19 Uhr, war der Himmel immer noch wolkenlos bei ungefähr 18 °C und Windstille. Seltsamerweise konnte ich keine Plagegeister ausmachen – keine Stechmücken, geschweige denn Kriebelmücken, die für mich widerlichsten aller Plagegeister, konnte ich entdecken. So außergewöhnlich, wie angenehm!

Nach einem halbstündigen, gemütlichen Marsch durch den Kiefernwald hörte ich plötzlich ein Rauschen. Dann sah ich zum erstenmal den Fluss. Was für ein Anblick! Ein einziges Schäumen und Gurgeln erzeugte die Stromschnelle vor der wir jetzt standen. Eine ca. 1 km lange Stromschnelle erstreckte sich flussabwärts, bis sie hinter einer Biegung verschwand. Weiter unten im Tal konnten wir den See Kevojärvi in der Sonne blitzen sehen, in den der Tsarsse mündet. Der Fluss war nicht sehr breit, an den breitesten Stellen vielleicht 15-20 m, aber mit unzähligen Felsen und Steinen übersät. Ein richtiger Wildnisfluss mit kleinen, tiefen Gumpen und Kehrwassern hinter Steinen. Ich war einfach sprachlos!

Harri tippte mit seiner Fliegenrute auf meine Schulter und deutete flussaufwärts, wo ich in vielleicht 200 Metern etwas Gischt und eine Felsenformation erkennen konnte. Ohne ein Wort zu sagen setzte sich Harri wieder in Bewegung, und wir hüpften auf den Uferfelsen langsam flussaufwärts. Nach circa 10 Minuten konnte ich den Grund für die Gischt ausmachen: ein Wasserfall! Und was für einer, ein richtiges Naturwunder. Eine bestimmt 6-7 m hohe Felsformation mit unzähligen, kaskadenförmigen Wasserfällen. Unterhalb erstreckte sich ein vielleicht 70-80 m langgezogener, tiefer Pool. Beim näheren Betrachten konnte ich auch schon die ersten Lachse entdecken. Ich musste mich zuerst einmal hinsetzen und diesen Anblick auf mich wirken lassen. So etwas hatte ich noch nie gesehen!

Der Kaskadenwasserfall des Tsarsse in seiner ganzen Wildheit. Unterhalb des Wasserfalls befindet sich ein ca. 100 m langer Pool, in dem die Lachse Kraft sammeln, um dann die Kaskaden in Angriff zu nehmen.

Harri verlor keine Zeit. In Nullkommanix stellte er sein Gerät zusammen. Neugierig schaute ich ihm zu. Seine dreiteilige Rute taxierte ich auf circa 2,80 m Länge, wahrscheinlich »Aftma« 5-6, ausgerüstet mit einer weißen Schwimmschnur und einem, in der Rutenlänge identisch langen Vorfach. Ich wollte ihn noch fragen, welche Vorfachspitzenstärke er benutzt und mit was für einer Art von Fliege er fischen wollte, aber er ging schon, ohne ein Wort zu verlieren, zu einer mit Steinen übersäten Stelle und watete zum anderen Ufer. Na toll, mich überließ er meinem Schicksal. Da stand ich nun verloren herum und wusste nicht so recht, mit welcher Art von Fliege ich anfangen sollte. Na dann wollen wir mal, dachte ich mit Herzklopfen und fing an, meine Rute zu montieren. Meine spezial angefertigte, sechsteilige Reiserute der Klasse 6-7 mit 2,70 m Länge hatte mir in den vergangenen Jahren schon gute Dienste erwiesen. Sie verfügt, trotz der sechs Rutenteile, über ein gutes Rückgrat mit einer halbparabolischen Aktion und ich konnte mich mit ihrer Hilfe schon über manch schönen Fang einer Bachforelle oder Äsche freuen. Lachse? Bis dahin Fehlanzeige, aber was nicht ist, kann ja noch werden, dachte ich mir frohen Mutes. Dann waren da noch die Rolle und die Schnur. Auf meine uralte D.A.M.-Rolle war immer noch Verlass und an meine gefettete WF-Schwimmschnur mit Loop on junction-Vorfachverbindung knüpfte ich ein nagelneues, monofiles Vorfach in 0,20 mm Stärke. Dies müsste ausreichen. Tja, dann wurde es heikel. Welche Fliege? Nass oder trocken? Vielleicht eine kleine, klassische Lachsfliege? Vielleicht, vielleicht – ich war ziemlich ratlos.

Während ich über meinen Fliegendosen brütete, war Harri schon in seinem Element. Es war faszinierend, ihm zuzuschauen. Wie ein Panther schlich er über die Ufersteine. Er warf ohne Pause. Sein Tempo war rasant und elegant. Man sah ihm an, dass er sein Metier beherrschte. Drei bis vier Leerwürfe, schnelle, kurze Würfe, höchstens 8-10 Meter, dann war die Fliege in der Strömung. Ich fragte mich, mit was für einer Fliege er wohl fischte. Ich konnte es von weitem einfach nicht erkennen, aber aufgrund der vielen Leerwürfe, fischte er wohl mit einer trockenen, überlegte ich mir. Systematisch befischte er den Pool von oben bis unten – mit Erfolg:

Plötzlich stand Harri in voller Größe auf und seine Rute war beachtlich gebogen. Er hatte einen Lachs am Haken! Ein quicklebendiger Kleinlachs sprang hoch in die Luft. Routiniert drillte Harri den Lachs, und es dauerte keine fünf Minuten, da bugsierte er den Grilse zwischen die Ufersteine und hob ihn an der Schwanzwurzel in die Höhe. Na das ging ja gut los. Während ich immer noch erst bei der Vorbereitung war, war Harri schon mitten im Geschäft.

Langsam aber sicher ...

Endlich hatte ich mich entschieden. Wurde auch langsam Zeit, denn Harri drillte schon wieder einen Lachs. Mit einer 8er Lachstrockenfliege wollte ich meinen Fischzug beginnen. Die sogenannte »Bomberfliege« hatte es mir angetan. Eine legendäre Lachstrockenfliege. Ich wählte eine mit dickem, weißem Körper und steif abstehenden, orangefarbenen Körperhecheln. Eine Fliege, die sehr hoch schwimmt und gut zu sehen ist. Die Bomber ist die klassische Trockenfliege auf Lachs. Es gibt einige Flüsse auf der Welt, wie zum Beispiel auf der Kolahalbinsel in Russland, wo sie einfach unschlagbar ist. Das Trockenfliegenfischen auf Lachs ist eine spannende Angelegenheit, weil man auf Sicht fischen kann und einen ausgemachten Fisch direkt befischen kann. Bei bestimmten Verhältnissen (sonnig, warm, Wassertemperatur über 14 °C) kann das Fischen mit der Trockenfliege sogar erfolgreicher sein als mit der traditionellen Art des Fischens mit Zweihandrute und Nassfliege. Ausnahmen bestätigen aber immer wieder die Regel. Auch bei widrigsten Verhältnissen (kalt, regnerisch, windig und einer Wassertemperatur unter 10 °C) werden Lachse mit der Trockenfliege gefangen. In diesem Zusammenhang fällt mir eine ein paar Jahre zurückliegende Begebenheit ein, als ich am Teno mit der Einhandrute, auf Äschen fischte. Es war ziemlich kalt, windig und so richtig ungemütlich. Ich fischte mit einer kleinen Red Tag an einer kurzen Stromschnelle, als ein Lachs urplötzlich die kleine Trockenfliege akzeptierte. Ich war ziemlich konserniert und sah nur noch einen vielleicht 3-4 kg schweren Lachs in die Luft springen. Kurz spürte ich das Gewicht und das wars auch schon, die Freude war kurz. Es war das erste Mal, dass ich einen Lachs an der Trockenfliege haken konnte – und dies völlig unabsichtlich.

Warum der Lachs eine Trockenfliege nimmt, ist mir bis zum heutigen Tage nicht ganz klar. Es gibt viele Theorien, wobei mir eine ziemlich einleuchtend erscheint. Dass der Lachs bei seiner Laichwanderung keine Nahrung zu sich nimmt, ist mittlerweile unbestritten. Die Theorie besagt, dass die Trockenfliege ihn an seine Jugend erinnert, in der er als Parr reichlich Insekten zusprach, die an der Wasseroberfläche vorbeischwammen. Vielleicht spielt auch das Laichrevierverhalten – sprich Aggression – eine gewisse Rolle, wie bei den großen Milchern, die nicht den kleinsten Störenfried in ihrem Revier dulden. Wer weiß, vielleicht werden wir mit Hilfe der Forschung irgendwann einmal schlauer sein.

Ich nahm mir vor, mir an Harris Taktik ein Beispiel zu nehmen und schlich an den Uferfelsen entlang, bis knapp unter den Wasserfall. Bevor ich anfing zu fischen, schaute ich mir den Wasserfall noch genauer an. In mehreren Rinnen stürzte das Wasser die Felsen herunter. Eine Rinne sah aus wie eine richtige

Lachstreppe, eine natürliche Lachstreppe, mit kleinen Pools zum ausruhen und endete in einem pulsierenden Wasserbecken – wie in einen Whirlpool. Faszinierend!

Dieser Whirlpool hatte es mir angetan. Ein idealer Warteplatz bevor die Lachse den Wasserfall in Angriff nehmen konnten, so schien es mir. Bestimmt zehn Minuten starrte ich auf das Becken. Kein Lachs zu sehen, aber in einer anderen Rinne sprang ein Lachs. Tatsächlich, die Lachse versuchten den Wasserfall zu überwinden. Ich versteckte mich hinter einen Felsen und überlegte mir, wie ich wohl am besten meine Fliege in das Becken platzieren könnte. Gar nicht so einfach, ich dachte angestrengt nach. Hinter mir viel Gestrüpp und Bäume, also kein Rückschwung möglich. Na gut, dann eben mit kurzen Rollwürfen. Gesagt, getan. Ich zog ein paar Meter Schnur von der Rolle und probierte es aus. Erster Wurf – daneben. Die Fliege kam auf einem flachen Felsen zum Liegen. Plötzlich eine Idee: Ich wackelte etwas mit der Rutenspitze und der Bomber hüpfte sanft in das Becken. Dort schwamm er wunderschön im Kreis herum, aber nichts passierte. Zweiter Versuch, dritter Versuch – da sah ich unvermittelt den Kopf eines Lachses, das Maul öffnete sich und, und … ich zog die Fliege aus dem Maul. Sch … nochmal, entfuhr es mir. Wie schade, das war knapp und ich ärgerte mich über meine Ungeduld. So ging es eine ganze Weile weiter. Ohne Erfolg. Ich beschloss, das Becken zur Ruhe kommen zu lassen und schlich flussabwärts.

Auf der anderen Uferseite drillte Harri seinen soundsovielten Lachs. Nicht zu fassen, dachte ich mir und hätte zu gern gewußt, mit was für einer Fliege er hantierte. Ich kam ins Grübeln. Sollte ich vielleicht doch wechseln? Ein anderes Muster? Oder vielleicht … Hmm, das immer gleiche Problem!

Jetzt lag der tiefe Pool vor mir. Hinter einem Felsen stehend warf ich meine Fliege. Jetzt war auch Platz zum Rückschwung. Alles passte. Ein tiefes Wohlgefühl überkam mich. Ich verschmolz mit der Umgebung. Fühlte mich eins mit der Natur. Lautlos warf ich, ohne Pause und immer schneller und präziser. Langsam aber sicher kam ich in Bestform und probierte den Fallschirmwurf, den Schlangenwurf … Fliegenfischen wie im Traum!

Im Rausch der Gefühle

Noch immer warf ich die Bomberfliege. Nach wie vor verzichtete ich auf jegliches Fliegenfett, nur ab und zu trocknete ich die Fliege mit meinem Amadou. Sie schwamm einfach perfekt. Vielleicht sollte ich aber doch einmal ein kleineres Muster probieren, überlegte ich zwischendurch und …

Der Anbiss kam aus heiterem Himmel. Ich bewunderte in Gedanken Harri bei seinen Wurfkünsten am anderen Ufer, vergaß die Drift der Fliege. Plötzlich spürte ich Widerstand an meiner Gerte und schon war der Lachs in der Luft. Er begann eine Sprungserie. War mehr in der Luft als im Wasser. Ich hüpfte vorsichtig vom Uferfelsen auf die Ufersteine, um den Lachs bei Bedarf flussabwärts folgen zu können, denn wenn er in die Stromschnelle flüchten würde hätte ich keine guten Karten, dachte ich grimmig. Ich musste in Kontakt bleiben, aber nicht zu hart forcieren, ihn von der Stromschnelle fernhalten. Nach ein paar Saltos schraubte er sich in die Tiefe des Pools, rührte sich nicht mehr, aber nur für ein paar Sekunden, dann folgten kurze Spurts. Die Schnur zischte den Pool rauf und runter, jetzt sprang er nicht mehr. Ich hielt die Rute steil nach oben. Fabelhaft arbeitete die sechsteilige Rute, nahm dem Lachs die Kräfte, wie ich zufrieden feststellte. Dann war es soweit. Der Lachs kippte auf die Seite und war am Ende seiner Kräfte. Ich griff ihn an der Schwanzwurzel und der Lachs war mein. Zufrieden legte ich ihn auf nasses Ufergras und schlug ihn ab. Harri hatte mir zugeschaut und reckte seinen Daumen hoch. Dabei grinste er breit und lüftete seinen Anglerhut mit einer leichten Verbeugung. Ich nahm mir eine kleinere Auszeit und betrachtete den Fang. Der Lachs war ein blitzblanker Grilse von vielleicht knapp 2 kg an Gewicht. Ein typischer Lachs der Nebenflüsse des Teno. Der Körperbau nicht so gedrungen und rund wie bei dem Lachsstamm des Hauptstromes, eher schlank und mit weniger schwarzen Punkten an den Flanken. Auch wirkte die Farbe auf mich eher heller und silberfarbiger im Vergleich zu den Tenolachsen. Eine wahre Schönheit! Wir fischten und fischten. Wir verloren Fische und landeten Fische. Die verlorenen grämten uns nicht weiter. Manchmal schien es, als ob der Pool vor Lachsen nur so kochte. Fast ausnahmslos Fische der gleichen Größe. Nur einmal schien ein Lachs ein größeres Kaliber zu haben. Ich präsentierte eine Elk Hair-Caddis im Kehrwasser eines großen Steines – die Fliege verschwand in einem mächtigen Schwall und ich spürte das Gewicht eines größeren Lachses. Zischend sauste die Schnur durch das Wasser flussabwärts auf die Stromschnelle zu. Ich hatte keine Chance! Der Lachs flüchtete in die Stromschnelle und verabschiedete sich, ohne dass ich ihn zu Gesicht bekam. Schade! Harri meinte später, dass dies mit Sicherheit ein Lachs von vielleicht 5-7 kg war, die in dieser Größe immer wieder Mal auch in den Tsarsse aufsteigen. Eine lange, aufregende Nacht ging zu Ende. Fliegenfischen im Rausch der Gefühle und in atemberaubender Wildnis. Nicht nur mit der Trockenfliege hatten wir Erfolg. Nein, auch mit kleinsten Nassfliegen, wie der Alexandra oder der Black Zulu, konnten wir Lachse zum Anbiss verleiten. Mit leuchtenden Augen sagte ich dem Fluss leise Servus. Nächtliches Fliegenfischen am Tsarssejohka – ein unvergessliches Angelabenteuer in der Wildnis von Utsjoki!

Der Teno – majestätischer Lachsfluss im hohen Norden Europas.

Foto: Minna Saastomoinen

Angelvergnügen nicht nur am Teno, sondern auch an Seen und Bächen in den Weiten der Tundraregion. Esa Karpoff (re.) und Autor.

Der See ohne Namen

Grandios präsentiert sich die arktische Bergwelt links und rechts des langezogenen Tenotale. Sie bietet ungeahnte Möglichkeiten auf großwüchsige Edelfische der Region zu fischen, auf Forellen, Äschen, Saiblinge, Renken und vereinzelt auch Hechte in unberührter Natur.

Während sich am Teno alles um den Atlantischen Lachs dreht, findet man in den Bergregionen von Utsjoki eindrucksvolle und erlebnisreiche Alternativen zum täglichen Lachsfischen.

Off-Road

Ich stehe vor einer fast unlösbaren Aufgabe: Wie kann ich meine Ausrüstung für drei Tage auf das Minimum reduzieren, so dass es in einen 20 l fassenden Tagesrucksack passt. Auch das Angelzubehör muss da irgendwie hinein. Nach einigen vergossenen Schweißperlen habe ich es geschafft. Esa Karpoff, mein Freund und Angelguide, grinst zufrieden und verstaut noch unsere Angelruten in der großen Skibox auf dem Dach seines Allradjeeps.

Nachdem wir unseren dritten Passagier Harri »Kala« Matikainen, seines Zeichens, Angel- und Jagdjournalist, eingesammelt haben, geht es los. Esa lässt noch etwas Luft aus den Reifen, was mich einigermaßen verwundert, aber es dauert nicht mehr lange, bis ich den Grund verstehe. Nach ungefähr 50 km Fahrt auf Asphalt erreichen wir die Abzweigung in die Bergwildnis von Kaldoaivi.

Esa aktiviert das Allradgetriebe und im Schritttempo geht es auf die Tundrapiste. Wir fahren stetig bergauf bis hinauf zu einer Bergkuppe, wo es mir dann die Sprache verschlägt!

Ein unglaubliches Bergpanorama breitet sich vor uns aus. So weit das Auge reicht erstreckt sich Tundra mit sanft geschwungenen Bergrücken. Die Luft in den nordischen Breiten ist so klar und rein, dass es für einen Mitteleuropäer schwer zu begreifen ist.

Nur langsam gewöhne ich mich an die Schaukelfahrt auf der Off-Road-Piste und bin froh, nicht ausgiebig gefrühstückt zu haben. Hier und da rennen aufgeschreckte Rentiere durch die Gegend, einzelne Schneehühner flattern aufgeregt über die absolut baumlose Tundra. Nach ungefähr 20 Minuten Fahrt erreichen wir eine Senke, durch die ein kleiner Bach fließt. Das Wasser ist kristallklar und Esa erklärt uns, dass der Bach quicklebendige Bachforellen beheimatet.

Die etwas sumpfige Senke meistert der Allradjeep ohne Probleme und jetzt wird mir auch klar, warum Esa Luft aus den Reifen ließ. Die Auflagefläche der Reifen ist breiter und erleichtert das Überwinden weichen, aber auch steinigen Untergrundes.

Nach ungefähr 2 Stunden Fahrt und 13 km Wegstrecke auf der holprigen Tundrapiste von Njallavaara erreichen wir eine Anhöhe. Linker Hand vor uns erblicken wir unten im Tal einen lang gestreckten See. Unser Ziel liegt vor uns: der Tammakkojärvi.

Tammakkojärvi heißt soviel wie Bachforellensee. Eigentlich gibt es den See überhaupt nicht, zumindestens nicht offiziell. Auf topographischen Karten ist er wohl vermerkt, aber es existiert kein Name. Viele Seen im Kaldoaivi Bergareal haben keinen Namen; deshalb wird einfach ein Name erfunden. Am Ende unserer Tour werden wir uns für »Tammakkojärvi« entscheiden.

Der See liegt in einer Talsenke und ist nicht besonders groß. In der Länge vielleicht einen Kilometer und an der breitesten Stelle misst er ungefähr 400 Meter. Auffallend ist eine kleine Insel an der Nordspitze, wo sich laut Esa sehr gute Saiblingsreviere befinden. Esa war schon des Öfteren hier, und insbesondere im Frühjahr beim Eisfischen konnte er schon Saiblinge um die 3 kg erbeuten. Der See hat zwei Zuflüsse, jeweils einen an der Nord- und Südspitze. Den gesamten See kann man bequem zu Fuß umrunden, um den in Trupps umherziehenden Saiblingen auf der Spur zu bleiben.

Die Ufer sind durchweg gut zu begehen und kein Baum oder Strauch behindern den Fliegenfischer beim Rückschwung.

Rings um den See beherrschen sanft geschwungene Bergrücken die Szenerie. Von unserem Lagerplatz aus sieht man in nördlicher Richtung den großen Farppaljärvi in der Sonne blinken, berühmt für großwüchsige Saiblinge und Seeforellen. Laut Esa beherbergt der See wahre Giganten von Salmoniden (bis zu 8 kg oder mehr) und ist besonders im Frühjahr Ziel von Motorschlittensafaris.

Das Wasser des Tammakko-Sees ist kristallklar, eiskalt und hat Trinkwasserqualität. Selten steigt die Wassertemperatur über 10 °C, und er bietet deshalb den Salmoniden hervorragende Lebensbedingungen.

Auf Los geht's los ...

Staunend auf den See blickend steige ich aus dem Jeep und kann mich gar nicht sattsehen an dem vor mir liegenden Juwel und der beeindruckenden, herben Tundralandschaft.

Kein Laut ist zu hören, nur hinter mir vernehme ich geschäftige Geräusche. Esa verschwendet keine Zeit. Ein Gepäckstück nach dem anderen landet auf dem mit Tundragras und Flechten bedeckten Boden. Unser Lagerplatz liegt optimal hinter einer kleinen Felserhebung und ist relativ eben.

Harri beginnt das Tunnelzelt aufzubauen. Ich erwache aus meinem Staunen und packe mit an. Rasch steht der Unterschlupf und wir beschweren noch in weiser Voraussicht die in die Erde getriebenen Heringe mit schweren Steinen.

Ich öffne die wasserdichten Plastiktonnen und richte das Zeltinnere mit Liegeunterlagen und Schlafsäcken häuslich ein. Zu dritt sammeln wir noch passende Steine für unsere Feuerstelle und dann geht es an das Wesentliche!
Wir lassen alles stehen und liegen und stellen unser Angelgerät zusammen. Harri und Esa übernehmen die Spinnruten, und ich kümmere mich um meine Fliegenrute der Klasse 6/7 mit Schwimmschnur. Ich knüpfe ein mit der Rutenlänge (275 cm) identisch langes Vorfach an die Schwimmschnur und wähle eine Vorfachspitze von 0,20 mm Stärke. Dies müsste ausreichen, denke ich in voller Erwartung auf kapitale Salmoniden.
Bevor wir unsere erste Erkundungstour starten, wollen wir noch einen kräftigen Kaffee am Lagerfeuer kochen. Nur wie kochen? Ziemlich ratlos schaue ich mich um. Kein Brennholz weit und breit zu sehen. Esa bemerkt meine Probleme und grinsend zeigt er auf eine Plastiktonne, die gefüllt ist mit Holzscheiten. Der Mann denkt voraus schauend!
Wir erkunden die nähere Umgebung in der Hoffnung, eine Quelle zu finden. Und siehe da, in nur ca. 50 m Entfernung zum Lagerplatz finden wir eine. Eiskaltes Quellwasser, fantastisch!
Am Feuer hockend und den heißen Kaffee schlürfend, brüten wir über die passende Köderwahl. Harri und Esa entscheiden sich für einheimische Blinker und Spinner. Ich hingegen will es erst einmal mit der Fliege probieren. Für das Spinnfischen wähle ich kleine Schwimmwobbler meines Freundes und Wobblerherstellers Leo Juntunen aus Kajaani. Die LJ-Vaappu Wobbler – das habe ich ja schon ausführlich beschrieben – sind hervorragende Lachswobbler und haben sich auch für die allgemeine Salmonidenfischerei bewährt.

Abendsprung – gibt es den?

Mittlerweile ist es früher Abend. Ab und zu durchbricht die noch hochstehende Sonne die lockere Wolkendecke. Die Temperatur liegt bei 8 °C und ein leichter Wind aus Nordost kräuselt die Oberfläche des Sees. Man kann nur erahnen, wie es unter der Wasseroberfläche ausschaut. Kein Ring ist zu sehen, kein Schwall an der Oberfläche.
Wir verteilen uns an der Uferkante und beginnen zu fischen. Nach langem Blick in die Fliegendose entscheide ich mich für eine Nassfliege. Eine kleine 12er »Alexandra«.
Zwei Stunden sind vergangen, aber kein Biss. Etwas unschlüssig schaue ich nach meinen Angelkameraden. Bei Esa tut sich was, bemerke ich mit nur leichtem Neid, und im gleichen Augenblick »klingelt« es auch bei Harri. Ich nehme die Beine in die Hand und im Laufen versetze ich meine Kamera in Betriebsbereitschaft. Fast gleichzeitig landen Esa und Harri ihre prachtvollen Fische. Zwei

Seesaibling in seiner ganzen Schönheit. Eine Klinkhämer Trockenfliege erwies sich als die Topf-liege für Saiblinge beim Abendsprung.

Foto links: Esa Karpoff

Autor und arktische Äsche, 54 cm. Nicht nur die Tundrabergwelt be-herbergt große Äschen, im gesamten Flussverlauf des Teno können große, bis zu 2,5 kg Exemplare dieser Art gefangen werden.

Foto: Hannu Räisänen

wunderschön gezeichnete Salmoniden liegen im Ufergras. Beide Fische so um die 1 kg schwer und in bester Kondition. Harris Seeforelle ist blitzblank mit un-zähligen, schwarzen Tupfen. Esas Seesaibling ist eine wahre Schönheit. Tiefrot die Unterseite am Bauch mit den für Saiblinge typischen, weißen Rand an den Flossen. Ich schieße ein paar Fotos am Uferrand und als ich meinen Apparat wieder in die Kameratasche, die ich um meine Schulter hängen habe, verstauen will, mache ich einen verhängnisvollen Fehler.

Beim Umdrehen an der Uferkante höre ich ein plumpsendes Geräusch; ich bli-cke mich um und bemerke mit Entsetzen meine Kamera dicht unter der Was-seroberfläche treiben. Zwei Sekunden dauert mein ungläubiges Staunen, dann reagiere ich und fische die Kamera aus dem Wasser. Ich habe die Tasche nicht verschlossen und die Kamera ist nicht wasserdicht, denke ich noch bedröppelt, und mir wird klar, dass nichts mehr zu retten ist. So ist es dann auch. Zum Glück hat Harri eine Digitalkamera dabei.

Der Wind hat nachgelassen, und die Südspitze des Sees zeigt sich tischeben. Ich ändere meine Taktik und knüpfe eine Trockenfliege an das Vorfach. Meine Wahl fällt auf die »Klinkhämer«, eine in Skandinavien äußerst beliebte Trockenfliege für Äschen, Forellen und Saiblinge.

Urplötzlich, so gegen 22 Uhr, deutet Harri auf die Südspitze des Sees und ruft uns zu: »Schaut euch dieses Schauspiel an, unglaublich!«

Esa und ich blicken gleichzeitig in die Richtung und sehen hunderte von Ringen an der Wasseroberfläche. Hier und da durchbricht eine Rückenflosse die Oberfäche des Sees. Ohne ein Wort zu wechseln pirschen wir uns an. Jetzt gilt es, keine Zeit zu verlieren!

Wir fischen mit sämtlichen Ködern – mit Spinner, Blinker, Wobbler. Auch die Trockenfliege wird akzeptiert. Jeder Wurf ein Treffer. Ein Biss jagt den nächsten und nacheinander landen wir prachtvolle Salmoniden von 0,7-1,4 kg. Die Fressorgie dauert ca. 2 ½ Stunden, dann beruhigt sich der See wieder. So etwas habe ich noch nicht erlebt und auch meine Angelfreunde sind sichtlich berührt!

Esa klärt uns auf: »Dies ist typisch. Besonders Saiblinge verhalten sich oft so im Hochsommer. Sie ziehen in Trupps um den See und bei Windstille, besonders abends, kann man einen beeindruckenden Abendsprung erleben«. Es gibt ihn noch – den Abendsprung.

Nicht zu unterschätzen ...

ist das Wetter in nordischen Breiten. Gestern noch windstill und trocken, peitscht einem am nächsten Morgen Starkregen und eiskalter Wind ins Gesicht.

Schnee- und Eis herschen in der Bergwelt von Utsjoki über neun Monate im Jahr. In manchen Jahren schmilzt das Eis auf den Bergseen erst Mitte Juni und auch im Hochsommer können durchaus Schneeregen- oder Schneeschauer auftreten.

Um vier Uhr in der Früh flüchte ich aus unserem kleinen Tunnelzelt und verschanze mich im Jeep. Meine zwei Kameraden harren im Zelt den Urgewalten. Seit mehreren Stunden tobt ein Südsturm mit Starkregen. An einen Aufenthalt im Freien ist nicht zu denken. Zum Glück haben wir die Zeltheringe mit Steinen beschwert, sonst hätte es das Zelt schon lange fortgetragen.

Am Vormittag lässt der Sturm nach, und wir wagen uns wieder an die frische Luft. Es regnet immer noch, aber unsere regen- und winddichte Outdoorbekleidung hält das von oben kommende Nass locker ab.

Die richtige Bekleidung ist das A und O für den Wildnisaufenthalt. Der heutige Markt bietet qualitativ hochwertige Produkte, und es wäre geradezu fahrlässig, sich nicht mit funktioneller, bedarfsgerechter Outdoorbekleidung in die raue Bergwelt zu wagen!

Aller Anfang ist schwer

Wir bekommen Besuch. Pentti Pieski (einheimischer Journalist und Lachsfischer) samt Freundin und Jagdhund treffen mit ihrem Landrover ein. Pentti will ein paar Werbefotos schießen und hat auch ein aufblasbares Kanu sowie

Das Kaldoaivi-Tundraareal, im Hintergrund der »Tammakko« (v.l. Autor, Kala-Harri Matikainen und Esa Karpoff).

In den Tundra-Regionen erwarten den Salmonidenangeler reiche Fischgründe. In manchen Seen trifft er auf verschiedene Fischarten, wie etwa auf diese zwei Schönheiten. Oben eine schmucke Seeforelle von knapp einem Kilo, darunter ein prächtiger Saibling von etwas über einem Kilo. Dabei sind Stückgewichte von bis zu 8 kg in manchen Gewässern realistisch.

ein Belly Boat mit im Gepäck. Darauf haben wir nur gewartet. Dieses Belly Boat muss getestet werden!

Sofort stürzen wir uns auf die Bedienungsanleitung. Nach einer knappen halben Stunde ist das Belly Boat fertig zum Testen. War ja kinderleicht, denke ich noch, als wir uns auch schon zum See hinunter begeben. Esa ist Feuer und Flamme und bietet sich als Versuchskaninchen an.

Nachdem er sich die Neoprenhose angezogen und die Schwimmflossen angelegt hat, watschelt er zur Uferkante. Dann aber macht Esa einen entscheidenden Fehler!

Anstatt mit dem Belly Boat angeschnallt ins Wasser zu steigen, versucht er hüfthoch im Wasser stehend, ins Belly Boat zu steigen. Dies geht natürlich schief und er landet aufplatschend im Wasser. Prustend wie ein Walross taucht er auf, muss aber im gleichen Augenblick schon lachen. Bedingt durch die regendichte Outdoorjacke bleibt er von innen trocken und auch die mit einem Gürtel um die Bauchgegend festgezurrte Neoprenhose lässt kein Wasser bis an die unteren Extremitäten vordringen.

Der zweite Versuch klappt und Esa paddelt mit Schwung und Elan zur Seemitte. Mit dem aufkommenden Westwind im Rücken erreicht er ein beachtliches Tempo und probiert sogleich das Schleppfischen mit Wobbler aus. Tatsächlich hat er einen Biss, kann aber die wild tanzende Forelle leider nicht landen. Mehrere hundert Meter ist er jetzt vom Ufer entfernt und ich befürchte, dass er wohl bald Probleme bekommen wird. Tatsächlich wird der Wind immer kräftiger und seine Paddeltour zurück zum Ufer wird zu einem Kraftakt. Ausgepumpt erreicht er nach einer Weile wieder festen Boden, grinst aber über alle Backen. »Das macht Spaß, müsst ihr unbedingt ausprobieren!«, schreit er vergnügt. Mir ist etwas mulmig zumute, denn der Wind erreicht mittlerweile fast Sturmstärke.

Später am Abend bei Windstille erweist sich das Belly Boat aber als wirkliche Geheimwaffe. Man kann in alle Richtungen werfen und Stellen befischen, die man vom Ufer aus niemals erreichen könnte. Das Paddeln mit den Schwimmflossen erfordert eine gewisse Eingewöhnungszeit. Wenn man aber begriffen hat, wie man die Flossen einsetzen muss, sind Richtungsänderungen ohne Probleme zu meistern. Im Belly Boat selber sitzt man äußerst bequem und kann die abwechslungsreiche Fischerei wirklich genießen!

Am nächsten Morgen strahlt die Sonne vom Himmel. Es ist Zeit, die Zelte abzubrechen. Routiniert verpacken Harri und Esa das Equipment, und ich kümmere mich um das Reinigen unseres Lagerplatzes. Wir wollen dieses wunderschöne Stück Erde so verlassen, wie wir es auch angetroffen haben. Dies ist eine

Selbstverständlichkeit und das sollte auch jeder Wildnisbesucher beherzigen.
Esa versorgt noch fachmännisch unsere gefangenen Fische, die wir an der nahe gelegenen Quelle frisch halten konnten. Um die Mittagszeit machen wir uns auf den Weg zurück nach Utsjoki.

Unsere Ausbeute an wilden Salmoniden ist wahrlich königlich. Ungefähr 30 kg Saiblinge und Forellen in verschiedenen Größen haben wir im Gepäck. Die wirklich imposanten Exemplare fehlen in unserer Sammlung, aber wir haben sie gesehen – die kapitalen Salmoniden des Tammakkojärvi!

Für mich persönlich war diese Erlebnistour eine fischereiliche Sternstunde und eine willkommene Abwechslung zum täglichen Lachsfischen. Angeln ohne Grenzen – nicht nur der Lachsfischer kommt im hohen Norden auf seine Kosten.

Lachsrogner von 12,07 kg / 105 cm, gefangen beim Bootsfischen (Bild oben)

Diesem Wobbler war nicht zu widerstehen ... (Bild mitte)
Fotos: Hannu Räisänen

Lachsmilchner 14,3 kg / 106 cm, gefangen beim Bootsfischen (Bild unten)
Foto: Archiv Harri Matikainen

Mittsommer am Polarkreis

Eine Anekdote aus meiner Jugend

Der riesige Vogel kam immer näher – ich konnte mich nicht rühren. Was war bloß los mit mir? Immer näher kam der Vogel und immer riesiger erschien er mir. Verzweifelt versuchte ich mich zu schützen – aber ich war wie gelähmt und dann schrie ich – so laut und voller Angst!

Dann wachte ich auf, schweißgebadet und mit weit aufgerissenen Augen. Ich hatte wohl geträumt, langsam begriff ich und schaute nach oben: Da war tatsächlich ein Vogel, ich konnte ihn genau sehen, auf der Zeltstange saß er mit ausgebreiteten Schwingen und machte komische Geräusche. »Klokk, klokk, schiwa, schiwa, klokk, klokk ...!« oder so ähnlich. Ich war zu Tode erschrocken und hatte nicht die geringste Ahnung, was sich da für ein Urviech auf mein altes Kuppelzelt niedergelassen hatte. Der unbekannte Vogel machte einen Riesenradau, und ich beschloss, der Sache auf den Grund zu gehen. Langsam zog ich den Reissverschluss des Zelteinganges auf, aber im selben Augenblick hob sich der Vogel in die Lüfte. »Ein Auerhahn!«, stieß ich überrascht aus und schaute dem abstreichenden Hahn hinterher. Was für ein Anblick!

Ich reckte und streckte mich und erholte mich langsam von dem Schreck in der Morgenstunde. Ein wundervoller Morgen. Es war Mitte Juni, die schönste Zeit in Lappland – die Zeit der hellen Mittsommernächte. Wieder einmal war ich im geliebten Lappland. Im Land der Seen und Flüsse, im Land der Mücken und Rentiere, im Land der unbegrenzten Möglichkeiten für Natur- und Wildnisliebhaber. Die Helligkeit jetzt um vier Uhr morgens war unbeschreiblich! Die Sonne stand schon hoch am Firmament, keine Wolke war zu sehen und es war absolut windstill.

Ich schaute auf den See, der tiefblau in der Sonne blitzte. Hier und da waren Ringe zu sehen, wahrscheinlich kleine Maränen und Äschen, die die jetzt reichlich vorkommenden Insekten von der Wasseroberfläche schlürften. Gänsesäger dümpelten in der Bucht und auch ein Fischadler zog seine weiten Kreise über dem See. Alles war voll von Leben. Natürlich waren auch schon die Mücken wieder in der Luft, die Plagegeister, die zu dieser Zeit so unvermeidlich waren, dass ich sie gar nicht mehr richtig zur Kenntnis nahm. Ich setzte mich auf einen von der Sonne erwärmten Stein und starrte auf den See. Ich weiß nicht wie lange ich so da saß, als ich plötzlich lautes Gepolter von der Blockhütte her hörte.

»Ja du bist ja schon wach, dann komm mal her und helfe mir ein wenig!«, dröhnte es mir entgegen. Eero, der Mann meiner Großtante Maija, wie immer Frühaufsteher und mit einem gewaltigen Bass ausgestattet, machte sich an den Netzen zu schaffen.

»Wir werden schnell ein paar Netze auslegen, dann haben wir heute abend 'ne Menge zu tun. Die Maränen sind unterwegs, darauf hab ich schon lange gewartet! Heute abend machen wir Muikkupata (Maränenpfanne) zur Feier des Tages – hast du vergessen was heute für ein Tag ist?« Mein Denkapparat wollte noch nicht arbeiten. »Nein, keinen Schimmer. Was ist denn heute?« rief ich zurück.

»Na, heute ist doch Mittsommer, Juhannus, der längste Tag des Jahres. Dann machen wir ein großes Feuer, ich hab da noch zwei alte Boote, die verbrennen wir auch, weißt du, und dann machen wir Muikkupata in einer großen Pfanne am Ufer, dazu viel Bier, hahaha!« Na prima, dachte ich mir. Eero wie er leibt und lebt – ein Genussmensch. Ein uriger Naturbursche mit wildem Rauschebart und gewöhnungsbedürftigem Humor, aber herzensgut und immer gut gelaunt.

Eero war ein angesehener Jäger und Fischer. Er war praktisch in der Wildnis aufgewachsen. Hier am Poikajärvi, unmittelbar am Polarkreis und nur 20 km von Rovaniemi, der Hauptstadt Lapplands entfernt, befand sich sein Lebensmittelpunkt, sein Zuhause. Alles erinnerte an Jagen und Fischen. Die Wände der Blockhütte waren übersät mit Trophäen. Riesige Elchgeweihe, Elch- und Rentierfelle, Schwanzflossen von mächtigen Lachsen und Netzen an Holzgestellen. Angelruten lehnten an Bäumen und an den Ecken der Blockhütte. Von irrsinnig langen Fliegenruten bis zu einfachen Wurmangelstöcken. Im Inneren der Blockhütte fanden sich Bären- und Elchfelle, ausgestopfte Greifvögel von Sperlingskauz bis Steinadler. Es sah aus wie ein Wildniscamp von Berufsjägern oder fast schon wie in einem Angel-und Jagdmuseum. Unglaublich!

Netze und Birken

Schnell zog ich mich an. Ich wurde gebraucht, und das ließ ich mir nicht zweimal sagen. Damals war ich jung und lechzte geradezu nach Allem, was mit Wildnis und Abenteuer zu tun hatte. An erster Stelle kam natürlich das Angeln, davon konnte ich nicht genug bekommen. Ich war jetzt mit meinen knapp15 Jahren in einem Alter, in dem alles interessant war. Seltsamerweise interessierte ich mich noch nicht für das Fliegenfischen. Dies sollte mich erst sehr viel später faszinieren.

Im Laufschritt eilte ich zu Eero und packte mit an. Jede Menge Netze mussten in das Boot geschafft werden. Eero gab kurze und knappe Befehle, und ich bemühte mich, alles richtig zu machen. Mit Feuereifer war ich bei der Sache. So um die zehn Netze hatten wir jetzt im Boot und los gings.

»Wir rudern ein wenig aus der Bucht, dort genau in der Mitte ist es etwas flacher, da sind jetzt die Maränen. Sonst bleiben diese Fische immer in der Tiefe, aber jetzt ist es wärmer geworden, dann kommen sie auch mal ins flache Wasser. Bleib du an den Rudern und ich lass die Netze ins Wasser. Alles klar?«, rief mir Eero zu und ich nickte zustimmend. Die Sonne brannte vom Himmel und ich zog meine Jacke aus. Kaum zu glauben, aber es war erst 06.30 Uhr und es kam mir vor, als wäre ich irgendwo in Griechenland und es wäre bald Zeit, zum Strand zu gehen. Eero bedeutete mir, mit dem Rudern aufzuhören. Wir waren an der richtigen Stelle, und Eero ließ langsam die Netze zu Wasser. Meine Aufgabe bestand darin, schön langsam zu rudern, so dass Eero die Netze gleichmäßig in einem Halbkreis ausrichten konnte. An jedem Netzende befand sich ein Styroporball in der Größe eines Handballs als Kennzeichnung, dazu jeweils am Anfang und am Ende der Netze eine kleine Fahne, ebenfalls zur Kennzeichnung. Eero grinste über beide Backen.

»Siehst du, ist doch ganz einfach, oder? Bei Sturm sieht die Sache anders aus, das kannst du mir glauben! Heute abend haben wir Sturm, aber viele Fische!«, bemerkte er augenzwinkernd, und das war wieder typisch Eero, sein Humor war manchmal schräg.

Eero klatschte in die Hände und war sichtlich gut gelaunt. Vielleicht war es schon die Vorfreude auf den Abend, Kostverächter war er beileibe nicht. Die Aussicht auf Bier und leckeres Essen war einfach zu schön für Eero.

»Jetzt holen wir uns noch frische Birkenzweige für die Sauna heute abend. Rudere Richtung dem Hügel dort, dorthin wo der steile Hang ist. Dort gibt es schöne Birken, wollen mal eine fällen, aus den Zweigen machen wir schöne Vastoja (finn, vasta oder vihta: Saunabirkenbüschel) für unser Saunabad heute abend. Freust du dich schon?«, warf mir Eero dröhnend zu. »Ja, natürlich!«, log ich, denn mit Eero in die Sauna zu gehen, grenzte an Körperverletzung. Wenn er mit der Vasta nach alter Saunatradition seinen Körper drangsalierte, kannte Eero keine Verwandten und die Sauna war ziemlich klein und eng. Mir graute schon vor dem Gedanken wieder in der Mitte sitzen zu müssen, denn mein Großvater würde heute abend mit von der Partie sein und er war der größte Saunaspezialist, den man sich vorstellen kann. Ich würde wieder einige kräftige Schläge abbekommen, das war mir klar, dachte ich gedankenverloren und ruderte auf das Ufer zu.

Ohne viel Zeit zu verlieren sprang Eero aus dem Boot, suchte eine passende Birke, warf die Motorsäge an und fällte ein Bäumchen im Uferbereich. Dies dauerte geschätzte 30 Sekunden. Staunend stand ich am Ufer. Was für ein Naturbursche, dachte ich fasziniert. So wollte ich auch werden, nahm ich mir fest vor, schnappte mir die Axt und begann, Äste vom Rumpf des Baumes abzuschlagen.

»Schön vorsichtig, mein Junge ...« »Jaja, ich pass schon auf!«, presste ich genervt hervor. »Ich weiß, dass die Axt scharf ist!«, und schon schlug ich vorbei und traf

einen Stein. Pling machte es, und ich schaute erschrocken auf die Klinge. Eero konnte sich ein Grinsen nicht verkneifen, sagte aber nichts. Schön, ich hatte noch viel zu lernen, musste ich zähneknirschend feststellen, packte mir einen Schwung Birkenzweige und warf sie ins Boot. Eero wechselte das Thema. »Willst du Angeln?«, fragte er mich. »Mnjooh«, antwortete ich. »Ich hab da eine Idee. Steinforellen, hast du schon einmal Steinforellen geangelt?« lockte er mich. »N … nein, was sind denn das für Fische?«, fragte ich zunehmend interessiert und überlegte krampfhaft.
»Bachforellen, wilde Bachforellen, so viele du willst!«

Wildbach
Auf dem Weg zurück zur Blockhütte dachte ich über Bachforellen nach. Schon viel hatte ich über Bachforellen gelesen und gehört, aber noch nie eine eine lebende Bachforelle gesehen, geschweige denn eine gefangen. Die Bachforelle soll ja ein ziemlich heimlicher und scheuer Fisch sein, grub ich in meinem Gedächtnis. Ein Fisch der Salmonidenfamilie, der Forellenartigen, also zu der Familie der Lachsartigen Fische gehörend oder wie war das doch gleich? Irgendwo hatte ich gelesen, dass der Urahn der Bachforelle wohl die Meerforelle sein soll, also wie sagt man so wissenschaftlich, die anadrome Form der Bachforelle, die wie der Lachs zum Meer wandert und dann wieder in den Geburtsfluss zum Laichen zurückkehrt. Oder war das die Seeforelle? Hm, nein ich glaube die Seeforelle ist nur eine Unterart der Meerforelle, die in Seen lebt und dann zum Laichen in Zuflüsse wandert. Die Bachforelle ist, glaube ich, eine stationäre Form der Forellen, die auch in kleinsten Bächen zuhause ist und sich dort den Verhältnissen anpasst, auch in ihrer Farbgebung. Ja, so ist es richtig, versicherte ich mir, und die Bachforelle kann ja auch auch etliche Kilo schwer werden, je nach Gewässer. Oder auch nicht, gar nicht so einfach, vielleicht sollte ich Eero noch mal fragen, auch was er mit Steinforellen meinte. Nannte man Bachforellen in meiner Heimat in Bayern nicht auch Schwarzforelle? Also, den Begriff Steinforelle hatte ich doch schon einmal gehört, verflixt nochmal! Na gut, auf Bachforellen eben, bestimmt eine spannende Sache!
»Eero!« sprach ich ihn an. »Erzähl mir doch mehr über Bachforellen, bitte!« Wir kamen dem Ufer immer näher und Eero tat so, als hätte er mich nicht gehört. »Eero, bitte, erzähl mir doch …« wollte ich schon wieder sagen, aber Eero schaute mich nur an.
»Später, Söhnchen, später.«

Langsam bewölkte sich der Himmel und das war gut so. So viel hatte ich in meinem Anglerleben schon gelernt, dass wolkenloses und und heißes Wetter nicht so ideal zum Fischen ist. Na ja, von heiß konnte hier keine Rede sein, so nah am Polarkreis, vielleicht knappe 20 °C, aber immerhin. Viel nachteiliger wäre der wolkenlose Himmel, dachte ich so vor mich hin, da ergriff Eero das Wort.

»Schau einmal, was ich hier habe«, sagte er zu mir und zeigte mir eine vielleicht einen halben Meter lange Angelrute. Na so etwas hatte ich ja noch nie gesehen!

»Mit dieser Rute, mein Söhnchen (wie ich dieses Söhnchen hasste!) wirst du auf Bachforellen fischen«, sagte er mir im Brustton der Überzeugung.

»Da staunst du und weißt du auch warum?« fragte er mich und schaute mich grinsend an.

»Ja wie soll das, warum ...«, weiter kam ich nicht.

Eero holte tief Luft. »Dies ist eine Teleskoprute, die kannst du ausfahren, verstehst du?«

»Ahaa«, sagte ich und hatte keine Ahnung.

»Weißt du warum dieses kleine Etwas auch so gut ist?«, drängte er weiter.

»Nöö, aber, nun ja, vielleicht ...«

»Nein, nein, mein Söhnchen, du weißt es eben nicht!«

Was blieb mir anderes übrig, als zuzuhören. Nach einer Viertelstunde hatte ich begriffen. Also, wirklich klasse, dachte ich. Mir leuchtete ein, dass man mit so einer Rute wesentlich ungehinderter durch dichtes Gestrüpp kommt, und dort, wo wir hinfahren wollten, an den Forellenbach, dort ist viel Gestrüpp und man muss sich wie ein Indianer anpirschen, so Eero. Mit einer kleinen Teleskoprute, die in der Endlänge um die 1,50 m lang ist, wäre alles viel einfacher. »Du kannst sie jederzeit verkürzen, wenn du dich durch dichtes Gestrüpp arbeitest, und du musst jeden Lärm vermeiden, kein Ast darf knacken, sonst fängst du nichts. Anpirschen, immer in geduckter Haltung.« Im Bach wären keine Zuchtfische, sondern richtig wilde Bachforellen, also Steinforellen, ganz dunkel gefärbt mit roten Punkten und unheimlich lecker als Steckerlfisch. Sagenhaft, dachte ich und konnte es kaum noch erwarten. »Mit was fischen wir?«, fragte ich beiläufig. »Mit Wurm!«, kam prompt die Antwort.

Schnell noch eine Dose voll Tauwürmer aus dem Kompost geholt, einen kleinen Rucksack hergerichtet mit dem Nötigsten, was man so braucht, und schon waren wir auf dem Weg zu unbekannten Zielen. Ich wusste damals überhaupt nicht, was mich erwartet, wo dieser geheime Wildbach sein sollte und was es mit diesen sogenannten Steinforellen auf sich hat. Ich war ziemlich aufgeregt. Aus Eero war nichts herauszubekommen. Schweigend fuhren wir auf der Schotterpiste, bis er scharf abbremste und in einen Waldweg abbog.

»Ist es noch weit?«, beendete ich das Schweigen. Keine Antwort.

Mit Stock, Wurm und Bachforelle fing es an ...
Foto: Minna Saastamoinen

»Brauche ich was für die Mücken? Gibt es dort viele, und darf ich dort Feuer machen ...?«

Eero brummte nur irgend etwas in seinen Rauschebart und ich gab auf. Irgendwas ist hier faul, dachte ich leicht irritiert. Was hat er mit mir vor?

Die Schotterpiste war schon ein Abenteuer, aber dieser Waldweg stellte alles in den Schatten: ein einziger Schaukelpfad, übersät mit Steinen, Schlaglöchern, einfach grausam! So holperten wir im Schneckentempo auf dieser Wildnispiste, die wohl hauptsächlich von Waldarbeitern und Holzfällern benutzt wurde; mir wurde langsam übel. Nach einer halben Stunde, so richtig durchgeschüttelt auf dieser Urwaldpiste, hielt Eero endlich an, hüpfte ohne ein Wort zu sagen aus dem japanischen Paketwagen und ich begriff, dass wir am Zielort waren. Raus aus dem Wagen, und da sah ich den Bach!

»Ist das der Bach? Ist das der Bach?«, rief ich aufgeregt und wollte schon zu dem Gewässer rennen, das in einer Senke den Waldweg kreuzte. Eero hatte etwas dagegen:

»Warte, warte, bleib schön hier. Ich werde dir gleich alles erklären. Nimm mir erst einmal die Sachen ab, dann schauen wir uns den Bach an. Und mach keinen Lärm. Du musst jetzt lernen, dich wie ein Indianer zu bewegen, hast du verstanden?«

Ungeduldig nahm ich Eero meine Ausrüstung ab und hielt es für angebracht zu schweigen. Eine tolle Stelle hier mitten in der Wildnis. Kiefern und Tannen beherrschten die Szenerie, nur unmittelbar am Bachufer wuchs recht viel Gestrüpp, und auch Birken konnte ich erkennen. Langsam näherten wir uns dem Wasser, genau dort, wo eine kleine Feuerstelle angelegt war. Sehr schön, dachte ich, ein idealer Lagerplatz direkt am Bach gelegen. Bis zum Ufer waren es vielleicht zehn Meter, aber man konnte das Wasser schon gurgeln hören. Auch ein Rauschen war zu vernehmen ... da war doch bestimmt irgendwo ein Wasserfall oder so ähnlich, vermutete ich.

»So, mein Sohn, dies ist ein echter Wildbach. Mit echten, wilden Bachforellen. Man nennt sie auch Steinforellen, sehr dunkel gefärbt und wahnsinnig scheu. Groß werden die hier nicht, dafür ist der Bach zu klein. Der Bach ist nur ungefähr zwei Kilometer lang, von einem See zum anderen fließt er. Du findest schöne tiefe Gumpen und Verstecke für die Fische, da musst du es versuchen. Aber gaaanz vorsichtig, wie ein Indianer musst du dich anschleichen, verstanden?«

»Jaja, ich kann das ... ääh, wie nah, ääh und wie kann ich ...?«, stotterte ich, aber Eero erzählte weiter:

»Du fischt mit dieser kleinen Rute, ohne Pose, nur ein kleines Gewicht an der Schnur und am Haken einen dicken Tauwurm. Die Hakenspitze darf nie zu sehen sein, die Fische sind da ganz heikel und uuunheimlich vorsichtig. Meistens nehmen die aber den Wurm ganz plötzlich und uuunheimlich aggressiv, du wirst schon sehen. Einen Kescher brauchst du nicht und auch keine Rolle. Nur die Schnur oben befestigen, an der Spitze der Rute versteht sich und dann einfach nur den Wurm in die Strömung tauchen und abwarten bis einer beisst. Aber denke daran, keinen Lärm machen, kein Ast darf knacken, okay?«

»Ja, alles klar!«, presste ich leise hervor und mich packte der Jagdtrieb. Ooh, war das spannend!

»Gut,« sagte Eero zufrieden. »Ich hole dich dann in, na sagen wir, drei Stunden wieder ab, okay?«

Was, Eero wollte mich hier alleine lassen? Hier ganz alleine? Ich glaubte mich verhört zu haben:

»Was, was soll ich wenn ... und wie ..?«, fragte ich erstaunt. Das hatte ich jetzt nicht erwartet.

»Das machst du schon. Ich hab zu tun. Fang du mal schöne Forellen, bis später!«, sagte er, grinste, stieg in den Wagen und weg war er.

Ich war alleine. Mitten in der Wildnis. Etwas beklommen schaute ich mich um. Eero hatte von Bären erzählt und vielleicht gab es hier ja auch Wölfe. Oijoijoi, dachte ich mit gemischten Gefühlen.

Ich gab mir einen Ruck. Na, dann wollen wir mal und fing an, mein Gerät zusammenzustellen. So, noch ein schöner dicker Tauwurm an den Haken, fertig. In geduckter Haltung schlich ich auf Samtpfoten zum Ufer des Baches – taxierte die Lage. »Ein Wildbach – jetzt muss ich nur noch die Forellen finden«, wisperte ich in die Stille und schlich flussabwärts.

Dschungelkämpfer

Das Wasser des Baches war eigenartig dunkel gefärbt. So schien es mir, aber trotzdem glasklar. Ich dachte an Eeros Worte: Du musst schleichen wie ein Indianer. Ich hielt mich einige Meter vom Ufer entfernt, konnte im Gestrüpp den Bach nicht sehen. Ich pirschte weiter, die Angel im eingefahrenen Zustand. Ich hörte ein Gluckern, vor mir lichtete sich das Gestrüpp und ich kam zu einer vielversprechenden Stelle. Ein ziemlich großer Stein lag am Ufer, und ein uriger Birkenstamm wand sich am Ufer entlang. Tolle Stelle, dachte ich. Vielleicht sollte ich ... und bemerkte die Mücken, die sich jetzt mit Inbrunst auf mich stürzten. Ich hatte kein Mittel dabei, aber da fiel mir das Mückenhemd ein, dass ich im Rucksack verstaut hatte. Die Mückenplage wurde unerträglich, und ich kramte das Hemd hervor. Schnell übergezogen und auch die Kapuze über den Kopf. Die Kapuze hatte ein Mückennetz mit Reißverschluss, dies war unheimlich praktisch, jetzt konnten mir die Biester nichts mehr anhaben!

Vorsichtig und lautlos warf ich den Wurm in den tiefen Gumpen. Das andere Ufer war nur vielleicht zwei Meter entfernt, aber die Schnurlänge, die identisch mit der Rutenlänge war, reichte vollkommen aus, um den Wurm appetitlich zu präsentieren. Geduckt lag ich hinter dem Stein und zitterte vor Anspannung. Da! Da war doch ein Schatten – und noch was bewegte sich dort in der Tiefe. Der Grund war nicht zu sehen, aber irgendwas flitzte da doch herum; ich hielt den Atem an.

So lag ich dort, aber nichts passierte. War ich doch zu laut? Wieder und wieder warf ich den Wurm in den Bach, nichts. Irgendetwas machte ich falsch. Ich begutachtete den Wurm, da kam mir eine Idee: Vielleicht nehme ich ein paar mehr, so richtig lebendige, die sich auch unter Wasser verlockend bewegen. Drei Würmer, so, wollen doch mal sehen, und warf diesen Appetithappen in den Bach. Sofort wurde das Wurmbündel attackiert!

»Juchuu!«, entfuhr es mir. Ich hatte eine Forelle am Haken, aber dann ging der Tanz auch schon los: Hin und her sauste die Forelle, überschlug sich in der Luft, ich wusste nicht wie mir geschah. Die kurze Rute bog sich beträchtlich, bis ich endlich die Forelle im hohen Bogen hinter mir ins Gestrüpp warf. Wahrlich kein Riese lag da vor mir – aber eine traumhaft schöne Steinforelle, tief dunkeloliv mit ausgeprägten roten Punkten an den Flanken. Fasziniert saß ich da und staunte.

So sieht also eine wilde Bachforelle aus, dachte ich und hörte ein Grunzen. Ich erstarrte zur Salzsäule! Was war das? Ich blieb regungslos sitzen. Wieder grunzte es. Ich musste unwillkürlich an Eeros »Gutenachtgeschichten« denken. Ein Bär, dachte ich und drehte meinen Kopf hin und her. Konnte aber nichts sehen, die Kapuze. Runter mit der Kapuze und wieder hörte ich das Grunzen. Dann sah ich Bewegung am anderen Ufer – ein Rentierkalb stierte mich an und grunzte fröhlich. Ooh, war ich erleichtert!

Von weitem hörte ich ein Rauschen. Da musste ich hin und robbte auf allen Vieren dem Geräusch entgegen. Der Bach machte eine Biegung, und dann sah ich ein kleines Naturwunder.

Der Wasserlauf wurde breiter, machte eine Kurve, ein mehrere Meter breiter Pool erschien vor mir und endete in einem kleinen Wasserfall. Fantastisch, dachte ich und fing an zu fischen. Kniend warf ich den Tauwurmleckerbissen in den tiefen Pool und kaum war das Wurmbündel untergetaucht, spürte ich schon heftigen Widerstand. Oha, jetzt geht's aber rund. Die Rute bog sich, bog sich und da sprang auch schon ein richtiger Wonneproppen in die Luft. Was für eine Steinforelle, jubelte ich und stand auf. Der Fisch versuchte vehement unter die unterspülte Uferkante zu flüchten, aber gut gehakt hatte die

Forelle keine Chance. Vorsichtig hob ich die ermattete Bachforelle aus dem Wasser. Dieser Fisch war fast doppelt so groß wie die erste, richtig kugelrund und bestimmt schon so 700-800 g schwer, schätzte ich und befreite den Fisch vom Haken. Der Fisch war fast schwarz, naja, olivdunkelgrün mit gelblichem Bauch und die roten Punkte leuchteten geradezu!

Ich zog meine Mückennetzkapuze vom Kopf, um mir die Forelle etwas genauer anzuschauen, aber das war ein Fehler! Sofort stürzten sich Abertausende von Mücken auf mich, sodass ich mich genötigt sah, die Kapuze so schnell wie möglich wieder über den Kopf zu ziehen. So etwas hatte ich noch nie erlebt, wahrscheinlich lag es am Wetter, dachte ich mir, und ziemlich feucht war es hier auch noch. Na gut, die können mir mit dem Mückennetz nichts anhaben, frohlockte ich und widmete mich wieder der herrlichen Forelle. Mein Puls hatte sich langsam wieder beruhigt, inzwischen machte mir diese Pirsch auf wilde Forellen richtig Spaß, und ich malte mir schon aus, was wohl Eero sagen würde, wenn ich ihm später meine tolle Beute präsentiere.

Schnell nahm ich den Fisch aus, hängte ihn zu der anderen Forelle an eine Astgabel und dann zur Kühlung in einen kleinen, natürlichen Wasserbottich am Bachufer. So robbte ich weiter durch das Gebüsch, blieb an Ästen hängen, kratzte mir die Hände auf, schlug meine Knie an Steinen auf – ich spürte es nicht. Ich befand mich auf der Jagd wie ein Dschungelkämpfer. Angeln unter erschwerten Bedingungen, so richtig nach meinem Geschmack.

Zwei Stunden waren vergangen, und wenn ich mich richtig erinnere, baumelten so 10-12 Bachforellen an meiner geschnitzten Astgabel. Darunter auch drei, vier richtig fette Brocken. Das würde heute Abend ein richtiges Festmahl geben zusammen mit dieser Muikkupata, die ich ja auch noch nicht kannte. Ich hatte auch noch keine Ahnung, was Eero wohl mit den Forellen machen würde, aber gut, man wird sehen. Ich beschloss, ein kleines Feuerchen an der Feuerstelle zu entfachen, Kaffee zu kochen und auf Eero zu warten. Die kleine ausziehbare Teleskoprute hatte sich bestens bewährt, und ich sollte noch in den folgenden Jahren viel Spaß mit dieser praktischen Angelrute haben.

Eero ließ auf sich warten. Ich saß am Feuer und genoss die unheimliche Stille. Kein Lüftchen regte sich, kein Laut war zu hören, außer ... Ein komisches Knacken war zu hören, ich spitzte meine Ohren. Ja, es knackte, immer lauter und ... und dann sah ich sie: Rentiere, auf dem Waldweg, immer mehr, owei, die kommen auf mich zu. Das sind ja Tausende, wo kommen die her?

Im Nu war ich von Rentieren umzingelt. Aber für die Rentiere war ich Luft – als ob ich überhaupt nicht existierte, na sowas aber auch!

Die Luft war erfüllt vom Schalengeklapper und Grunzen. Einige besonders prächtige Hirsche mit mächtigen Geweih hatten kleine Glöckchen um den

Hals, die in einer Tour bimmelten. Das sind wohl die Platzhirsche, dachte ich, oder wie sagt man. Nein, nicht Platzhirsche – Leittiere oder Leitbullen, dachte ich nach. Ich fragte mich aber dennoch, wofür die Glöckchen gut sein sollten. Vielleicht zur Abschreckung von Raubtieren? Nein, nein, das kann nicht sein, machte ich mir Mut. Mir fiel ein, dass diese Rentiere alle zahm seien, so wie Haustiere und im Herbst findet ja auch immer die Rentierscheide statt, wo die Besitzer der Rentiere ihr Eigentum anhand der Ohrmarkierungen feststellen und dann aussortieren für die Weiterverwendung. Manche werden dann auch geschlachtet. Das Wildbret der Rentiere ist sehr gefragt und natürlich auch die Felle.

So ein Rentierbraten ist schon was leckeres, dachte ich und mir lief das Wasser im Mund zusammen. Wo blieb bloß Eero? Ich bekam langsam Hunger.

Sauna und Muikkupata

Motorengeräusch – endlich! Langsam näherte sich ein Fahrzeug. Es war Eero. Irgendwie war ich erleichtert. Zu der Zeit, Anfang der 1970er Jahre, gab es noch keine Handys wie jetzt. Heutzutage hat man sich so an die diese kleinen Kommunikationswunder gewöhnt, dass man sich wirklich fragt, wie die Welt vor dieser technischen Revolution funktioniert hat. Insbesondere für die Menschen in diesen Breiten, mit unfassbar weiter Wildnis, muss die Erfindung der Mobiltelefone, gar mit GPS ein wahres Wunder sein, denn man ist immer erreichbar und kann in Notsituationen sofort Hilfe anfordern. Früher hatte man diese Möglichkeit nicht, man musste, auch bei einem extremen Notfall, irgendwie klarkommen. Ich kann mich erinnern, dass mir damals schon mulmig zumute war, so ganz allein in der Wildnis, ohne jegliche Erfahrung, aber dafür mit unglaublich viel Fantasie ausgestattet. Aber irgendwann und irgendwo muss man seine Erfahrungen machen, und so war dieses Erlebnis an einem Forellenbach in Lappland sozusagen meine erste richtige Prüfung im Hinblick auf meine späteren Angelabenteuer in Lappland.

Eero stieg grinsend aus dem Wagen.

»Na, wie geht es denn meinem Forellenfischer?«, dröhnte er und kam zu mir an die Feuerstelle.

Freudestrahlend hob ich den Ast mit einem guten Dutzend frisch gefangener Bachforellen hoch. Eero machte ein verdutztes Gesicht und kam näher.

»Na, das glaube ich ja nicht!«, rief Eero und stemmte seine Arme in die Hüften. »Aus dir wird ja noch ein richtiger Naturbursche, sehr schön und zwei richtig fette Brocken ...!« Weiter kam er nicht, denn nun hielt mich nichts mehr. Ich erzählte und erzählte. Kein noch so kleines Detail ließ ich aus und war sichtlich stolz. Ich musste Luft holen. Eero stand nur da und staunte über meinen Redeschwall, ließ mich aber gewähren. Immer noch hielt ich die Forellen hoch, dann aber hatte Eero genug gehört.

»Okay, gut gemacht, Söhnchen, jetzt aber los, wir müssen noch einiges für heute abend vorbereiten. Deine Großeltern kommen auch schon bald, und wir müssen jetzt die Netze überprüfen, die Muikkus, die kleinen Maränen, warten schon, also, zack, zack in den Wagen!«

In Windeseile packte ich meine Sachen zusammen, legte die Forellen in eine Kühltasche und schon waren wir auf dem Weg zurück zum Poikajärvi.

Es liefen immer noch Rentiere auf dem Waldweg herum, aber Eero hatte für die Tiere kein Auge, wie nannte er sie doch so schön? »Waldkühe, verdammte!«.

Nach einer staubigen Fahrt erreichten wir Poikajärvi. Eero lief zur Hütte, und ich kümmerte mich um die Forellen. Noch wusste ich nicht, was Eero mit den Forellen vorhatte, aber ich säuberte sie noch einmal gründlich, verteilte etwas Meersalz auf die Fische und legte sie in den Eiskeller.

Da waren sie gut aufgehoben und blieben bis zum Abend frisch. Gerade mit Salmoniden sollte man sehr pfleglich umgehen, sofort ausnehmen und kühl halten, besonders bei warmen Temperaturen. Es wäre wirklich eine Sünde, dies nicht zu tun, denn das Fleisch von Salmoniden gehört zu den köstlichsten überhaupt, was Feinschmecker nur bestätigen können.

»Wo bleibst du?«, dröhnte es vom Seeufer. Rasch lief ich zum Boot, sprang hinein und Eero stieß uns vom Ufer ab. Ich übernahm wieder die Ruder. Der Himmel hatte sich bewölkt, so richtig schöne Cumuluswolken hatten sich gebildet, aber immer wieder lugte die Sonne hinter den Wolken hervor. Ich weiß noch, wie ich mich damals schon immer wunderte, dass die Wolken so ganz anders ausschauten wie bei mir zu Hause in Deutschland – scharf abgeschnitten am unteren Rand und mit klaren Formen, wie Wattebäuschchen, das fasziniert mich heute noch.

Wir näherten uns den Netzen. Eero schien auch gespannt, ob wir was gefangen hatten und griff sich den ersten Styroporball. Da – schon von weitem blitzte es unter Wasser! Die ersten Maränen waren in Sichtweite. Eero lachte und klatschte in die Hände.

»Siehst du? Wir bekommen Arbeit, mein Söhnchen!« Das erste Netz war im Boot und ich konnte kaum glauben, was ich sah: hunderte, nein tausende von kleinen Maränen hingen im Netz und zappelten um die Wette. Auch das zweite Netz war voll von hell in der Sonne blitzenden kleinen Fischen.

Die Maränenpfanne war gesichert!

Freudestrahlend ruderten wir zurück aus Ufer. Maija, meine Großtante, erwartete uns schon.

»Oh, Muikkuja, muikkuja, ai kun hieno saalis, kyllä niitä on paljon!« Was soviel hieß wie: »Maränen, oh wie schön und so viele!« Maija war immer gut gelaunt und auch eine begeisterte Anglerin. Sie war immer dabei, wenn es zum Fischen ging, ob hier am Poikajärvi oder auch beim Fliegenfischen auf Lachs am Teno, wo sie schon manch großen Lachs überlisten konnte.

Sofort machten wir uns an die Arbeit. Ich war eher zum Zuschauen verurteilt, denn Maija und Eero übernahmen die eigentliche Arbeit, die Maränen aus den Netzen zu entfernen. Das ging so schnell, dass ich nur staunen konnte.

Maija erklärte mir einiges: »So, gib mir mal den großen Topf, ja den da und dann die Maränen da rein, anschließend werden sie gebürstet und von den Schuppen gesäubert, aber sie werden nicht ausgenommen, verstehst du?« Nicht ausgenommen, staunte ich. »Dann werden alle ein wenig gesalzen und mit Zitrone beträufelt. Für die große Pfanne brauchen wir dann viel salzige Butter, sonst nichts!«, erklärte mir Maija und zeigte auf die riesige Eisenpfanne in der Nähe der Feuerstelle.

Die Beute war beträchtlich; einige hundert Maränen lagen in einem großen Bottich und warteten auf den Höhepunkt des Johannistages. Ich freute mich schon, aber vorher wollten wir noch in die Sauna.

Ein roter Ford bog in die Einfahrt. Meine Großeltern waren angekommen. Ein großes Hallo und mein Großvater, kam neugierig zu uns und begrüßte uns. Meine Großmutter, verschwand sofort in die Hütte, um Maija nach der Begrüßung unter die Arme zu greifen für das abendliche Maränenspektakel. Nun gut, wir Männer waren unter uns, und das gefiel mir.

»Ja, das nenn ich aber einen Fang. So viele Maränen habe ich noch nie gesehen, und da sind auch einige ziemlich große dabei, joo, joo«, sagte mein Großvater ruhig und setzte sich auf einen Holzblock.

»Dann musst du erst einmal die Bachforellen sehen!«, rief Eero und Großvater schaute mich an.

Darauf hatte ich nur gewartet. Schnell holte ich die Bachforellen aus dem Eiskeller und zeigte sie meinem Großvater. Er stand auf und nahm mir die Forellen aus der Hand.

»Na, das ist aber eine Überraschung«, sagte er bedächtig und schaute mich an. »Die hast du alle gefangen?« Das ging an meine Adresse. »Na, für das erste Mal nicht übel«, sagte er und schug mir mit einer Hand auf die Schulter. Ein großes Lob und ich platzte fast vor Stolz.

Natürlich musste ich meinen Dschungelkampf am Wildbach noch einmal ausführlich erzählen. Ganz Großvater, hörte er ruhig zu, unterbrach mich kein einziges Mal und nickte nur dann und wann mit dem Kopf. Als ich endlich zum Schluss kam, ganz aus der Puste, nickte er noch einmal und sagte: »Gut, du hast noch viel zu lernen, aber gut gemacht, mein Junge. Eines darfst du nie vergessen, denke immer daran – habe immer Respekt und Hochachtung vor der Natur und vor den Menschen, die hier leben und Eins sind mit der Natur, immer!«

Ich habe die Worte nie vergessen.

Wir verlebten einen unvergesslichen Mittsommerabend. Wir badeten in der Sauna, bearbeiteten uns mit den Birkenbüscheln, dass sich die Haut nur so rötete, schwammen im glasklaren Wasser des Sees, saßen schweißgebadet vor der Hütte und genossen das Leben. Für die Forellen hatte sich Eero etwas ganz besonderes einfallen lassen. Früh am Abend bereitete er den Räucherofen vor. Ganz geheimnisvoll werkelte er vor sich hin und keiner durfte ihn stören. Mein Großvater und ich bereiteten derweil das Johannisfeuer vor. Zwei uralte Holzboote schleppten wir zum Seeufer und allerlei Brennbares, was genügend vorhanden war.

Bevor wir aber später am Abend das große Feuer entzünden wollten, versammelten wir uns an der kleinen Feuerstelle, wo die große Pfanne bereit war für die Maränen. Vorher überraschte uns Eero aber mit einem Leckerbissen – geräucherte Bachforellen, einfach himmlisch! Danach dann der kulinarische Höhepunkt! Maränen in Butter gebraten. Noch heute denke ich manchmal an diesen Gourmetabend zurück. Später entzündeten wir dann das spektakuläre Johannisfeuer, das die Szenerie in ein grandioses Licht tauchte.

Eine feierliche Stimmung herrschte am Seeufer. Die Mitternachtssonne strahlte und näherte sich langsam dem Horizont. Mittsommer am Poikajärvi! Ich war stolz dabei zu sein, stolz darauf, dies erleben zu dürfen, stolz darauf, ein halber Finne zu sein. Mein Großvater mit seiner Weisheit lehrte mich in den folgenden Jahren, bescheiden zu bleiben und nie die Bodenhaftung zu verlieren. Eero lehrte mich die Kunst, in der Wildnis zurechtzukommen, lehrte mich, dass Zeit in Lappland keine Rolle spielt. Am Poikajärvi erlebte ich zum erstenmal bewusst die wunderschönen Momente mitten in einer fast unangetasteten Natur, mit all den kleinen Wundern, die ich in meinen jungen Jahren erleben durfte.Und auch noch später immer intensiver erfahren durfte, bis zum heutigen Tage ...

Ein Sommer der Großlachse
Rückblick auf eine erfolgreiche Saison

Mein Angelfreund Harri Matikainen berichtet über das Ende einer für ihn abwechslungsreichen, erfolgreichen Saison:

Nach dem Regen scheint wieder die Sonne ...
Während des Sommers hatte ich mir in verschiedenen Pools bestimmte Stellen eingeprägt, an denen sich dann und wann schon mächtige Milchner gezeigt hatten. Es handelte sich um diejenigen Großlachse, die schon früh in der Saison in den Fluss aufgestiegen waren und ihre Laichreviere gefunden hatten, aber sehr schwierig an den Haken zu bekommen waren. Schlaue, alte Haudegen und das wichtigste – sehr, sehr große Lachse.
Im Aittisuvanto, gegenüber dem Blockhüttendorf Valle, an der norwegischen Uferseite, wurde ein riesiger, wohl über 25 kg schwerer Milchner vermutet, unmittelbar in der Nähe des berühmten Kämmenkivi-Felsens in einem tiefen Kolk. Ein sehr dunkel gefärbter, mit großem Laichhaken ausgestatteter Milchner, so munkelte man. Nach meinen Informationen hatte noch niemand direkten Kontakt mit diesem Riesen gehabt. Nur durch beeindruckende Sprünge und gelegentliches Auftauchen tat dieser Fisch kund, dass er diesen Flussabschnitt als sein Revier beanspruchte. Ich ließ diesem alten Herrn noch seine Ruhe und beschloss zuerst einmal, 30 km flussabwärts in Sirma mein Glück zu versuchen. Auch dort, in dem langgezogenen Becken, waren schon große, standorttreue Milchner gesichtet worden. Also: ausgewählte Spezialköder an die Schnur und auf zum Rudern.
Zweite Augusthälfte. Erst am Vormittag kam ich in Sirma an. Morgens herrschte so dichter Nebel, dass man seine Hand vor Augen nicht sah. So wartete ich, bis sich der Nebel aufgelöst hatte, bevor ich das Boot vom Ufer abstieß.
Es lag etwas in der Luft, es roch nach Großlachs!
Ich nahm mir vor, auf zwei bekannte Standortlachse zu fischen, und so begann ich mit dem Rudern nach einer nur kurzen Motor-Fahrt flussaufwärts. Als Köder wählte ich drei Wobbler und zwei Lachsfliegen. Alles in allem waren sechs Ruten im Einsatz, die Schnüre durchschnitten die ruhige Wasseroberfläche des Flusses. Ich näherte mich langsam den bekannten Stellen.
Der mir hinter dem Sirmakivi-Stein bekannte Lachs reagierte nicht auf meine Köder, so trieb ich weiter auf die Sirma-Stromschnelle zu. Dort im Sog oberhalb der Stromschnelle wusste ich einen ziemlich großen Kameraden, zwar nicht in Rekordgröße, aber immerhin einen Versuch wert. Ich hatte diesen Lachs ein paar Tage vorher schon gesehen, als er direkt neben dem Boot auf-

tauchte. Aber nichts regte sich, so trieb ich weiter auf die Stromschnelle zu. Unmittelbar davor wusste ich einen tiefen Kolk, vielleicht hatte sich der bekannte Fisch ja diesen sauerstoffreichen und kühlen Platz ausgesucht, wer weiß?

Auf der rechten Seite befanden sich am Rande der Untiefe einige Steine, und ich versuchte, die Fliegen in die Nähe der Steine zu dirigieren. Der Sog der Stromschnelle gestaltete diesen Versuch recht schwierig, aber mir gelang es dennoch, die Fliegen zwischen die Steine zu rudern. Wieder einmal ohne Erfolg – aber dann knallte es auf die Heckrute, die mit einem Wobbler bestückt war. Die Rute bog sich gewaltig, und ich ruderte mit aller Kraft flussaufwärts. Das Haken des Fisches bewirkte sofort ein lautes Kreischen der Rollenbremse, denn der Lachs flüchtete mit irrsinnigem Tempo in die Stromschnelle. Ich beeilte mich, die übrigen Köder in das Boot zu bekommen, während der Lachs weiter Schnur von der Rolle zog. Dann stoppte der Fisch, aber das Boot nahm weiter an Geschwindigkeit zu und trieb auf die Steine in der Stromschnelle zu. Alle übrigen Köder waren an Bord, der Lachs stürmte flussaufwärts und sprang zweimal in die Luft. Ich registrierte einen Lachs in respektabler Größe und kurbelte mit aller Macht die lose Schnur auf die Rolle. Der Fisch erschien direkt neben dem Boot und jagte weiter flussaufwärts. Dann bog sich die Rute wieder. Er war also noch am Haken.

Zur gleichen Zeit glitten große Steine unter dem Boot vorbei, der Fisch bewegte sich auf die andere Uferseite zu, und ich stellte fest, dass ich mich in großen Schwierigkeiten befand. Ich sprang so schnell ich konnte zum Außenborder, ließ ihn an und fuhr mit Tempo flussaufwärts.

Langsam bekam ich wieder Schnur auf die Rolle, und der Fisch bewegte sich auf der anderen Seite des flachen Wassers nun wieder flussabwärts. Dann auch noch in die Nähe von Netzvorrichtungen im Fluss, sodass ich beschloss, die Kiesbank zu umrunden, um wieder auf gleiche Höhe mit dem Fisch zu kommen. Ich machte den Motor aus und ließ das Boot mit der Strömung treiben, dem Lachs hinterher. Die Holzgestelle der Netze glitten in nur ein paar Metern zum Boot vorbei, und dann begann der Lachs, um das Boot zu schwimmen. Gleichzeitig umrundete er auch die Steine in der Strömung, und ich hatte alle Hände voll zu tun, die Schnur von allen Hindernissen fern zu halten.

Wie durch ein kleines Wunder kamen wir unbeschadet durch die Stromschnelle, und ich wusste, dass wir langsam in tiefere Gewässer kommen würden. Jetzt waren wir im tiefen Maggasuvanto-Pool, die gefährlichen Passagen waren überstanden und ich konnte mich auf den Drill konzentrieren. Meine Hände spielten wie auf einem Akkordeon; ich stellte die Bremse fester ein, pumpte den Lachs näher und ließ ihn wieder ziehen, wieder und wieder. Jetzt war es Kunst, jetzt war es eine Show, wie in einer Oper. Alles war, wie man es sich immer im Traum vorgestellt hatte.

Immer öfter kam der Lachs in die Nähe des Bootes, und ich bemerkte, dass er gut gehakt war. Dies war für mich das Zeichen, den Druck zu erhöhen, und der Lachs zeigte erste Ermüdungserscheinungen. Zuerst kippte er auf die Seite, dann sogar auf den Rücken. Ich erhöhte noch einmal den Druck, und der Fisch kam immer näher an das Boot. Noch erreichte ich ihn nicht mit dem Gaffhaken, der Fisch hatte etwas dagegen. Mein Herz schlug in wildem Rhythmus. Hoffentlich kommt er nicht im letzten Augenblick noch vom Haken, dachte ich aufgeregt. Aber fest entschlossen bekam ich wieder Schnur auf die Rolle, und der Lachs kippte neben dem Boot auf die Seite. Jetzt war die Chance gekommen und ich gaffte den Lachs in das Boot. Mit aller Kraft schlug ich ihn zweimal ab, und dann erfüllte Triumphgeschrei das Tenotal!

Der Wobbler saß bombenfest in der Maulspalte, der Lachs hatte keine Chance. Ich wog den Milchner an zwei Orten und das offizielle Gewicht betrug 17,8 kg mit einer Länge von 115 cm. Ich legte den Fisch in seiner ganzen Länge in die Gefriertruhe, denn dieser prächtige Lachs sollte ausgestopft werden. Zur Erinnerung an einen unvergesslichen Kampf mit dem König der Fische.

Zwei Tage später ...

Nach dem Fang dieses bis dato größten Fisches meiner Angelsaison, verlagerte ich meinen Schwerpunkt flussaufwärts zum Aittisuvanto, in die Nähe des Kirchdorfes Utsjoki. Der Appetit wächst bekanntlich beim Essen, und meine Gedanken drehten sich nur noch um den wahrscheinlich über 25 kg schweren ›Monsterlachs‹. Wenn es mir gelingen würde, diesen Burschen noch an den Haken zu bekommen, dann wäre es der definitive Höhepunkt in dieser Saison. Ich entschied mich, diesen mächtigen Lachs nur mit Wobblern zu befischen – und zwar mit meinen besten Großlachswobblern.

Wieder einmal lag dichter Nebel über dem Tenotal, und ich verschob den Beginn meines ersten Versuches auf 9 Uhr morgens. Ich fuhr mit dem Boot flussaufwärts zur Aittikoski-Stromschnelle und fing an zu rudern. Es dauerte nicht lange, und ich sah in der Nähe der finnischen Uferseite einen großen Lachs an der Wasseroberfläche auftauchen. Aber es war zu meiner Enttäuschung nicht der ersehnte »alte Herr«. Aber vielleicht sein Nachfolger? Nun gut, dachte ich, aber allemal einen Versuch wert.

Ich näherte mich der Stelle, und die Schnüre zeichneten wilde Muster auf die glatte Wasseroberfläche, als sich der Lachs erneut zeigte – ziemlich in der Nähe der Köder. Hahaa, er wird nervös, frohlockte ich, dann wollen wir mal den Druck erhöhen. Ich drehte das Boot, damit die Köder sich wieder auf die

Zeige-Stelle zubewegten. Noch eine Wendung vom Ufer wieder in die Mitte des Flusses. »Du hast ja keine Lust anzugreifen, na gut, dann eben nicht«, bemerkte ich und ruderte mit kräftigem Zug weiter in die Mitte der Strömung. Dann kam aber doch noch der Angriff!

Ein langgezogenes Kreischen der Rollenbremse und die Rute bog sich beängstigend. Weit entfernt hörte ich ein lautes Platschen und der Lachs stürmte zurück zu seinem Versteck. In aller Ruhe konnte ich die übrigen Köder in das Boot holen. Wieder war der Lachs in der Luft und startete eine erneute Flucht. Ungefähr 100 m Schnur waren schon von der Rolle, und der Fisch gab keine Ruhe. Jetzt konnte ich mir die gebogene Rute schnappen und stellte die Bremse etwas fester ein. Mir gelang es, die Flucht des Fisches vorerst zu stoppen und mich auf den Drill zu konzentrieren. Das Boot bewegte sich derweil langsam mit der ruhigen Strömung flussabwärts. Der Großlachs wollte seinen Ausreißversuch fortsetzen. Jetzt kreiste er oberhalb des Bootes und näherte sich den Steinen auf der norwegischen Uferseite. Ich sah den prächtigen Fisch im glasklaren Wasser zwischen den Steinen. Wieder stürmte er zur Mitte der Strömung und flussaufwärts und wieder zurück zu den Steinen. Ich bemerkte mit leichter Sorge, dass er nur noch an einem Haken hing. »Dies ist nicht mein Lachs«, konstatierte ich bitter. Noch eine Flucht mit aller Macht und der Haken würde sich lösen!

Ich lockerte ein wenig die Bremse und mit dem Daumen bremsend, versuchte ich, den Lachs näher an das Boot ziehen. Der Fisch hatte sich derweil schon ziemlich verausgabt, drehte und wendete sich an der Wasseroberfläche, immer wieder mit dem Versuch, in die Tiefe abzutauchen. Ich tastete nach meinem Gaff, und da passierte es – ein kräftiger Ruck, der Wobbler löste sich aus der Maulspalte und landete, man mag es kaum glauben, an der Rückenflosse und verhakte sich.

»Na sowas, der Fisch ist doch für mich bestimmt!«, stellte ich erstaunt fest. Ich zog mit aller Kraft und sah, wie sich der Haken langsam aufbog. Jetzt musste ich mich wirklich beeilen. Der Lachs war jetzt neben dem Boot und ich gaffte den Fisch so schnell wie möglich in den Kahn. Der Haken saß nur noch am Widerhaken, in letzter Sekunde hatte ich doch noch die Oberhand behalten! Schnell schlug ich den Fisch ab. Auf zur Wiegestelle. Zwei Waagen bestätigten ein Gewicht von 14,3 kg und eine Länge von 106 cm. Der wunderschön dunkel gezeichnete Lachs landete neben dem Saisonrekordlachs in der Tiefkühltruhe und soll ebenfalls ausgestopft werden.

Aber zu einem Versuch, den wahren Beherrscher des Pools an den Haken zu bekommen, war es ja noch gar nicht gekommen. Also, ein kurzes Mittagessen zu Hause und zurück zum Fluss.

Wieder fuhr ich zur Mitte der Stromschnelle und ließ schnell die Köder zu Wasser. Unmittelbar unterhalb der Stromschnelle mündet ein kleiner Bach auf der norwegischen Uferseite in den Teno. Danach folgen über mehrere hundert Meter flussabwärts gute HotSpots. Sofort an der ersten guten Stelle wippte die seitliche, linke Rute und ich sagte mir: »Na, heute sind die Lachse aber in Beißlaune«, und kurbelte die übrigen Köder ins Boot. Nach dem ersten Sprung wusste ich, dass es sich um einen Rogner handelte und auch um einen sehr dunkel gefärbten. Ich entschied mich ans Ufer zu rudern. Dieser Lachs sollte seine Freiheit wiederbekommen. Als Speisefisch hatte er keine Bedeutung. Aber voll laich und damit ein Garant für die kommende Generation an Großlachsen. Ich drillte den ca. 11 kg schweren Rogner zügig an das Ufer, befreite den Lachs vorsichtig von den Haken, ließ ihn sich erholen und setzte ihn zurück in sein Element: »Auf Wiedersehn und alles Gute!«

Ich sortierte meine Angelausrüstung und es ging weiter. Ich näherte mich dem Kämmenkivi-Stein und fragte mich, wo der Herr des Reviers wohl sein Versteck haben könnte. Während ich nachdachte, sprang plötzlich ein großer, nein ein gewaltiger Lachs in seiner ganzen Pracht in die Luft. Direkt neben den Ködern katapultierte er sich einen Meter aus dem Wasser. Jede einzelne Rute nahm ich in Augenschein, in der Hoffnung, dass sich gleich eine kräftig verbeugen würde. Keine einzige neigte sich – der Milchner wollte wohl nur seine gewaltige Größe präsentieren, durch das Erscheinen der Köder in seinem Revier etwas nervös geworden.

Per Handy erzählte ich Esa, der oberhalb von mir ruderte, von dem Vorfall und fuhr zurück an das Ufer.

»Für heute reicht es, morgen werde ich den aggressiven Milchner weiter ärgern«, versicherte ich Esa.

In der Nacht hatte ich wilde Träume von gefangenen und verlorenen Lachsen. Auch der alte Prachtlachs erschien mir im Traum. Aber trotz der lebhaften Nacht war ich am nächsten Morgen fit und ausgeruht.

Nach einem hastigen Frühstück war ich wieder auf der Jagd, fuhr hoch zur Stromschnelle, und die Köder waren wieder bei der Arbeit. Unterhalb der Stromschnelle blieb es ruhig, und so überlegte ich, von welcher Seite ich mich dem alten Herrn nähern sollte. Ich erinnerte mich an einige Saisons zurück, als ich mit meiner Frau zusammen einen 23 kg schweren Milchner überlisten konnte und zwar auf der Höhe der Kota am Ufer der finnischen Seite. Dort wusste ich einen großen Stein in der Strömung. Ob wohl dort jemand zu Hause ist? Es war jemand zu Hause. Der leider fast übliche Ablauf. Die Rute wippte ein paar Mal, aber dann war wieder alles ruhig. Der Fisch hatte sich vom Haken gelöst.

Harri Matikainen mit einem geschleppten Frühjahrslachs von knapp 17 kg.

Foto: Archiv H. Matikainen

Ich war etwas verärgert, aber nicht sehr lange. Der Fisch war eben nicht für mich bestimmt.

Ich überlegte mir eine Taktik für den großen Burschen auf der norwegischen Uferseite. Ich entschied mich für den frontalen Angriff, direkt auf die Stelle zu, wo er sich gezeigt hatte. Ich kannte jetzt den Ort, alle Vorteile lagen bei mir. Ich beschleunigte mein Tempo und kam von der Mitte des Pools direkt auf die Stelle zu, mit meinem gesamten »Waffenarsenal«. Und er reagierte. Die rechte, seitliche Rute bog sich mit einer unheimlichen Gewalt. Der Großlachs hatte mit aller Wucht angegriffen. Ich versuchte, ihn mit Kriegsgeschrei zu haken, aber es half alles nichts. Vielleicht war meine Reaktion zu spät, oder er wollte nur mal den Eindringling in seinem Revier vertreiben, ich weiß es nicht. Ich hatte auf der ganzen Linie verloren. Eine nächste Chance sollte es nicht mehr geben! Der alte Herr hatte mir meine Grenzen aufgezeigt und seine ganze Macht und Größe demonstriert!

Ich hatte genug, dieser Angel-Sommer war abwechslungsreich, erfolgreich und lehrreich gewesen. Es wurde Zeit, mein Boot auf den langen Winter vorzubereiten. Am Ufer bedankte ich mich beim Fluss und dem Beherrscher des Pools. Mir war einiges gelungen. Ich hatte meinen Stil gefunden und den Schlüssel, wie ich einen wirklich großen Lachs nervös machen konnte, bis er schließlich die Geduld verliert und angreift. Jetzt hatte ich viel Zeit, mich innerlich auf den nächsten Sommer vorzubereiten.

Alleine am Fluss

Impressionen einer Mittsommernacht

Mittsommer im hohen Norden – immer wieder versetzen mich die unbeschreiblich hellen Nächte der arktischen Regionen in Erstaunen, obwohl ich dieses Phänomen schon seit Kindesbeinen kenne.

Ich übertreibe weiß Gott nicht, wenn ich die Zeit der nicht untergehenden Sonne nördlich des Polarkreises als etwas wirklich außergewöhnliches, ja als etwas geradezu mystisches empfinde. Wenn man dies als Mitteleuropäer noch nie erlebt hat, kann ich diese Erfahrung nur wärmstens empfehlen. Man fühlt sich verzaubert. Nicht nur die Tatsache, dass die Sonne hier an der Nordspitze Europas im Sommer für mehrere Monate nicht hinter dem Horizont verschwindet, nein, am eindrucksvollsten sind die Lichtspiele, ob bei wolkenlosem Himmel oder auch bei bewölktem Firmament. Es spielt keine Rolle – die Eindrücke sind in jedem Fall überwältigend!

Auch wenn inzwischen viele Jahre ins Land gezogen sind, folgende Erlebnisse sind mir noch sehr lebendig:

Wieder einmal war ich in Lappland. Erkki begrüßte mich grinsend an der Gepäckausgabe am Flughafen, schnappte sich eine Reisetasche und wir gingen schnellen Schrittes zu seinem Wohnmobil. Rovaniemi, die Hauptstadt am Polarkreis, begrüßte mich mit einem wolkenlosem Himmel und ich freute mich wie ein Schneekönig, endlich wieder »zu Hause« zu sein.

Wir hielten uns nicht lange auf. Vor uns lagen ungefähr 500 km Wegstrecke Richtung Norden, immer geradeaus, der Mittsommernachtssonne entgegen. Unser Ziel war wieder einmal der Teno bei Utsjoki – das Reich der Eismeerlachse.

Die Fahrt verlief in angenehmer Atmosphäre. Die Sonne brannte vom Himmel und tauchte die Landschaften in grelles Licht. Hier und da liefen Rentiere auf die Straße, auf der Flucht vor den Myriaden von Plagegeistern, die jetzt Mitte Juni nichts anderes im Sinn hatten, als Mensch und Tier zu quälen, wo und wann immer sie die Möglichkeit hatten. Aber dies war mir nicht neu und beschäftigte mich auch nicht weiter. Sie waren halt da, wie jeden Sommer, und dies war auch in Ordnung so.

Die Fahrtstrecke bis nördlich von Inari war mir bestens bekannt. Erst ab Kaamanen betrat ich Neuland, denn nun ging es geradeaus weiter, Richtung Utsjoki, immer der Nase nach, der Sonne entgegen.

Gegen Mitternacht erreichten wir endlich Utsjoki, die nördlichste Gemeinde Finnlands. Ein in der Winterzeit verschlafenes Nest mit hauptsächlich samischer Bevölkerung, aber während der Sommermonate pulsiert hier das Leben – die Lachsfischer beherrschen die Szenerie. Wir fuhren auf einen Parkplatz vor einem Einkaufszentrum und warteten. Warteten auf Jouni, einem Bekannten von Erkki, der uns bei der Suche nach einem geeigneten Stellplatz für unseren Camper während unseres Aufenthalts behilflich sein wollte. Schließlich kam er. Allzu gesprächig war er zunächst nicht, typisch für die Nordmänner, kannte ich ja schon, aber nach ein, zwei Bierchen war er sogar bereit, mit uns in den nächsten Tagen zum Fischen zu gehen. Mit dem Boot natürlich, Jouni war ein erfahrener Bootsführer und hatte schon so manchen Großlachs auf die Schuppen gelegt.

Jouni führte uns zu Lomakylä Valle, dem unmittelbar am Aittisuvanto des Teno gelegenen Blockhüttendorf. Zum ersten Mal stand ich am Ufer des berühmtesten Lachspools des gesamten Teno. Ein unvergesslicher Moment. Damals konnte ich noch nicht ahnen, wie oft ich hier noch stehen würde und ehrfürchtig den langsam dahinfließenden, mystischen Lachspool der Extraklasse in Augenschein nehmen würde. So standen wir drei einfach sprachlos da. Jouni brach das Schweigen und erklärte uns die besten Stellen und wo wir in den nächten Tagen fischen würden. Flussaufwärts machte der Wasserlauf einen Bogen nach links, wo laut Jouni eine Stromschnelle rauscht. Dort könne man auch prima vom Ufer aus fischen, mit der Fliege versteht sich, so Jouni. Das hörte sich toll an, und ich beschloss, dort meine nigelnagelneue, in Deutschland gekaufte Zweihandrute auszuprobieren. So sollte es geschehen.

In den nächsten Tagen lernten wir die Region um Utsjoki kennen und Jouni war für seine Verhältnisse ein guter Reiseführer. Er war ein Rätsel für mich. Er konnte stundenlang stumm am Lagerfeuer sitzen, verzog keine Miene, dann sprang er plötzlich auf und ging mit weit ausladenden Schritten zum Boot ohne etwas zu sagen. Dort stand er am Ufer, schaute flussaufwärts und abwärts, stand einfach da wie ein Leuchtturm. Erkki und ich mussten uns sputen, denn bei Jouni mussten wir uns immer darauf einstellen, dass er nicht lange fackelte, wenn seiner Meinung nach der richtige Zeitpunkt gekommen war, um mit dem Boot in See zu stechen. Jouni nahm Witterung auf wie ein Jagdhund, und wenn der richtige Zeitpunkt gekommen war, dann gab es kein Halten mehr, daran mussten wir uns am Anfang erst einmal gewöhnen. Manchmal kam es mir vor, also wenn er in seiner ganz eigenen Welt leben würde, nur seinen eigenen Instinkten folgte, aber nach außen völlig emotionslos. Für Jouni existierte keine Zeit, kein hektisches Blicken auf die Uhr, keine zeitlichen Rituale, alles schien abgestimmt mit den Vorgaben der Natur und deren Einflüsse, bewundernswert. Erst viel später, als ich ihn näher kannte, öffnete er sich, gab auch mal ganze Sätze von sich.

Aber es kam auch immer wieder vor, dass er vor sich gewissermaßen selber erschrak und stumm blieb. Ein außergewöhnlicher Nordmann, von dem ich viel lernte, in jeder Hinsicht.

Eines Abends war es dann soweit. Für Neulinge hatten wir uns wacker geschlagen und einige Grilse vom Boot aus fangen können. Natürlich mit Hilfe von Jouni. Ohne ihn hätten wir zugegebenermaßen nie und nimmer auch nur einen Lachs gefangen. Aber ich werde nie den Augenblick vergessen, als zum ersten Mal ein Lachs, naja ein kleiner Lachs von knapp 2 kg nur, aber trotzdem ein Lachs am anderen Ende der Schnur kämpfte. Wir waren zu dritt im Boot und fischten mit drei Schleppruten. Der Fisch schnappte sich eine kleine Haarfliege mitten in der Stromschnelle, und wir hatten unseren Spaß. Jouni verzog keine Miene, obwohl ich doch ein leichtes Kopfschütteln bemerkte. Für Erkki und mich war dieser kleine Lachs wie der Gewinn der Weltmeisterschaft, unsere Freude kannte keine Grenzen.

Jetzt wollte ich aber ja unbedingt meine Zweihandrute ausprobieren. Die Feuertaufe stand unmittelbar bevor. Ich hatte mich nachmittags für ein Nickerchen in das Wohnmobil verzogen, während Erkki und Jouni beim Fischen waren. Um Mitternacht erst wachte ich auf. Erkki war zurück und hundemüde. Ich war hellwach und beschloss, die Gegend flussaufwärts zu erkunden, natürlich mit meiner Fliegenrute. Rasch stellte ich das Gerät zusammen, überlegte noch fieberhaft, mit welcher Vorfachstärke ich fischen wollte. Meine Fliegendosen – wo waren die nur? Alles fand sich schließlich zu meiner Erleichterung. Ein bisschen Proviant wäre auch nicht schlecht, dachte ich und packte meinen Tagesrucksack. Das Wetter war fantastisch. Keine Wolke trübte den Himmel. Naja, Nieselregen und bewölkter Himmel wäre besser für mein Vorhaben, aber was solls, jetzt wollte ich mit der Fliegenrute fischen und zwar mit Hingabe!

Tierische Begnungen

Petteri Valle, der Betreiber des Blockhüttendorfes, hatte mir am Vortag den Weg beschrieben, falls ich mal mit der Fliege an der Stromschnelle fischen wollte. Los gings, an den Hütten vorbei, immer in der Nähe des Ufers, flussaufwärts auf einem Trampelpfad neuen Abenteuern entgegen. Das erste ließ nicht lange auf sich warten. Urplötzlich hörte ich ein Geräusch. Kamen mir da Angler entgegen? Ich blieb stehen und lauschte. Irgendetwas knackte, ein Ast oder was auch immer.

Dann stockte mir der Atem. Ein ausgewachsener Elchbulle kam auf mich zu, mit dem Wind, er hatte mich noch nicht bemerkt. Ich blieb wie angewurzelt stehen, wagte mich nicht zu rühren. Der Elch war nur noch ein paar zehn Meter entfernt, dann blieb auch er stehen. Seine Lauscher drehten sich wie

Antennen und er wiegte sein mächtiges Haupt mit gewaltigen Schaufeln. Welch ein Anblick! Sekundenlang starrten wir uns an. Er überlegte wohl, was ich für ein kleines Kerlchen bin und was ich hier in seinem Reich zu suchen hatte. Dann aber wurde es ihm aber wohl zu langweilig, und mit einem, so schien es mir, geradezu verächtlichen, vor Arroganz triefenden Blick ging er gemächlich zum Fluss hinunter, taxierte die Lage, schaute sich noch kurz nach mir um und ging schnurstracks ins Wasser. Das glaube ich nicht, ich starrte mit offenem Mund, aber der Elchbulle schwamm doch tatsächlich zur norwegischen Uferseite. Ganz der König der Wälder stieg er aus den Fluten, wandte sich noch einmal, schüttelte sich und stapfte davon. Ich war wie betäubt, das glaubt mir kein Mensch, dachte ich und ärgerte mich, dass ich von dem Schauspiel kein Foto gemacht hatte. Zum Glück hatte die Brunftzeit noch nicht begonnen, dann, ja dann, au weia, Glück gehabt!

Kein Mensch war zu sehen. Niemand außer mir hatte dieses Schauspiel mitbekommen. Weiter gings, ich hatte erst ein paar hundert Meter Wegstrecke hinter mir und keine Ahnung, wie weit ich noch laufen sollte, um endlich mit dem Fischen zu beginnen. Laut Petteri waren es zu Fuß so um die 2-3 km, bis ich die Feuerstelle an der Aittikoski-Stromschnelle erreicht hätte, dem Startplatz der Bootsfischer. Könnte ich gar nicht verfehlen, meinte er, dort steht oberhalb der Feuerstelle auch eine Lappenkota, der Trampelpfad würde direkt dorthin führen. Na gut, ein kleiner Spaziergang ist ja auch nicht so schlecht, sagte ich mir und lief weiter. Aber halt, was kommt denn jetzt auf mich zu? Ich glaubte zu träumen, aber ich hörte ein leises Bimmeln, ein seltsames Geräusch, wie von einem Glöckchen, weiß der Himmel. Ich blieb stehen und starrte nach vorne, dann sah ich sie. Rentiere – ein ganzer Trupp und vorneweg ein blütenweißer Rentierbulle mit riesigem Geweih. Irgendwo hatte ich mal gehört oder gelesen, dass weiße Rentiere heilige Tiere wären, zumindestens hier oben im Norden bei der Urbevölkerung, den Samen. Der weiße Rentierbulle strahlte tatsächlich eine gewisse Magie aus, mir lief ein Schauder den Rücken hinunter!
Wieder das gleiche Bild wie Minuten zuvor. Ich blieb stehen, auch der Bulle hielt an und der Rest der Truppe lief auf das plötzlich stehengebliebenen Leittier auf. Was für ein Bild! Keiner wagte es, den Bullen, den Chef der Patrouille, zu überholen, und so standen sie da mehr oder weniger überrascht in einer Linie vor mir. Kein Zweifel, die Truppe wartete auf weitere Befehle von ihrem Chef. Ich tat so, als würde mich das alles nichts angehen und bückte mich vorsichtig um ein paar Blaubeeren zu pflücken. Der weiße Bulle verfolgte jede meiner Bewegungen, aber unvermittelt schüttelte er sein Haupt, dass das

Glöckchen um seinen Hals nur so bimmelte, und trollte energisch, mit stolz erhobenen Kopf, in den Kiefernwald, die ganze Truppe hinterher. Er hatte mir Platz gemacht, eine höfliche Geste, musste ich gestehen und lief kopfschüttelnd weiter. Wieder kein Foto gemacht, was solls, ich will jetzt aber endlich fischen!

Leerwürfe

Mittlerweile war ich bestimmt schon eine Stunde unterwegs, aber von der beschriebenen Lappenkota und der Feuerstelle war nichts zu sehen. Ich müsste doch schon längst da sein, wunderte ich mich und folgte dem Trampelpfad. Eine seltsame Stimmung herrschte um mich herum; zu meiner Rechten war dichtes Gebüsch, durchsetzt mit weiß leuchtenden Birken. Den Fluss konnte man nicht sehen, aber ich wollte den Trampelpfad nicht verlassen. Zu meiner Linken war lichter Nadelwald mit Kiefern und Fichten. Der Erdboden leuchtete geradezu in weiß bis hellgrauen Farben. Rentiermoos, stellte ich fest, aber auch immer wieder grüne Teppiche mit Blaubeeren. Der Boden war staubtrocken, und da konnte ein Funken genügen und alles würde lichterloh brennen. Also, Feuermachen war also nur an ausgewiesenen Feuerstellen zu verantworten. Die ganze Szenerie war in ein unwirkliches Licht getaucht. Die Sonne war jetzt gegen ein Uhr nachts hinter den norwegischen Bergen verschwunden, aber schickte immer noch Lichtstrahlen auf die Berghänge der finnischen Uferseite.

Alle meine Sinne waren geschärft. Immer wieder hielt ich an und lauschte. Nichts war zu hören, bis ich ein weit entferntes Rauschen vernahm. Das ist bestimmt die Stromschnelle, dachte ich mir und erhöhte mein Tempo. Der Trampelpfad drehte Richtung Fluss und ich kam zu einer sandigen Anhöhe. Vor mir öffnete sich eine grandiose Aussicht auf den Teno! Etwas schwer atmend nahm ich meinen Rucksack von den Schultern, stellte meine Zweihandrute an eine Birke und schaute auf den Fluss hinunter. Was für ein Anblick! Unter mir rauschte die gesuchte Stromschnelle. Zu meinem Erstaunen bemerkte ich, dass ich mich schon fast oberhalb der Stromschnelle befand, ich war schlichtweg an der Feuerstelle vorbei gelaufen. Na gut, macht ja nichts, dann kann ich ja ab hier die gesamte Stromschnelle befischen, Zeit hatte ich genug. Niemand war zu sehen, kein Bootsfischer, kein Fliegenfischer, ich war vollkommen alleine am Fluss, fast alleine.

Ich hörte kratzende Geräusche, schaute mich um und bemerkte zu meinem Erstaunen einen hübschen Vogel auf einer Kiefer. So einen Gesellen hatte ich doch schon einmal gesehen, natürlich, ein sogenannter Unglückshäher, ein Verwandter des Eichelhähers in unseren Breiten. Ein wirklich interessanter Vogel in den nordischen Breiten, dieser Unglückshäher. Äußerst neugierig und ohne Scheu vor dem Menschen. Dieser Vogel sollte mich noch die ganze Nacht begleiten.

Durch die Bäume schimmerte etwas Rotes. Seltsam, dachte ich und entschied mich, der Sache auf den Grund zu gehen. Ich ließ den Trampelpfad links liegen und arbeitete mich durch das Gebüsch auf dieses rote Etwas zu und eine Blockhütte tauchte vor mir auf. Dann erinnerte ich mich, dass ich dieses rote Haus schon gesehen hatte. Natürlich, beim Bootsfischen vom Wasser aus, jetzt wusste ich, wo ich gelandet war, unmittelbar unterhalb des Kortsam-Pools befand ich mich. Hier beginnt die Aittikoski-Stromschnelle, ungefähr 3 km Fließstrecke mit tollen HotSpots flussabwärts lagen vor mir!

Ich wechselte geschwind mein durchgeschwitztes Hemd. Ich war überrascht, dass mich dieser Marsch so auf Betriebstemperatur gebracht hatte, aber kein Wunder, es war ungewöhnlich warm und mein Marschtempo war doch trotz der kurzen Unterbrechungen recht flott gewesen. Einige Plagegeister fielen über mich her, aber nicht so viele, wie ich erwartet hatte. Es war zu trocken, wenn es nass wäre, dann würde es hier vor Mücken nur so wimmeln. Die Mückeninvasion hielt sich also in Grenzen. Dies war hier oben im Norden jedes Jahr unterschiedlich, wie ich in den kommenden Jahren noch erleben sollte. Hier, unmittelbar am Wasser, war die Mückenplage immer moderat. Es herrschte fast immer leichter Wind, manchmal auch recht kräftiger, und dies mögen die Mücken nicht sonderlich. Mücken lieben Feuchtigkeit und Wärme, dort ist ihr Reich, auch dieses Extrem sollte ich im Verlauf der Jahre noch kennenlernen.

Ich stellte mein Gerät zusammen. Knüpfte ein neues Vorfach an die Fliegenschnur, eine WF-Runningline mit Schlaufenverbindung für den Schusskopf, und anschließend eine paralelle, monofile Schnur in 0,35 mm Stärke in knapp 1,50 m Länge. Ich wählte bewusst keine stärkere Schnur, da ich hauptsächlich mit kleineren Fliegen fischen wollte, auf Doppel- oder Drillingshaken gebunden. Vielleicht würde ich es später mit einschenkligen, großen klassischen Fliegen probieren, dann aber mit stärkerer Spitze. Die kleineren Fliegen entwickeln an dünnerer Schnur einfach ein besseres Eigenleben, und wenn man dazu auch noch einen Schlaufenknoten verwendet, um so besser. Bei großen Lachsfliegen auf Einzelhaken gebunden, verwende ich immer den sogenannten doppelten Turleknoten. Dann schwimmt die Fliege immer gerade und kippt nicht auf die Seite. Nach jedem Anknüpfen teste ich die Fliege im Uferwasser, und wenn sie kippt, wiederhole ich das Anknüpfen, bis ich mit dem Resultat zufrieden bin. So viel Zeit muss sein.

Gerade klassischen Fliegen widme ich in der Vorbereitung viel Zeit – man muss die Fliegen trimmen, dass heißt ich zupfe das Material der Fliege zurecht, biege die Schwingen etwas auseinander und nehme auch mal nassen Ufersand zwischen die Finger und knete die Fliege leicht zwischen den Fingern. Dann spielt eine große Fliege verführerisch in der Strömung. Am liebsten aber fische ich mit kleinen Haarfliegen, dann hat man zumindest gute Chancen, wenigstens einen Grilse zu fangen. Aber man täusche sich nicht – an einem so großen Lachsfluss wie dem Teno besteht immer die Möglichkeit, dass ein kapitaler, schwerer Lachs auch eine kleine Haarfliege packt. Deshalb fische ich am Teno zur Vorsicht immer mit einer stabilen Zweihandrute – man weiß ja nie!

Jetzt war der Augenblick gekommen. Die Feuertaufe eben meiner neuen Zweihandrute! Das Teil fühlte sich gut an. Sehr leicht, aber stabil und nach den ersten Würfen merkte ich schon, dass der Aufladungsprozess hervorragend war. Zum Rückschwung und Überkopfwurf war nicht viel Platz. Hinter mir war eine ziemlich steile Böschung, sodass ich notgedrungen andere Wurfarten ausprobierte, wie Unterhand- und Rollwurf und natürlich den Speycast, den ich unbedingt bis zur Perfektion lernen wollte. Ich bin kein Wurfakrobat, aber mit Übung und mit den Jahren kam ich mit einigen Wurfarten so zurecht, dass ich zumindest anständig fischen konnte, und das war die Hauptsache.

Nach den ersten Leer- bzw. Übungswürfen war ich mit meiner Rutenwahl zufrieden und konnte mich auf die nun folgende Fliegenwahl konzentrieren. Welche nur? Das ewige Problem!

Ich setzte mich auf einen flachen Stein und schaute mir den Inhalt meiner Fliegendose an. Ich hatte nur eine Handvoll Fliegen mitgenommen, einige universelle, die immer gehen, und einige, die für bestimmte Verhältnisse einfach unschlagbar sind. Letztendlich hat immer der Lachs das letzte Wort. Aber, manchmal siegt auch die Intuition, die Fantasie und der feste Willen des Anglers. Oftmals brachte mir genau die Fliege Erfolg, die ich zuerst in die Hand nahm. So war es auch diesmal!

Dramatik pur

Eine kleine, unscheinbare Haarfliege auf Drillingshaken gebunden sollte den Anfang machen. Die Fliege der # 10 war spärlich gebunden, eine Kreation des ehemaligen finnischen Fliegenbinde-Weltmeisters Toni Kakkuri, der mir immer wieder eintrichterte, dass diese Fliege das gewisse Etwas hätte und auch Großlachse interessieren würde. Das Besondere war der hell leuchtende, grüne Körper mit fluoreszierender, grüner Monofilschnur umwunden. Damals konnte ich noch nicht wissen, dass diese kleine Fliege mir noch in späteren Jahren schöne Erfolge bescheren sollte, bis eines Tages beim Bootsfischen ein mächtiger Lachs eine Hakenspitze aufbog, die Spitze abbrach und der Lachs verloren ging. Mein Freund Toni band mir zwar später ein exakt identisches

Immer das Problem mit der Auswahl des passenden Köders ...

Foto: Hannu Räisänen

Muster, aber der Zauber der Fliege war verloren. Ich fing mit dieser neuen Fliege keinen einzigen Fisch mehr.

Tja, gewisse Skepsis hatte ich, das muss ich zugeben, sollte doch diese Fliege besonders tagsüber fängig sein, bei sehr hellen Bedingungen. Jetzt zu dieser Stunde waren die Bedingungen zwar auch noch relativ hell, aber die Stromschnelle war durch die Berghänge auf der norwegischen Uferseite in Schatten getaucht, so dass ich doch überlegte, vielleicht eine dunkel gefärbte Fliege, wie z.B. eine Black Doctor, anzuknüpfen. Aber die grüne Fliege hatte es mir irgendwie angetan. Schließlich stand mein Entschluss fest, und ich sollte es nicht bereuen.

Ich taxierte das Ufer flussabwärts. Steine über Steine in allen Variationen, große und kleine. Auch in der Strömung, verlockende Stellen, besonders hinter großen Steinen, verlockende Kehrwasser, Strömungskanten, tiefere Stellen mit fast schwarzem Wasser, dann wieder Rieselstrecken und gurgelnde Passagen. Ideale Voraussetzungen für aufsteigende Lachse, ein Paradies für den Fliegenfischer und das Beste – ich war vollkommen alleine. Fast, denn am Ufer hüpfte der Unglückshäher in der Nähe meines Rucksackes herum. Hatte wohl meinen Proviant im Sinn, ein schlaues Kerlchen. Ich versuchte, mich auf mein Fischen zu konzentrieren. Legte mir eine Taktik zurecht. Zuerst den Nahbereich erkunden, kurze Würfe, fächerförmig die Uferbereiche abgrasen. Dann etwas tiefer waten, aber nur bis zu den Knien, denn weiter in die Strömung zu waten war nicht sinnvoll, hatte ich doch nur Watstiefel und keine Hosen an. Öfter als man annehmen sollte steigen Kleinlachse, aber auch größere Lachse, nah der Ufer flussaufwärts. Das Aufwirbeln von Steinchen und Sand machen Lachse auf ihrem Weg flussaufwärts misstrauisch, und sie suchen sich einen anderen Weg.

Am Ufer hüpfte der Unglückshäher und schaute mir zu. Er krächzte etwas Unverständliches, so als wollte mir sagen: »Nu mach schon, ich hab nicht ewig Zeit, zeig mir was du kannst ...!«

Ich begann zu werfen, schön mit Bedacht und vorsichtig, ich musste ein Gefühl für die Rute bekommen. Ich befischte den Nahbereich, ohne Erfolg, kein Problem. Insgeheim rechnet jeder Lachsfischer damit, dass er ohne Fisch bleibt, auch nach tausenden von Würfen keinen Kontakt zu einem Lachs bekommt, das Schicksal des Lachsfischers. Aber dann, schon der Verzweiflung nahe – aber noch mit der Hoffnung, vielleicht mit dem letzten Wurf ... – dann biegt sich auf einmal die Rute und das mit Macht.

Ein Anbiss! Mit einer solchen Vehemenz, dass meine so lange eingeübten, quasi reflexartigen Reaktionen einige Sekunden benötigten, um zu realisieren, dass ich einen Lachs am Haken hatte.

Kaum eine Sekunde vorher hatte ich die Schnur ca. 10 m vor einem großen Stein abgelegt, routinemäßig den Faden gemendet und ein paar weitere Meter von der Rolle gezogen, um beim nächsten Wurf mehr Schnur schießen zu lassen. Das war jetzt nicht mehr nötig – ich hob die Rute an, und jetzt begann ein Schauspiel, an das ich noch Jahre zurück denken werde.

 Ohne Zweifel hatte ich einen mächtigen Burschen gehakt. Mit aller Macht stürmte der Lachs in die Mitte der Strömung, und ich ließ ihn gewähren. Die Bremse der Rolle hatte ich nicht zu fest eingestellt, denn ein Lachs nimmt die Fliege oft mit Schwung, dreht sich um und hakt sich dabei. Ein Anhieb ist dabei meist nicht von Nöten; es reicht aus, die Rute anzuheben und Kontakt zum Fisch aufzunehmen.

Dieser Lachs stand vor dem Stein, war wohl im Begriff, seine Reise fortzusetzen, die Fliege kam überraschend quer in sein Sichtfeld und löste den Beißreflex aus. Immer noch sauste Schnur von der Rolle und ich bremste jetzt langsam mit dem Handballen, ganz mit Gefühl, denn zu starker Widerstand führt beim Lachs zu panikartiger Flucht. Meist stoppt der Lachs nach der ersten Flucht und sammelt Kräfte. Dies ist aber abhängig von der Größe des Fisches. Ein wirklich großer Blanklachs ist imstande, die gesamte Schnur von der Rolle zu ziehen, ohne dass der Angler nur den Hauch einer Chance hat, den Lachs in seiner Flucht zu stoppen. Dann hilft nur eine Strategie: den Druck verringern, so schnell wie möglich Leine von der Rolle geben, insbesondere bei einer Flucht flussabwärts die Beine in die Hand nehmen und am Ufer flussabwärts laufen, dabei aber höchste Vorsicht walten zu lassen, um nicht auf vielleicht glitschigen Steinen auszurutschen.

Relativ häufig stoppt ein Lachs seine Flucht, wenn er keinen Widerstand mehr verspürt. Ist man nun »unter« dem Lachs, kann man den Druck wieder erhöhen, meistens schwimmt der Lachs dann wieder flussaufwärts. Dies ist von Vorteil für den Angler, denn nun arbeitet der Lachs gegen die Strömung und ermüdet schneller. Nun kann auch die Bremse etwas fester eingestellt und der Druck erhöht werden.

Eine große Gefahr lauert in Stromschnellen mit ihren unzähligen großen und kleinen Steinen unter und über der Wasseroberfläche. Häufig sucht ein großer Lachs Erholung hinter großen felsigen Höckern und Buckeln. Auch die Gefahr, dass er am Grund versucht, die Fliege loszuwerden, ist gegeben. Ein geschickter Fliegenfischer muss versuchen, den Fisch von diesen Gefahrenbereichen fern zu halten, aber bei jedem Drill eines großen Lachses können unvorhersehbare Situationen entstehen. Am wichtigsten ist es, Ruhe zu bewahren und nicht in Panik zu verfallen. Früher oder später ermüdet auch ein großer Lachs, und wenn er seine Flanke zeigt und umkippt, hat der Angler schon fast gewonnen. Aber zu frühes Triumphgeheul sollte man tunlichts vermeiden; noch kann jede Menge schiefgehen, und der Angler tut gut daran, sich bis zuletzt zu konzentrieren und auch einem scheinbar ausgedrillten Lachs keine Verschnaufpause zu gönnen. Die letzten Fluchten eines großen Brockens in Ufernähe sind nicht selten noch einmal kraftvoll und energiegeladen. Mit einem kapitalen Großlachs ist nicht zu spaßen!

Endlich stoppte der Lachs mitten in der Strömung und ich konnte etwas durchschnaufen. Mein Herz schlug laut in meinen Ohren vor Aufregung. Aber jetzt schön cool bleiben, keine Hektik, denk nach, denk nach, ich muss auf alles gefasst sein, was macht er als nächstes? Hoffentlich stürmt er gleich flussaufwärts, ich muss ihn in Bewegung setzen, er muss müde werden, sonst habe ich keine Chance. Wild blickte ich um mich, niemand zu sehen, kein Bootsfischer, einfach niemand. Doch: am Ufer der Unglückshäher, der schräge Vogel. »Lass mich in Ruhe, siehst du nicht was los ist!«, rief ich ihm zu. Ich wusste, das ist der Lachs meines Lebens, noch hatte sich der Fisch nicht gezeigt, aber ich war mir sicher, ich hatte den Traum eines Lachsfischers am Haken – ich musste alleine klarkommen!

Urplötzlich stürmte der Lachs los, sprang hoch in die Luft und mir stockte der Atem! Was für ein gewaltiger Lachs, dachte ich mit Schaudern wie Bewunderung, aber ich war zum Kampf bereit. Noch ein Sprung, elegant, ein richtiger Salto und noch ein Sprung, es war nicht zu fassen. Wieder sauste die Schnur von der Rolle, aber mit verstärkter Bremswirkung, ich spürte, er wird müde. Ich bekam Schnur auf die Rolle, Meter für Meter, aber er war noch zu weit weg. Wieder versuchte er zu springen, aber hallo, jetzt schon nicht mehr so elegant. Ich begann zu triumphieren, viel zu früh, viel zu früh!

Dann war alles vorbei. Aus heiterem Himmel, kein Widerstand an der Rute, unheimliche Ruhe. Die Schnur trieb schlaff mit der Strömung, die Rute war nicht mehr gebogen. Ich stand am Ufer wie ein Fragezeichen, konnte nicht begreifen, dass ich verloren hatte; ich war ein Häufchen Elend!

Am Ufer hüpfte der Unglückshäher von einem Bein auf das andere und stimmte, so schien es mir, einen Freudengesang an. Ich wünschte mir eine Schrotflinte und beschimpfte ihn für seine Taktlosigkeit.

Langsam stieg ich mit wackeligen Knien ein Stück die Uferböschung hoch und musste mich erst einmal setzen. Auch der Fluss tat so, als wäre nichts geschehen. Der Unglückshäher hatte Abstand genommen, hockte nur da auf einem Stein und guckte mich schief an; wenigstens hielt er den Schnabel und wir schlossen wieder Frieden.

Johannisfeuer

Ich saß immer noch auf dem flachen Stein und schaute noch ziemlich mitgenommen auf den Fluss. Natürlich war mein flossiger Widersacher nicht mehr zu sehen, aber vor meinen Augen lief noch einmal das Schauspiel in Zeitlupe ab. Nie werde ich vergessen können, wie sich der Lachs in die Luft schraubte. Nie werde ich vergessen können, wie es sich anfühlte, einen so großen Lachs zu drillen. Mir kam es so vor, als ob der Drill nur Sekunden gedauert hatte, aber in Wahrheit waren es doch so um die 20 Minuten. Nachdem ich mich einigermaßen beruhigt hatte, nahm ich mein Gerät in Augenschein. Die Lachsfliegenrute und die Rolle hatten einwandfrei funktioniert. Insbesondere die Stabilität der Rute und das Bremssystem der Rolle hatten mich beeindruckt. Dies war gut zu wissen, denn ich hoffte, dass dies nicht der letzte Großlachs in meinem Anglerleben gewesen war.

Ich hatte auch Glück gehabt – die kleine Fliege baumelte am Vorfach. Ich schaute mir die Fliege genauer an. Kein Haken war verbogen, auch der Knoten saß bombenfest. Wie in aller Welt konnte es passieren, dass er sich vom Haken befreien konnte, überlegte ich verzweifelt. Ich nahm das Vorfach unter die Lupe. Beim ersten Blick stellte ich fest, dass ich ein neues Vorfach anknüpfen musste. Die Spuren des Kampfes waren deutlich zu sehen. Das Vorfach hatte einiges durchstehen müssen bei den Fluchten des Lachses über Stock und Stein. Ein Wunder, dass das Vorfach nicht gerissen war.

Der Unglückshäher saß weiterhin mucksmäuschenstill auf seinem Stein. Er beäugte mich intensiv, nur sein Kopf wiegte hin und her. Es wurde langsam Zeit, sich einander vorzustellen. Ganz spontan fiel mir ein Name ein. Zorro, ein passender Name, wie mir schien »Hallo Zorro, hast du Lust mich zu begleiten? Später gibt es auch etwas leckeres. Na, wie wärs?«, sagte ich und grinste ihn an. Zorro war sichtlich erstaunt über meine Kontaktaufnahme, fing an, auf dem Stein zu wippen und zu hoppsen und krächzte irgendetwas Unverständliches. Ich sah dies als Zeichen des Einverständnisses und lüftete meinen Angelhut.
»Na prima, ich heiße Kari und du heißt ab jetzt Zorro, alles klar?«
Ungläubiges Staunen, aber es schien so, als ob ihm der Name gefiel und er pirschte sich näher an den Rucksack heran.
 »Nein, nein, noch nicht, mein Lieber. Erst muss ich noch ein bisschen fischen!«
Gesagt, getan. Ein neues Vorfach, aber die Fliege tauschte ich nicht aus. Warum auch.
Ich schnappte mir den Rucksack und hüpfte zusammen mit meinem neu gewonnenen Freund die Ufersteine flussabwärts, bis zu einer verlockenden Stelle. Nicht weit vom Ufer sah ich tiefe Gumpen hinter Steinen. Ein besonders einladender Felsen hatte es mir angetan. Eine tolle Stelle, nicht weit vom Ufer, dorthin konnte ich bequem waten. Immer noch war niemand zu sehen. Ich hatte die gesamte Stromschnelle für mich. Eigentlich war es mir unbegreiflich, dass ich hier so alleine fischen konnte. Nicht weit von hier, an der Utskoski-Stromschnelle unterhalb der Samenbrücke, versammelten sich jetzt zur Mittsommerzeit unzählige Fliegenfischer. Natürlich eine gute Stelle, mit großen Chancen, einen Lachs an den Haken zu bekommen, aber ohne Rotationsprinzip war es dort nicht möglich zu fischen. Dies behagte mir überhaupt nicht, und seltsamerweise sind am Teno immer die gleichen Stellen bevölkert, dabei bietet der Fluss unzählige Möglichkeiten an auch nicht so überlaufenden Stellen, seiner Passion nachzugehen.
Ich warf meine Fliege. Immer wieder und wieder. Ich ertappte mich dabei, dass sich meine Würfe automatisierten, Wurf für Wurf wurde ich besser, verschmolz mit der Rute, sie wurde mein verlängerter Arm. Zwischendurch betrachtete ich

die Szenerie – es war wie im Film: Alles wirkte surreal, einfach nicht von dieser
Welt. Der Fluss sang sein ganz eigenes Lied. Die Natur überwältigte mich mit
aller Macht. Ich hörte auf zu werfen, sah Lachse in der Strömung springen,
nur für Bruchteile von Sekunden sah ich sie, aber ich hielt die Szenen fest, wie
mit einer Filmkamera – es war unbeschreiblich!
Zorro holte mich zurück in die Realität. Er knabberte mit voller Inbrunst an
meinem Rucksack. Dies war ein deutliches Zeichen: Zeit, ein Päuschen einzulegen.
Wir hüpften gemeinsam am Ufer entlang, um die Feuerstelle der Bootsfischer

*Wohlverdiente Pause: ein Kuksa-Becher mit
dampfendem Kaffee*

zu suchen. Kann doch nicht mehr weit sein, dachte ich, und Zorro flatterte
aufgeregt ein Stück voraus. Endlich, da war sie ja. Hoch oben auf der Uferböschung, aber kein Qualm zu sehen und auch keine Boote am Ufer geparkt.
Seltsam, seltsam, wo waren die Lachsfischer? Zorro hatte sich derweil schon
auf einer Zwirbelkiefer bequem gemacht und krächzte fröhlich vor sich hin.
Anscheinend war er hier nicht zum erstenmal, ein wirklich schlaues Kerlchen,
dachte ich amüsiert. Ruckzuck entfachte ich ein Feuerchen, eine meiner Lieb-
lingbeschäftigungen, wenn ich in Lappland bin. Ein richtig schönes Lagerfeuer
in wilder Natur, was konnte es schöneres geben. Von der Feuerstelle hatte man
einen prächtigen Überblick über die Stromschnelle. Hier befand sich der offi-

zielle Startplatz der Bootsfischer. Nirgendwo ist diese Stelle vermerkt, kein Schild weist darauf hin, trotzdem weiß jeder Bootsfischer, dass er diese Stelle ansteuern muss, wenn auch nur ein Boot am Ufer geparkt ist. Die ungeschriebenen Regeln für die Bootsfischer am Teno. Solche Park- und Warteplätze gibt es unzählige am Teno, auf der finnischen wie der norwegischen Uferseite.

Zorro krähte auf der Kiefer. Ich packte meinen Proviant aus. Das erregte sofort seine Aufmerksamkeit. Er flatterte näher. Ihm lief wohl das Wasser im Schnabel zusammen, als er sah, was ich dabei hatte: Würstchen und Senf, Brot und Käse, Kaffee und zwei Dosen Bier, zum Nachspülen versteht sich. Das Feuer entfaltete sich in voller Pracht. Es würde noch eine Zeitlang dauern, bis sich die richtige Glut entwickelt haben würde. Aber ich hatte keine Eile. Plötzlich hörte ich ein Geräusch – es kam näher. Ich schaute flussabwärts. Ein Boot näherte sich, ohne Zweifel. Es war jetzt 3.30 Uhr, also auch die Zeit, in der die meisten Lachsfischer nach einer Pause wieder auf den Fluss zurückkehren. Mich wunderte immer noch, warum so wenige Leute unterwegs waren. Es herrschten ideale Bedingungen, fast ideale, aber Lachse waren im Fluss und der Wasserstand einfach ideal und jetzt zur Mittsommernachtszeit war Utsjoki übervölkert von Lachsfischern. Wo waren die Lachsfischer?

Das Boot parkte am Ufer. Ein Mann mit großem Hut stapfte gemächlich die Uferböschung hoch. Zorro war irritiert und nahm Reißaus. Gefiel ihm ganz und gar nicht, diese Störung. Kurz vor der Feuerstelle blieb der Mann stehen. Er war überrascht und blickte auf.

»Terve, so sieht man sich wieder!«, rief er mir zu. Natürlich, ich erkannte ihn. Wir hatten uns an dieser Feuerstelle vor ein paar Tagen kennengelernt. »Terve, trinken wir einen Kaffe zusammen!«, erwiderte ich und legte ein paar Holzscheite nach. Zorro war sichtlich beleidigt, krähte seinen Protest auf einer Birke. Mein Gast nahm Platz und wir unterhielten uns über dieses und jenes. Ich erzählte ihm von meinem Kampf mit dem großen Lachs und er hörte aufmerksam zu.

Große Lachse sind unterwegs, bestätigte er mir. Gestern abend konnte er einen 13,5 kg schweren Milchner erbeuten. Hier in der Stromschnelle, auch mit einer Fliege. Die Fliege interessierte ihn. Ich zeigte sie ihm und er schüttelte den Kopf. Nie und nimmer würde er solch ein Muster anknüpfen. Er war sichtlich erstaunt und bat mich, von der Fliege ein Foto machen zu dürfen. Diese Fliege müsste er unbedingt einem einheimischen Fliegenbinder zeigen. Ich fragte ihn, warum keiner fischt in dieser Nacht? Hätte er eine plausible Erklärung? Er schaute mich verdutzt an.

»Heute ist Juhannus, Mittsommer, hast du das nicht im Kopf? Da fischt doch keiner, da wird gefeiert!«

Jetzt war mir alles klar. Wie konnte ich das vergessen. Mittsommernacht! Einer der wichtigsten Tage im Jahreskalender der Finnen: Alles strebt aufs Land, in die Mökki-Ferienhäuschen, ein Wochenende mit viel Essen und Alkohol, mit Familie und Freunden. Von nun an werden die Tage kürzer, dachte ich und legte wieder Holzscheite ins Feuer. Der Mann erhob sich, bedankte sich für den Kaffee und verabschiedete sich kurz und knapp.

Zorro, mein Juhannus-Kumpan, traute sich wieder näher. Ungeduldig schaute er mich an. Die Würstchen, sie waren fertig. Aber die waren uninteressant. Er hatte es auf den Käse abgesehen. Ich nahm ein Stück in die Hand. Zorro war etwas verunsichert, aber hüpfte näher, ganz vorsichtig. Guckte mich misstrauisch an, hüpfte näher und näher und nahm das Käsestückchen in Zeitlupe in seinen Schnabel. Guckte nochmal und weg war er. Dies wiederholte sich ein paarmal, bis er sich zu meinem größten Erstaunen auf meiner linken Schulter niederließ, kurz krähte, mir in die Wange pickte und mit einem Käsestückchen im Schnabel auf die Birke flatterte. Nicht zu fassen!

Unser ganz eigenes Juhannus-Feuer erleuchtete die Szenerie. Alles war noch in ein Dämmerlicht getaucht, aber nicht mehr lange. Ich wartete auf den richtigen Moment, den Moment, wenn die Sonne von flussabwärts gesehen das Flusstal erleuchten sollte. Der passende, mystisch angehauchte Moment für eine legendäre Fliege – die Green Highlander!

Zielgerade

Ich kramte in meiner Fliegendose. Wo war sie nur? Dann hielt ich das gesuchte Juwel in meinen Händen – eine alte, klassische Green Highlander auf Doppelhaken gebunden. Diese Fliege hatte ich vor Jahren geschenkt bekommen, ein Erbstück sozusagen, das etliche Jahrzehnte auf dem Buckel hatte und auch dementsprechend gerupft aussah. Aber es war eine Green Highlander!

Ich packte meinen Proviant in den Rucksack, was Zorro überhaupt nicht gefiel, und knüpfte die Fliege an das Vorfach. Ich war bereit. Ich ging zum Fluss hinunter und schaute flussabwärts. Nur noch ein paar Minuten, dann würden die ersten Sonnenstrahlen das Tal erleuchten. Zorro hatte auf einem Stein Platz genommen, sagte aber nichts. Missmutig schaute er mir zu. So ein undankbarer Vogel, dachte ich, schlägt sich den Bauch voll und ist auch noch beleidigt. Unwillkürlich musste ich grinsen, ich hatte diesen wirklich urkomischen Vogel ins Herz geschlossen.

Jetzt war der Moment gekommen. Die ersten Strahlen der Sonne. Ich fing an zu werfen. Mit voller Konzentration. Graste jede verheißungsvolle Stelle ab, Wurf für Wurf, und immer jeweils zwei Schritte abwärts. Das gesamte Prozedere – nichts! Und wieder von vorne – nichts! Dann kam ich zu einer kleinen

Halbinsel und Flachwasser, das sich weit in die Strömung schob. Ich watete weit hinaus, warf in die Strömung und die Rute machte eine Verbeugung. Jawoll, rief ich Zorro zu, und Zorro krähte ein Triumphkrakele. Ich hatte einen Lachs am Haken, aber mir war sofort klar, dass dieser Fisch nicht das Kaliber meines verlorengegangenen Exemplars hatte. Der Lachs sauste hin und her, sprang unaufhörlich, aber ich ließ in toben und bewegte mich langsam rückwärts auf das Ufer zu. Aus den Augenwinkeln suchte ich eine passende Stelle, an der ich den Fisch landen konnte. Noch konnte ich nicht genau erkennen, welche Größe der Fisch hatte, aber auf jeden Fall war es ein quietschlebendiger Blanklachs, und er wehrte sich nach Leibeskräften. Ich hatte das Ufer erreicht und konnte den Fisch gut kontrollieren, die Fluchten wurden kürzer und ich wusste, ich hatte gewonnen. Dann war alles nur noch Routine. Ich fand eine schöne flache Stelle, ging rückwärts, und der Lachs folgte brav. Dann gab er sich geschlagen. Ich strandete den Fisch auf die Ufersteine, verkürzte die Leine, und hob den Lachs mit einem Schwanzwurzelgriff in die Höhe. Der Lachs machte keinen Mucks mehr, ergab sich seinem Schicksal.

Zorro sprang aufgeregt auf den Ufersteinen herum, flatterte ein paar Meter weg, kam wieder zurück und krähte irgendetwas. Ich deutete dies als Glückwunsch, bedankte mich mit einer Verbeugung und präsentierte ihm mit sichtlichem Stolz meine Beute. Was für ein schöner Fisch! Ein Lachs auf der Zielgerade. In bester Kondition, silberblank und schätzungsweise 3 kg schwer. Die Fliege saß bombenfest in der Maulspalte. Ein echter Tenolachs – mit einer klassischen Lachsfliege gefangen. Ich versorgte die kulinarische Köstlichkeit

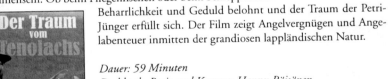

mit aller Sorgfalt. Nahm den Lachs aus, säuberte ihn im Uferwasser. Anschließend tupfte ich ihn mit Haushaltspapier trocken und legte ihn in einen feuchten Jutesack. Dort sollte er schön frisch bleiben, bis ich diesen Silberbarren später in den Eiskeller bei Lomakylä Valle zwischenlagern würde.

Meine Freude war grenzenlos. Ich nahm meinen Hut in die Hände, verbeugte mich und bedankte mich. Ich bedankte mich beim Fluss, ich bedankte mich für eine unvergessliche Mittsommernacht im hohen Norden Europas, ich bedankte mich für die Gastfreundschaft und bedankte mich bei Zorro für seine Begleitung. Zorro saß feierlich auf einem großen Stein, schaute mich noch einmal an und flatterte der Sonne entgegen. Lange schaute ich ihm hinterher. Ich habe ihn nie mehr wiedergesehen ...

Infos & Fakten: Angeln am Teno

Beste Reisezeit: Von Mitte Juni bis Mitte August. Hauptaufstieg der Eismeerlachse in der Regel ab der letzten Woche im Juni bis Mitte Juli. Schwerpunkt des Schleppfischens auf standorttreue Großlachse im August. Im Frühsommer (Anfang Juni) und Spätsommer (August) meist wenige Gäste, was eine intensive Betreuung garantiert.

Fischarten der Region: Atlantischer Lachs (Salmo salar), Meerforelle (Salmo trutta trutta), Arktische Äsche (Thymallus thymallus), Bachforelle (Salmo trutta fario) und Seeforelle (Salmo trutta lacustris), Renke/Maräne (Coregonus lavaretus), Wander- und Seesaibling (Salvelinus alpinus), Flussbarsch (Perca fluviatilis), Hecht (Esox lucius).

Schonzeit am Teno (Angelsaison): Wöchentlich immer von Sonntagabend 19 Uhr bis Montagabend 19 Uhr.

Schonmaße: Lachs, Meerforelle und Saibling 25 Zentimeter. Arktische Äsche 30 cm.

Bestimmungen: Der Tag-/Nachtangelrhythmus beginnt jeweils abends um 19 Uhr. Das Angeln vom Boot ohne einheimischen Bootsführer ist erlaubt von 21 Uhr bis 14 Uhr des darauffolgenden Tages. Außerhalb dieser Zeiten ist das Angeln vom Boot aus nur gestattet, wenn ein mindestens 16 Jahre alter, im Tenoangelbezirk eingetragener einheimischer Bootsführer im Boot sitzt. Das Boot muss im Bootsregister des Angelbezirkes registriert sein.

Boote können bei einheimischen Anbietern gemietet werden. Das Mitbringen von eigenen Booten ist nicht gestattet. Eigener Außenbordmotor darf eingesetzt werden.

Der Gebrauch von Wurm, Köderfisch oder shrimpsähnlichen Ködern ist verboten.

Der Kelt, ein im Herbst abgelaichter Lachs, ist das ganze Jahr geschützt und muss sofort zurückgesetzt werden.

Grundsätzlich verboten: Angeln von Brücken, beim Bootsfischen mit laufendem Motor, vom geankerten Boot, an näher als zehn Metern befindlichen Netzen, an näher als 50 m befindlichen Nebenflusseinmündungen.

Angelbestimmungen und Preise werden jährlich von der Norwegisch-Finnischen Grenzkommision festgelegt.

Lappland-Info: www.laplandfinland.com, **Allgemeine Angelinfos:** www.fishing.fi **Outdoor-Aktivitäten:** www.outdoors.fi

---

Tipp für Unterkunft und Outdoor-Aktivitäten:
Lomakylä Valle (Petteri Valle) / Ohjelmapalvelu Poronpurijat, Ellintie 25, FIN-99980 Utsjoki, Mobil +358 400-978 901, poronpurijat@luukku.com, www.poronpurijat.fi